ON THE TRAIL OF / LE CHEMIN DE

MONSIEUR MACKINTOSH

The travels and paintings of Charles Rennie Mackintosh
in the Pyrénées Orientales 1923–1927

Les voyages et tableaux de Charles Rennie Mackintosh
dans les Pyrénées Orientales 1923–1927

Written and photographed
by Robin Crichton

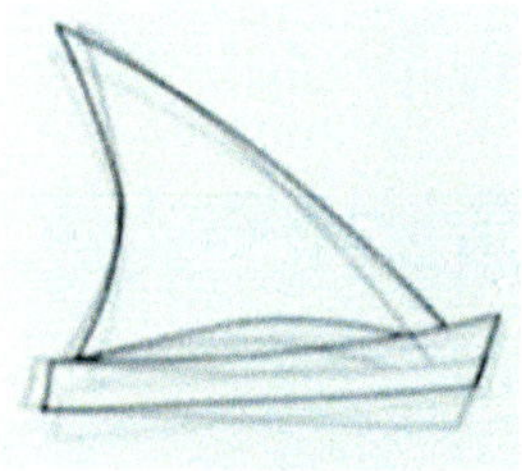

L'ASSOCIATION
CHARLES RENNIE MACKINTOSH

This edition 2013
by Robin Crichton

ISBN 978-0-9927145-0-5

Printed and bound by
Grafos SA, Barcelona.

Typeset in 10pt Sabon and Frutiger
by 3btype.com.

About the author

For forty years Robin Crichton ran Edinburgh Film Studios and was one of Scotland's leading film producer/directors, specialising in international coproduction of films for cinema and television.

He served as Scottish chairman and UK vice-chairman of the Independent Programme Producers Association and also as coproduction project leader for the Council of Europe. He studied social anthropology at Paris and Edinburgh Universities, where he met his first wife, Trish, with whom he had three daughters. Widowed and retired, he is now remarried to Flora Maxwell Stuart and they divide their time between Scotland and the Pyrénées Orientales. He is the author of over a hundred film scripts and his previous books, which were all made into films, include:

Who is Santa Claus? – a biography. Canongate 1987

Silent Mouse – the story behind the writing of *Silent Night*. Ladybird 1990

Sara – (bilingual French / English with Brigitte Aymard). A story of gypsies in the Camargue. Hachette 1996

On the Trail of King Arthur – A Journey into Dark Age Scotland – a trail of detection to find the true story behind the legend. Luath Press 2013

De l'auteur

Pendant une quarantaine d'années, Robin Crichton a géré Edinburgh Film Studios et a été l'un des auteurs des films les plus importants en Ecosse. Il s'est spécialisé dans la coproduction internationale pour le cinéma et la télévision.

Il a été président écossais et vice-président britannique de l' Independent Programme Producers Association et a supervisé des projets coproduits pour le Conseil de l'Europe. Il a étudié l'anthropologie sociale aux universités de Paris et Edimbourg où il a rencontré sa première femme, Trish, avec laquelle il a eu trois filles. Devenu veuf et retraité, il s'est remarié avec Flora Maxwell Stuart et ils partagent leur temps entre l'Ecosse et les Pyrénées-Orientales. Il est auteur de plus d'une centaine de scénarios et ses livres antérieurs qui ont tous été le sujet d'un film comprennent :

Qui Est Santa Claus? – une biographie. Canongate 1987

Douce Souris – l'histoire derrière la composition de *Douce Nuit*. Ladybird 1990

Sara (bilingue français-anglais) co-écrit avec Brigitte Aymard. Une histoire des gitans en Camargue. Hachette 1996.

On the Trail of King Arthur – une enquête pour découvrir la véritable histoire derrière la légende. Luath Press 2013

Contents

Sommaire

Preface

I am very pleased to have this opportunity to contribute to this publication which celebrates the period Charles Rennie Mackintosh spent in the South of France. I had the pleasure of visiting Port-Vendres and Collioure in 2004 for the opening of the Mackintosh Exhibition and Heritage Trail and I can well understand why he and his beloved wife chose such a beautiful part of France to set up home. I am delighted that all the towns in the Pyrénées-Orientales which welcomed the Mackintoshes have worked together to honour this great son of Glasgow.

As a lover of France, I can heartily recommend that all lovers of Mackintosh visit this country in which he spent the happy last few years of his life and experience for themselves – as I have – the beauty of the scenery and friendliness of the people.

Liz Cameron
Lord Provost of Glasgow

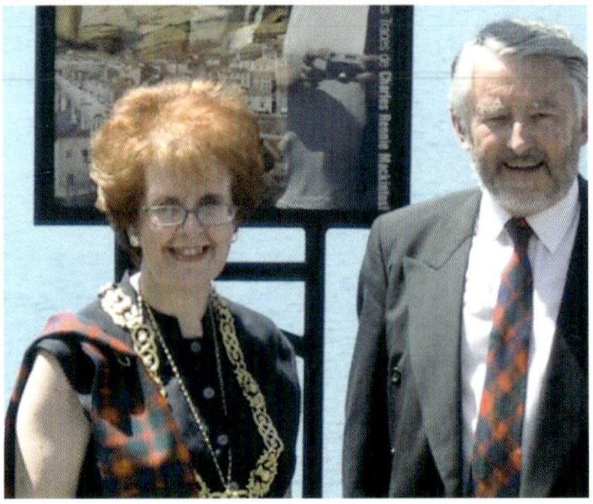

The inauguration of the Chemin de Mackintosh in Port-Vendres June 2004 with the Lord Provost of Glasgow, Liz Cameron and Lord Steel

L'inauguration du Chemin de Mackintosh à Port-Vendres en Juin 2004 avec Liz Cameron, Lord Provost (maire) de Glasgow et Lord Steel

Préface

Quelles raisons ont-elles pu le pousser à venir s'installer sur notre Côte Vermeille ? On se pose la même question pour tous nos grands artistes étrangers, – le poète espagnol Antonio Machado, l'architecte danois Viggo Dorph-Petersen, le romancier anglais Patrick O'Brian… ou l'Ecossais Charles Rennie Mackintosh.

Que sa venue ici ait coïncidé avec l'abandon de ses autres activités d'architecte et designer pour se consacrer essentiellement à la peinture, nous incite bien sûr à penser que la beauté des sites y était sans doute pour quelque chose.

Mais ce n'était sûrement pas la seule raison… Les artistes sont des êtres particulièrement sensibles, ils accordent au moins autant d'importance aux personnages qu'aux sites ! Il est évident qu'ils ont enrichi notre mémoire, notre culture, notre patrimoine...

Merci donc à Charles Rennie Mackintosh et à tous ces grands artistes d'avoir choisi de venir vivre sur notre Côte Vermeille !

Michel Moly
Maire de Collioure, Vice Président du Conseil Général des Pyrénées Orientales, Président de la Communauté des Communes de la Côte Vermeille

Préface

Les liens qui unissent l'Ecosse et la France sont nombreux depuis longtemps. Et Charles Rennie Mackintosh, reconnu internationalement comme architecte majeur, au même titre que Le Corbusier et Frank Lloyd Wright, a contribué à renforcer ces liens forts avec le Pays Catalan à travers son oeuvre picturale.

Il a transmis ses émotions et son intérêt pour notre région, en mettant en valeur des cités aussi attachantes qu'Amélie-les-Bains, Port-Vendres, Collioure, Ille-sur-Têt, Bouleternère, Mont Louis, La Llagonne, Fetges et quelques autres. Il a été un ambassadeur et un trait d'union. Son oeuvre contribuera longtemps à renforcer l'amitié écossaise et catalane.

Christian Bourquin
Président du Conseil Général des Pyrénées Orientales
Vice-Président de la Région Languedoc Roussillon

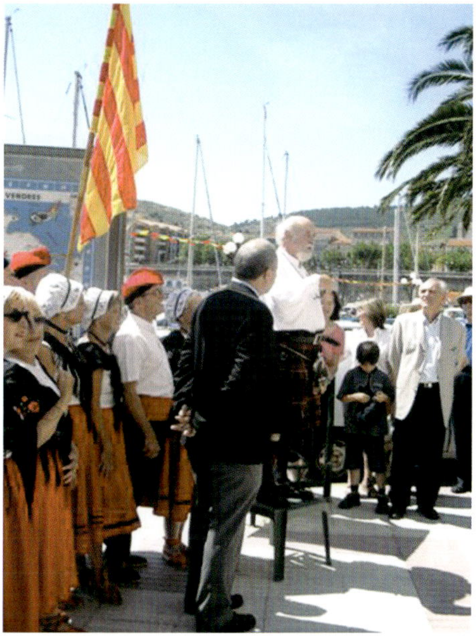

The inauguration of the Chemin de Mackintosh in Port-Vendres June 2004 with Robin Crichton (President of the Association) flanked by Michel Strehaiano, Mayor of Port-Vendres and Michel Moly, Vice Président of Conseil Général des Pyrénées Orientales

L'inauguration du Chemin de Mackintosh à Port-Vendres en Juin 2004 avec Robin Crichton, Président de l'association, flanqué par le maire de Port-Vendres Michel Strehaiano, et Michel Moly, Vice Président du Conseil Général des Pyrénées Orientales

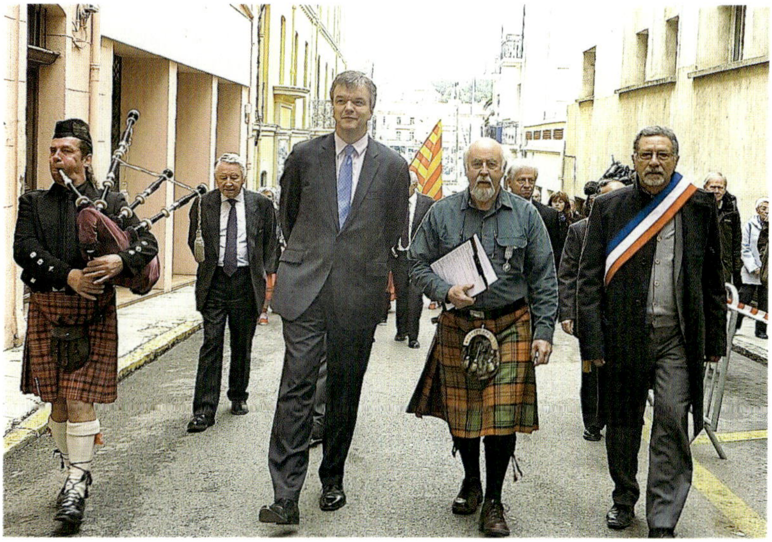

Completion of the Trail. November 2013

Inauguration du chemin

Left to right: Gauche à droite: Archie MacAlister (piper), Lord Steel, Micharl Moore MP (Under Secretary of State for Scotland) Robin Crichton (co-Président de l'Association Charles Rennie Mackintosh), Jean-Pierre Romero (Maire de Port-Vendres)

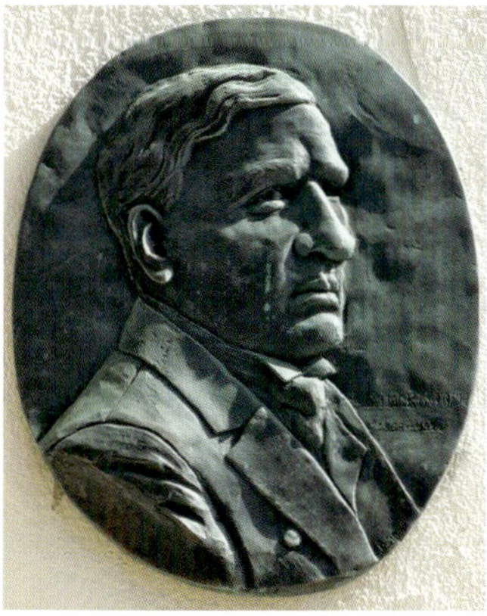

Relief on the Hôtel de Commerce by Jane Robbins

Relief sur l'Hôtel du Commerce by Jane Robbins

Introduction

When my wife Flora and I came to live in Port-Vendres in 2002, we were surprised that very few people seemed to have heard of Charles Rennie Mackintosh. I quickly discovered that his French years were a largely grey area of research. So this started me on a journey of discovery which I hope to share with you in this book. An exhibition in Port-Vendres in the summer of 2004 was sponsored by the Scottish Government as part of the celebrations for the centenary of the Entente Cordiale. Its success encouraged a group of us to create a Mackintosh Trail which has placed reproductions of 30 of his paintings *in situ* where they were painted. They are spread over a distance 164 kilometers from the Côte-Vermeille through the Tech and Têt valleys to the high mountain plateaus of the Cerdagne. Three Interpretation Centres along the way tell the story of his life and his discovery of Roussillon in three episodes. The centre at Palalda tells of before his arrival in France and his first year here. The second in Port-Vendres, covers his life on the coast. And the third at Fort Liberia, above Villefranche-de-Conflent, follows his discovery of the Têt valley and the area round Mont Louis in the Cerdagne.

Robin Crichton
June 2013

Introduction

Quand avec mon épouse Flora nous sommes arrivés en 2002 pour habiter à Port-Vendres, nous avons été très surpris de constater que fort peu de gens semblaient connaître Charles Rennie Mackintosh. Mais je me suis vite rendu compte que les années qu'il avait passées en France avaient été pratiquement inexploitées. Aussi cette conjoncture d'événements fut le début pour moi d'un voyage d'étude que j'espère partager avec vous à travers ce livre. Durant l'été 2004 à Port-Vendres, une exposition fut subventionnée par le Gouvernement Ecossais dans le cadre des célébrations du centenaire de l'Entente cordiale. Son succès encouragea plusieurs d'entre nous à créer un Chemin Mackintosh où ont été placées les reproductions de 30 de ses tableaux, à l'endroit où ils ont été peints. Ils sont répartis sur une distance de 164 km, depuis la Côte Vermeille jusqu'aux hauts plateaux montagneux de Cerdagne en passant par les vallées du Tech et de la Têt. Le long du trajet, trois Centres d'Interprétation racontent en trois épisodes, l'histoire de sa vie et de sa découverte du Roussillon. Le Centre de Palalda parle de sa vie avant son arrivée en France et de sa première année ici. Le second à Port-Vendres, évoque sa vie sur la côte. Et le troisième, au Fort Libéria, au-dessus de Villefranche-de-Conflent, suit sa découverte de la vallée de la Têt et des environs de Mont-Louis en Cerdagne.

Robin Crichton
June 2013

The Old Life
Scotland and England

La vie d'antan
L'Écosse et L'Angleterre

1924 marked a new start for Charles Rennie Mackintosh and his wife Margaret. His career as an architect and designer was at an end. He had always thought of himself as an artist and now his life as a full-time painter was about to begin.

Born in 1868, the son of a Glasgow police inspector, he trained as an apprentice architect and took 11 years of evening classes at the Glasgow School of Art. The course was broad, but with an emphasis on draughtsmanship and line drawing. It was there that he got to know the Macdonald sisters, Frances and Margaret. He fell in love with and eventually married Margaret. It was a meeting of minds and it became very much a working partnership. He helped her with her canvases and gesso panels. She helped him with his designs. Much later in life, he wrote: '*Margaret Macdonald is my spirit key. My other half. She is more than half – she is three quarters – of all*

1924 fut l'année d'un nouveau départ pour Charles Rennie Mackintosh et son épouse Margaret. Il terminait sa carrière d'architecte et de designer et commençait sa vie d'artiste-peintre à part entière – lui même s'étant toujours considéré comme tel.

Né en 1868, fils d'un inspecteur de police glaswégien, il suivit durant onze années les cours du soir de la 'Glasgow School of Art' (Ecole d'Art de Glasgow), tout en effectuant un apprentissage en architecture. Les cours abordaient des domaines variés, l'accent étant cependant mis sur le dessin. C'est à l'École d'Art qu'il fit la connaissance des sœurs MacDonald, Frances et Margaret. Il tomba amoureux de cette dernière et finit par l'épouser. Ce fut la rencontre de deux esprits, ainsi que le début d'une parfaite collaboration professionnelle : tandis qu' il l'aidait pour ses toiles et ses panneaux de plâtre, elle l'aidait avec ses dessins. Bien des années plus tard, il écrira : '*Margaret MacDonald*

Buchanan Street, Glasgow
Buchanan Street, Glasgow

The Clyde, Glasgow
Le Clyde, Glasgow

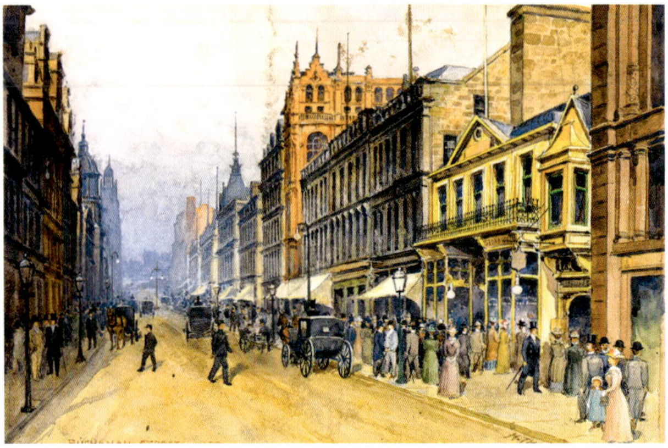

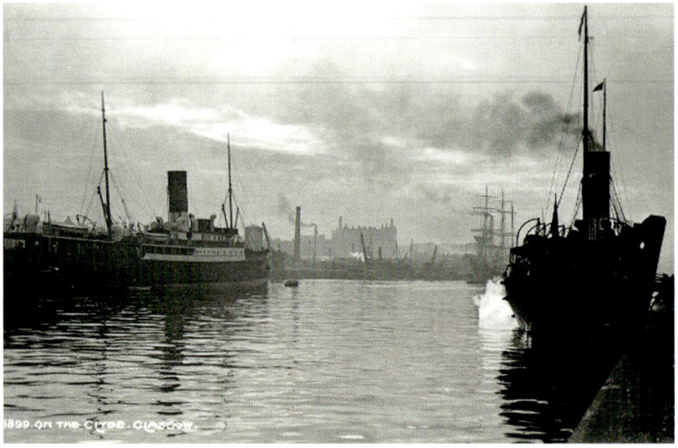

I've done. We chose each other and each gave to the other what the other lacked. Her hand was always in mine. If I had the heart, she had the head. Oh, I had the talent but she had the genius. We made a pair.'

By the turn of the century his name as an architect was on everybody's lips all across Europe but during the decade that followed, in his home city, acclaim gradually turned to derision. His designs were unique but he was a one-off – a perfectionist who was difficult to deal with, an architect who designed not just buildings but every detail of the furnishings, right down to the cutlery and the fire irons.

His real soul mates were in central Europe, where he was lauded as the doyen of modernism. In 1913 he was toasted in Breslau as 'the greatest

est le moteur de mon esprit. Mon autre moitié. Plus que la moitié, elle est les trois-quarts de tout ce que j'ai accompli. Nous nous sommes choisis l'un l'autre et chacun de nous a donné à l'autre ce qui lui manquait. Sa main a toujours été dans la mienne. Si j'ai été le cœur, elle a été la tête. Oh, j'avais du talent – mais elle avait du génie. Nous nous complétions parfaitement.'

Au tournant du siècle, le nom de Mackintosh en tant qu'architecte était sur toutes les lèvres à travers l'Europe, mais durant les dix années qui suivirent, dans sa ville natale, les acclamations firent peu à peu place à la dérision. Ses concepts étaient uniques, tout comme lui – un perfectionniste avec lequel il était difficile de discuter, un architecte qui ne se bornait pas au dessin des bâtiments mais concevait le mobilier

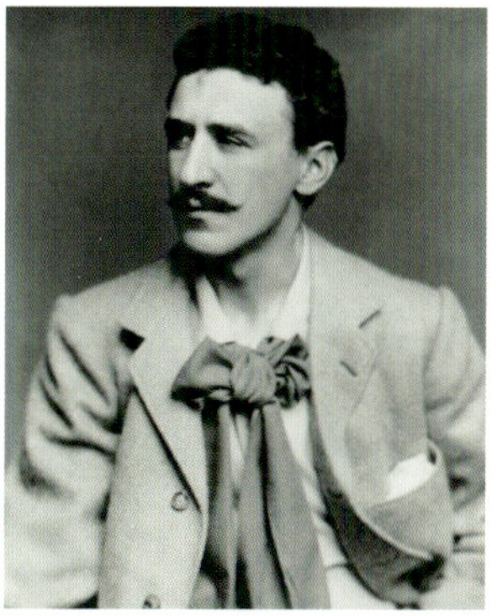

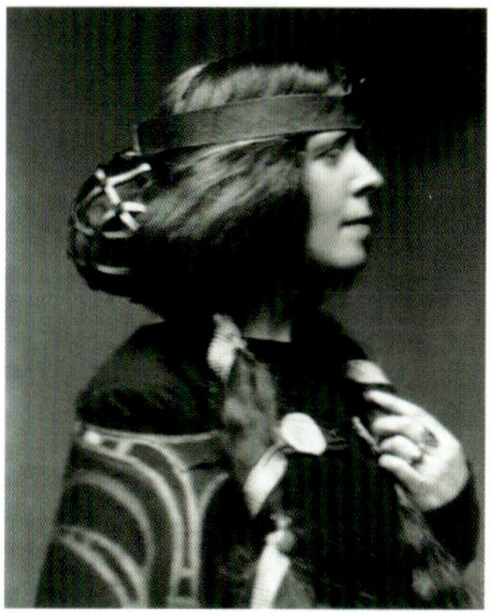

CRM at the start of his career, choosing to portray himself with the cravat of an artist rather than the collar and tie of an architect
CRM au début de sa carrière choisissant la lavallière d'artiste pour son portrait plutôt que le faux-col et la cravate d'architecte

Margaret, aged 36, with striking auburn hair
Margaret à 36 ans avec des cheveux d'un auburn flamboyant

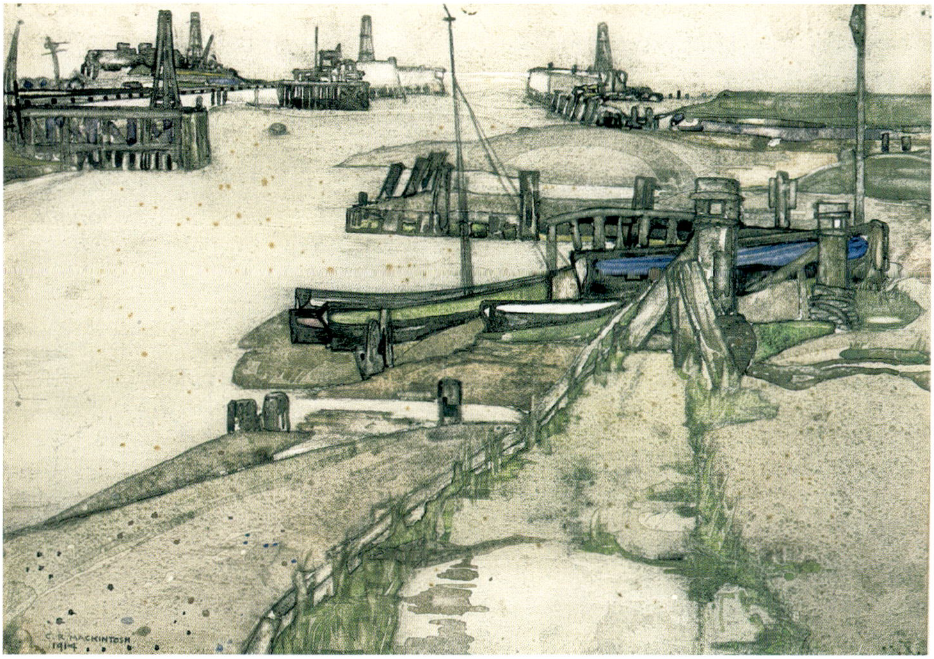

Blackshore on the Blythe
Suffolk 1914
watercolour
aquarelle

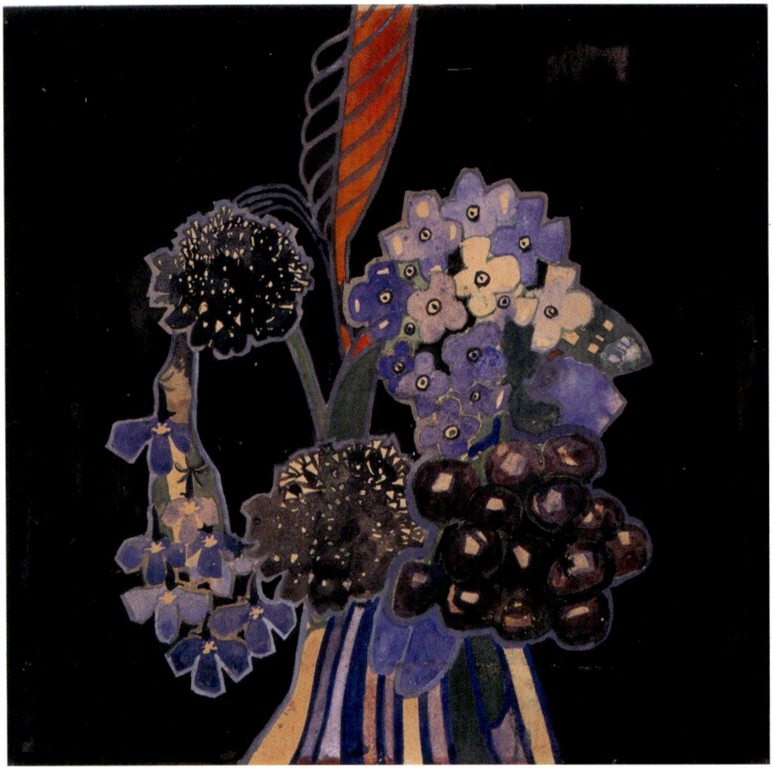

A Basket of Flowers 1915–1920
textile design
dessin du textile

since the Gothic.' He was particularly close to Josef Hoffman and the Wiener Werkstätte, and during this period he and Margaret became good friends with the painter Gustav Klimt. But in Glasgow he complained of '*antagonisms and undeserved ridicule*.' With commissions waning and time hanging heavy on his hands, he was becoming increasingly depressed. He began to drink more heavily and his health suffered.

It was Margaret who saved him from self-destruction. They left Glasgow to rehabilitate and paint in the small harbour of Walberswick on the Suffolk coast in the east of England. They rented a fisherman's

jusque dans ses moindres détails, des couverts aux chenets de cheminée.

Un mouvement proche de sa démarche existait cependant en Europe centrale, dont les membres reconnaissaient en lui le 'Doyen du Modernisme' ; il fut célébré à Breslau comme étant '*le plus grand depuis le Gothique*'. Il était particulièrement proche de J. Hoffman et de la Wiener Werkstätte, et durant cette période, Margaret et lui devinrent de bons amis du peintre Gustav Klimt, mais il ressentait profondément « *l'injustice de l'hostilité et de la moquerie ambiantes* » à Glasgow. Avec la diminution des commandes, le temps se mit à lui peser lourdement, et il sombra dans un état de plus en plus dépressif. Il commença à boire plus que de raison et sa santé s'en ressentit.

Ce fut Margaret qui le sauva de sa propre destruction. Ils quittèrent Glasgow pour aller se ressourcer et peindre dans le petit port de Walberswick sur la côte du Suffolk, à l'est de l'Angleterre. Ils louèrent une cabane de pêcheur en guise d'atelier, et Mackintosh se concentra sur des sujets floraux dont il espérait faire un livre. C'était l'année 1914, et trois semaines après leur arrivée, la Grande Bretagne entrait en guerre. Toutes les relations de Mackintosh avec L'Europe centrale furent brutalement interrompues. Chacun disait que '*tout serait fini avant Noël*', et il poursuivit donc ses travaux.

Durant la journée, il se concentrait sur sa peinture, mais lorsque la lumière faiblissait, il mettait sa casquette

hut for a studio and Mackintosh concentrated on flower subjects, which he hoped to publish as a book. It was 1914 and, three weeks after they arrived, Britain went to war. In a stroke all Mackintosh's connections with central Europe were severed. Everyone said it would 'all be over by Christmas' and he continued working.

During the day he concentrated on his painting but when the light began to fail he would don his deerstalker hat and Inverness cape and stride off, pipe in mouth, across the dunes to gaze out to sea. This regular routine first aroused curiosity, then suspicion. Word went round of his pre-war connections with Germany and Austria. People began to wonder if he was not in fact a German spy. Why was he so interested in the harbour? Why was he always gazing out to sea? The authorities raided his house, where they discovered old letters written in German. Never one to thole idiots, Mackintosh had a short fuse. When he exploded and swore at them in his Glaswegian accent, they were even more convinced that he was a foreigner. He was arrested and only eventually released by the intervention of friends in the Government, but even so he was banned from venturing anywhere near the coast for the duration of hostilities. Margaret fell ill with worry. Mackintosh found lodgings in London, where they stayed for the rest of the war.

They each rented a studio in Chelsea and, while they made friends

deerstalker et son macfarlane,[1] puis s'en allait à grands pas à travers les dunes, la pipe à la bouche, pour contempler la mer. Cette habitude journalière excita d'abord la curiosité, puis la suspicion. Des bruits couraient à propos de ses relations d'avant-guerre avec l'Allemagne et l'Autriche. Les gens commencèrent à se demander s'il n'était pas en réalité un agent secret allemand. Pourquoi s'intéressait-il autant au port ? Pourquoi observait-il toujours la mer ? Les autorités firent une descente à son domicile où ils trouvèrent d'anciennes lettres rédigées en allemand. Mackintosh n'était pas du genre à tolérer les imbéciles : il piqua une colère et dans un paroxysme de fureur se mit à les injurier grassement, ce qui en raison de son accent de Glasgow acheva de les convaincre tout-à-fait qu'il était étranger. Il fut arrêté et finalement relâché grâce à l'intervention d'amis au sein du Gouvernement, mais même ainsi, on lui enjoignit de se maintenir à l'écart des côtes, le temps des hostilités. Margaret était malade d'inquiétude. Mackintosh trouva un logement à Londres où ils séjournèrent jusqu'à la fin de la guerre.

Ils louèrent chacun un atelier à Chelsea et se firent de nombreux amis dans le milieu artistique, mais les commandes dans le domaine de

[1] Casquette de drap à double visière et manteau sans manche pourvu d'une courte cape (en anglais 'Inverness Cape'), deux éléments vestimentaires rendus célèbres comme étant le costume favori du personnage de Sherlock Holmes.

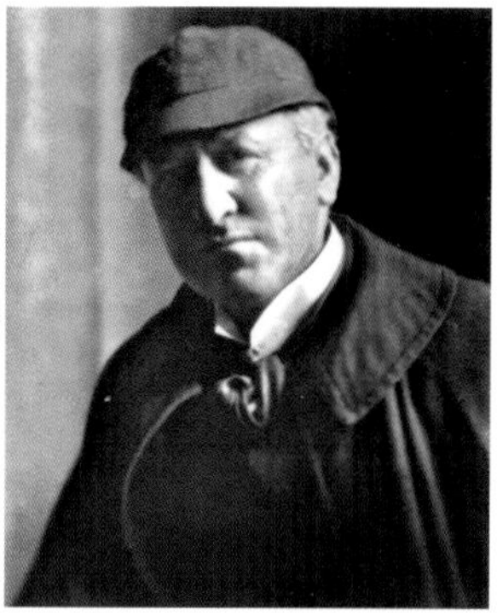

CRM in his deerstalker and Inverness cape

CRM portant sa casquette deerstalker et son macfarlane

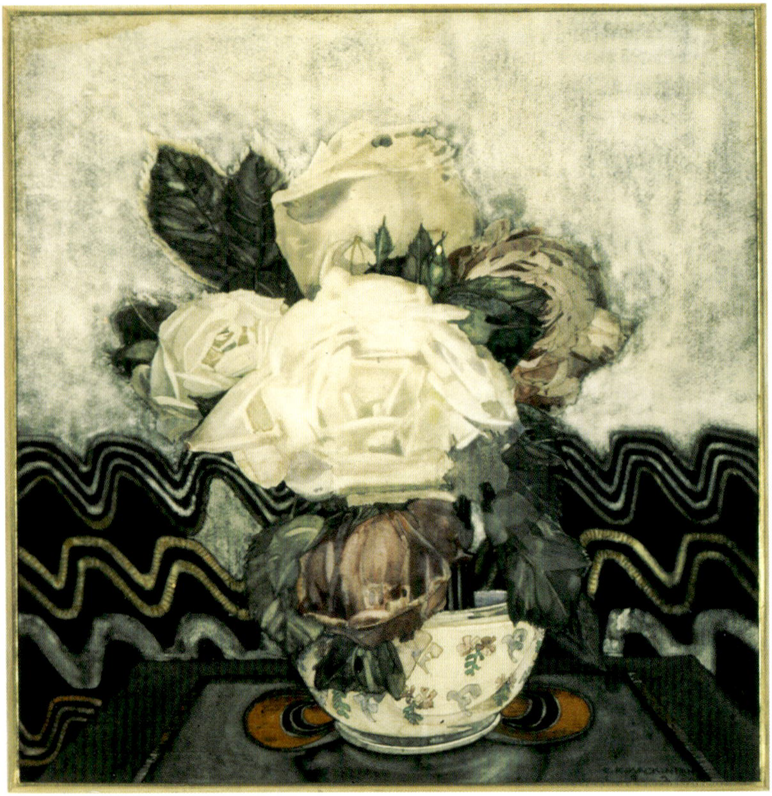

White Roses 1920
watercolour
aquarelle

amongst the artistic colony, architectural clients remained few and far between. During the war no new building was allowed, so Mackintosh was limited to alterations and diversified into textile design. The post-war years did not bring better times. His friend Patrick Geddes, who was engaged in urban redevelopment in India, had given him some work but in Britain his designs were consistently rejected by the planners. There were always problems with the planners and only one of his many schemes was realised.

They were living from hand to mouth and there were letters to

l'architecture demeuraient rarissimes. Pendant la guerre, la construction de nouveaux bâtiments était interdite, obligeant Mackintosh à se limiter à des modifications mineures ; aussi se diversifia-t-il dans les motifs textiles. Les années d'après-guerre ne furent pas meilleures : son ami Patrick Geddes, qui s'occupait du redéveloppement urbain en Inde, lui avait donné du travail mais en Angleterre, ses projets étaient constamment rejetés par les urbanistes dont un seul put être mené à terme.

Ils vivaient au jour le jour et allèrent jusqu'à envoyer des demandes d'emprunt à leurs amis, leur proposant des tableaux en guise de caution. Sans vraiment savoir comment, ils arrivèrent à garder la tête hors de l'eau – tout juste !

Ces années de privation, ainsi que l'attention constante portée à son mari afin de l'aider à surmonter ses démons, avaient sérieusement ébranlé Margaret. L'asthme dont elle souffrait avait dégénéré en insuffisance cardiaque. Le Londres des années 20, envahi par la poussière de charbon, était loin d'être un séjour idéal pour une asthmatique. Elle se fatiguait de plus en plus facilement. Au cours de la décennie précédente, elle avait considérablement réduit sa production artistique. Un de leurs amis écrivit a son sujet : '*Elle ne pouvait travailler que dans le calme, et cela, même avant 1914, lui était refusé*'. A la mort de sa jeune sœur Frances (également une artiste reconnue) en décembre 1921,

friends in effect offering paintings as security against a loan. Somehow they managed to keep their heads above water – just. These years of hardship and nursing her husband through his demons took their toll on Margaret. She suffered from asthma and this in turn placed a strain on her heart. The smoggy London of the 1920s was not a good place to be for an asthmatic. She tired increasingly easily. Over the previous decade, her output had reduced considerably. A friend wrote 'She could only work in tranquillity, and that, even before 1914, was denied her.' When, in December 1921, Margaret's younger sister Frances, also an established artist, died, it is said she vowed never to paint again.

Fashions had changed and Mackintosh had become a man outmoded in his own lifetime. No longer the dashing, good-looking tearaway of his earlier years, he had filled out. His hair had thinned and he carried a heavy jowl. He looked his age and when, in 1922, the *Architectural Review* described his work as 'curiously old-fashioned,' it hit home. Mackintosh is said to have told his friend Fergusson, the Scottish colourist, '*I'll never practice architecture again.*' And he never did.

Margaret's mother died in 1923, leaving a small inheritance. It was this little windfall which gave the Mackintoshes the means to pack up and leave London. But where should they go? Before the war, Fergusson had lived and painted in France but it

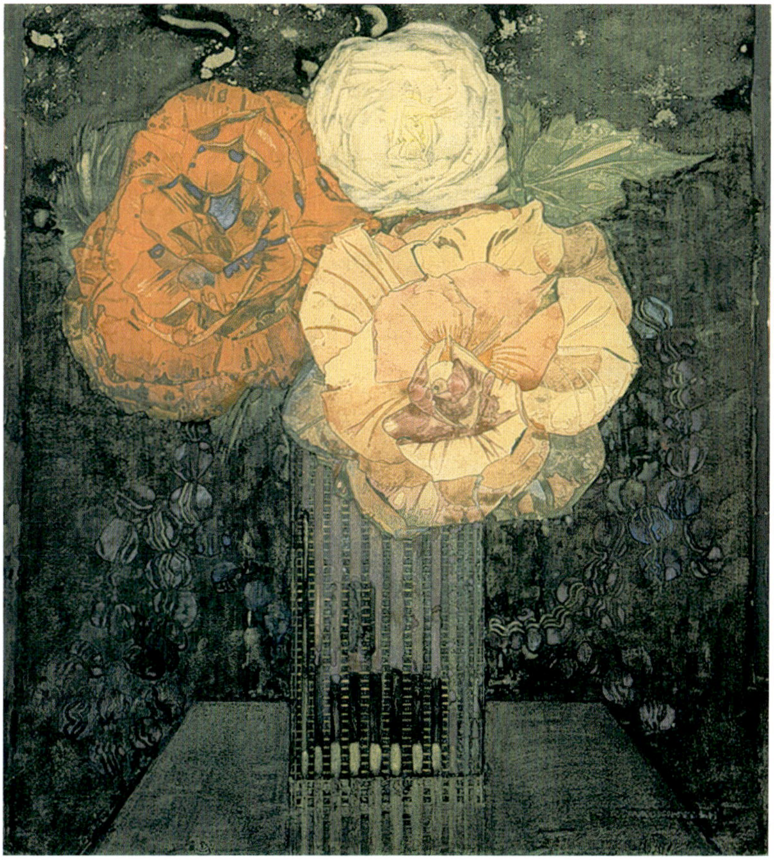

Begonias 1916
watercolour

aquarelle

Margaret, selon les dires, fit le vœu de ne plus jamais peindre.

L'air du temps avait changé, et Mackintosh se retrouvait démodé de son vivant. Le beau et impétueux cavalier de ses jeunes années était devenu un homme bedonnant, aux traits épais et au cheveu rare. Il paraissait son âge, et quand en 1922 L' Architectural Review qualifia son travail de '*curieusement vieillot*', il fut profondément choqué : '*Je ne pratiquerai plus jamais le métier d'architecte*', aurait-il dit à son ami Fergusson, le coloriste écossais. Ce qui en effet fut le cas.

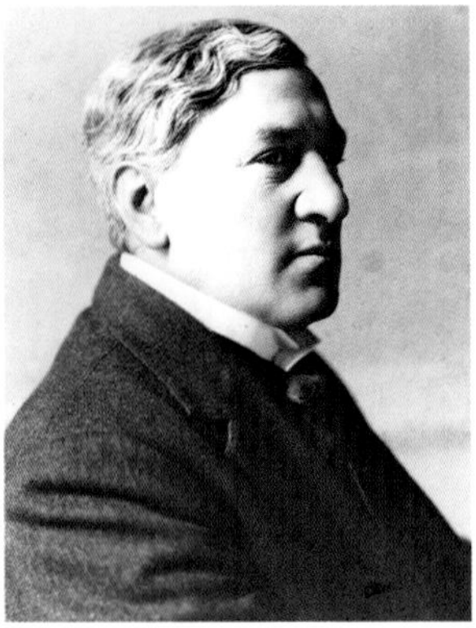

CRM just before he left for France

CRM juste avant son départ pour la France

was his wife, the dancer Meg Morrison, who suggested that the Mackintoshes take a holiday there.

The southern corner of France, where the Pyrenees meet the Mediterranean, is called Roussillon.[1] This is Catalan country and only became part of France in the late 17th century. It was less crowded than the Côte d'Azur. The climate was better, the air was clean and the cost of living was about a third of what it was in London.

La mère de Margaret mourut en 1923, laissant derrière elle un modeste héritage ; cette petite aubaine donna aux Mackintosh l'opportunité de quitter Londres. Mais pour aller où? Avant la guerre, Fergusson avait vécu et peint en France, mais ce fut sa femme, la danseuse Meg Morrison, qui leur suggéra d'y séjourner pour les vacances.

Le Roussillon[2] est situé dans le Sud de la France, là où les Pyrénées rejoignent la mer Méditerranée. C'est le Pays Catalan français, dont le rattachement à la France ne date que de la deuxième moitié du 17ème siècle. C'était une région moins surpeuplée que la Côte d'Azur, où le climat était meilleur, l'air plus pur et le coût de la vie bien moindre qu'à Londres.

[1] Roussillon, together with the Cerdagne, corresponds to the modern department of Pyrénées-Orientales. The locals often prefer to refer to it as Catalunya Nord.

[2] Le Roussillon, couplé à l'ancienne Cerdagne, correspond à l'actuel département des Pyrénées-Orientales. Ce nom cependant ne convient pas vraiment à la population locale, qui utilise souvent l'appellation Catalunya-Nord ou Catalogne du Nord.

The Holiday 1923–24

The journey took about 24 hours – first on the boat train across the Channel, then changing to the overnight train from Paris for the journey south. The platform would have been alive with chatter – the distinctive rolling 'r's and nasal vowels of Catalans returning home intermingling with the sing-song of Parisians – all much more lively than the traditional silence and whispers of the English train. The Mackintoshes may have economised and sat upright all night, like the soldiers with their kitbags, heading for a southern posting near the Spanish frontier. But it is more likely they took a wagon lit, catching some sleep as the train steamed through the night, rattling past empty stations, the wheels drumming their special rhythm and the smell of Gauloises and engine smoke wafting into the compartment.

There were a few stops, with people getting off but hardly anyone getting on. By early morning they would have been in the Midi and, looking out, would have caught their first glimpse of the Mediterranean as the train ran along the edge of the inland sea, where the marshes teem with birdlife and crowds of pink flamingos feed in the shallows.

The train passed the Fortress of Salses, its brick bastions pink in the early morning light. It was built by the Spanish at the beginning of the 16th century to guard the coast road from France. It was one of the

Les Vacances 1923–24

Le voyage dura environ 24 heures – d'abord en bateau pour la traversée de la Manche, puis en train de nuit au départ de Paris pour rejoindre le sud de la France. L'ambiance sur le quai de la gare était sûrement animée par le bruit des conversations – le roulement typique des 'r' et les voyelles nasales des Catalans rentrant chez eux se mélangeant à l'accent pointu des Parisiens. Tout cela était certainement beaucoup plus vivant que le traditionnel silence ou chuchotis des trains anglais. Les Mackintosh, pour faire des économies, restèrent peut-être assis toute la nuit, tels des soldats sur leurs baluchons en

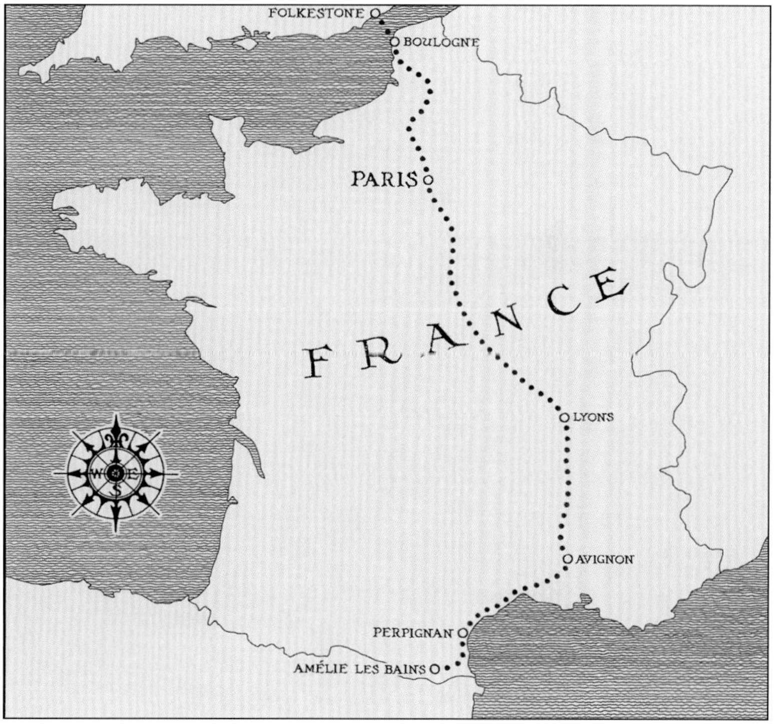

The train journey to Roussillon
Voyage en train vers le Roussillon

earliest fortresses designed to withstand iron cannonballs. In 1503 a garrison of only 1,350 Spaniards successfully resisted an invasion by 20,000 French. Ever since Hannibal tramped past with his elephants heading up the Via Domitia to Rome, this narrow neck of land between the mountains and the sea has been the strategic access to the north.

On the other side of the train, the arid garrigues of the Corbières rise and run inland. They are an impassable barrier which even in neolithic times marked a frontier with a different culture to the north. The Corbières are the northern rim of the huge natural amphitheatre that forms Roussillon.

The coastal pass opens on to a flat plain, with vineyards stretching as far as the eye can see and beyond; up narrow terraces on the slopes of the distant Pyrenees, encircling the plain to the south and the west. The Mackintoshes would have caught their first glimpse of the Canigou –

Flamingos

Flamants roses

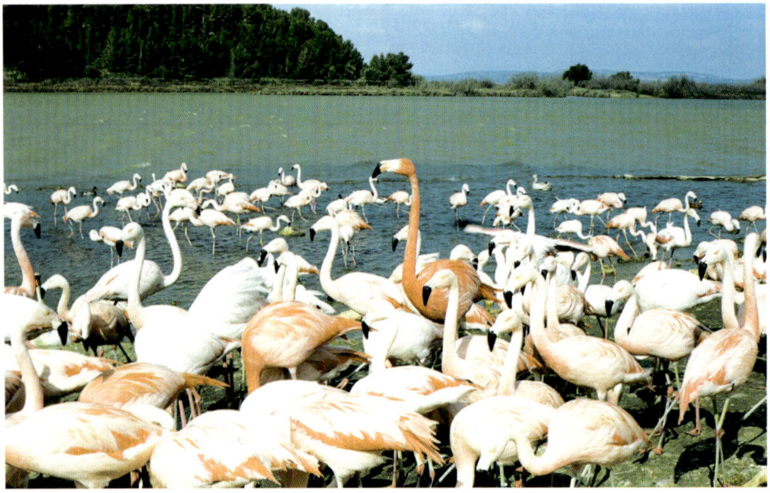

route pour rejoindre leur poste près de la frontière espagnole. Mais il est plus probable qu'ils aient pris un wagon lit et rattrapèrent un peu de sommeil tandis que le train traversait la nuit, cliquetant à travers les gares vides, les roues martelant leur tempo si particulier, sans oublier l'odeur des Gauloises et la fumée des machines s'infiltrant dans les compartiments.

Le train ne marqua que quelques arrêts durant lesquels des passagers descendaient ; ceux qui embarquaient pouvaient se compter sur les doigts de la main. Tôt le matin, ils arrivèrent dans le midi, et regardant par les fenêtres, aperçurent sans doute la Méditerranée pour la première fois alors que le train longeait les côtes de la mer intérieure où les marais grouillent de toutes sortes d'oiseaux, et d'une multitude de flamants roses sondant le sol fangeux en quête de nourriture.

Le train passa la Forteresse de Salses, avec ses bastions de briques teintées de rose par la lumière de l'aurore. Ce bâtiment fut construit par les espagnols au début du 16ème siècle afin de garder la côte française. Il s'agit d'une des plus vieilles forteresses conçues pour résister aux boulets de canon en fer. En 1503, une garnison de seulement 1350 soldats espagnols y résista avec succès à une invasion de 20 000 français. Depuis qu'Hannibal y était passé avec ses éléphants en direction de la Via Domitia jusqu'à Rome, cette étroite bande de terre entre les montagnes et la mer est restée un point stratégique d'accès vers le nord.

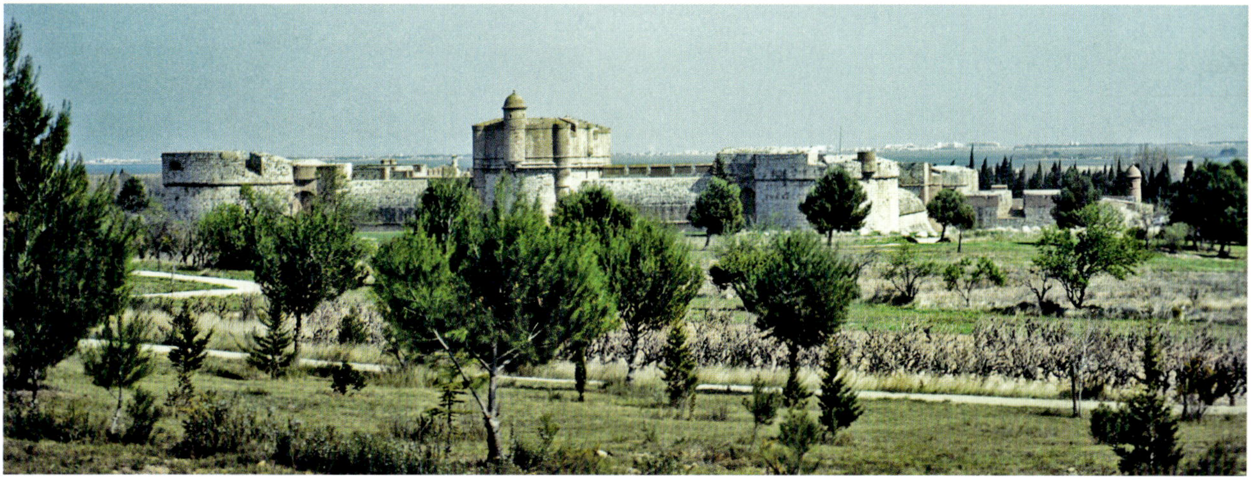

Forteresse de Salses

the magic mountain where dragons dwell and which can be seen from every part of Roussillon. Wherever you are, it seems as if the mountain follows you around. It is always there, the symbol of Catalunya, the home of the old gods, on whose summit every year on the Feast of St John a fire is lit, before being carried to the Catalan towns on both sides of the frontier. Perhaps the Tramontane was blowing as the Mackintoshes went by. It often blows in the winter. It is a violent wind, often in excess of 100 km per hour, which blows across the Pyrenees from the Atlantic and keeps the skies blue, shaping the clouds into surreal forms like white sausage-shaped zeppelins or circular flying saucers. It is a magic mountain, full of iron ore which was mined from the earliest times until just after the Second World War. During a thunderstorm it is dangerous to be on the mountain as it acts as a giant magnet, drawing the lightning into its

De l'autre côté du train, les garrigues arides des Corbières s'élèvent et courent sur l'horizon. Elles constituent une barrière infranchissable, qui déjà à l'époque néolithique délimitait la culture septentrionale. Les Corbières bordent au nord l'énorme amphithéâtre naturel qu'est le Roussillon.

Le passage côtier ouvre sur une plaine plate où le vignoble s'étend à perte de vue. Il grimpe ensuite en terrasses étroites sur les versants des lointaines Pyrénées qui l'encerclent au sud et à l'ouest.

C'est sans doute là que les Mackintosh eurent leur premier aperçu du Mont Canigou – la montagne magique, résidence des dragons – qui demeure visible partout dans le Roussillon : où que vous soyez, il semble vous suivre. Cette demeure des anciens dieux, le symbole de la Catalogne, est toujours présente, et de son sommet, chaque année, on allume les feux de la Saint-

Bell Tower, Perpignan Cathedral
Clocher, cathédrale de Perpignan

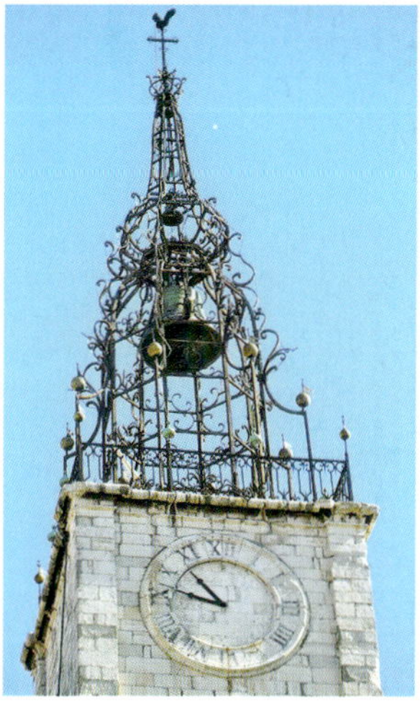

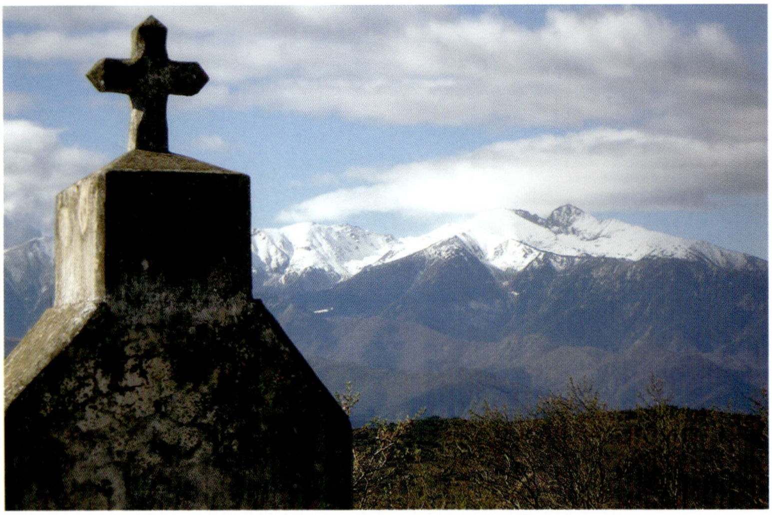

Le Canigou

heart. The whole region is famous for its iron work. It hardly weathers and over the centuries has been the base of some of the finest metalworking in Europe.

The train would finally have arrived at **Perpignan** station, which some years later Dali called 'the centre of the world.' It was certainly to become the centre of the world for the Mackintoshes over the next four

Perpignan railway station

La gare de Perpignan

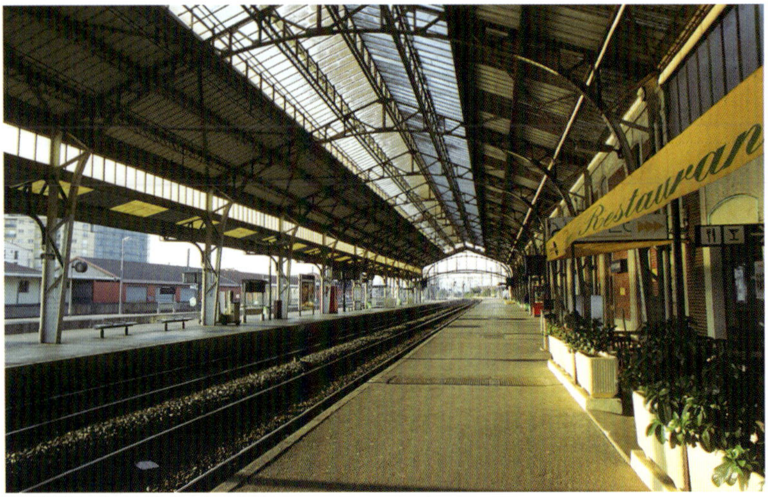

Jean pour les porter dans les villages des deux côtés de la frontière. Peut-être la tramontane s'est-elle levée ce jour-là ? Cela arrive souvent en hiver. Ce vent violent souffle souvent à plus de 100 km/h et traverse les Pyrénées en venant du nord-ouest, laissant après son passage un ciel d'un bleu intense, et donne aux nuages des formes lenticulées telles des zeppelins oblongs ou des soucoupes volantes arrondies. C'est une montagne magique, pleine de minerai de fer, qui fut exploité depuis des temps anciens jusqu'après la Seconde Guerre mondiale. Lors d'un orage, il est dangereux d'être sur la montagne, car elle agit comme un aimant géant, attirant l'éclair dans la profondeur du sol. Toute la région est connue pour son travail du fer. Il s'altère à peine et au cours des siècles, il a été à l'origine d'un travail des métaux parmi les plus raffinés d'Europe.

Le train arriva finalement en gare de Perpignan, dont Dali dira quelques années plus tard qu'elle '*est le centre du monde*'. Elle devint certainement pour les Mackintosh le centre de leur monde, et demeura pendant quatre années le point de départ et d'arrivée de tous leurs voyages le long des voies de chemins de fer qui sillonnent les vallées fluviales de la Têt et du Tech.

Lors de visites ultérieures, ils prirent sûrement le temps d'explorer la capitale catalane, de flâner à travers ses petites rues médiévales bordées de nombreuses maisons étroites, de visiter le palais des Rois de Majorque ainsi que la cathédrale

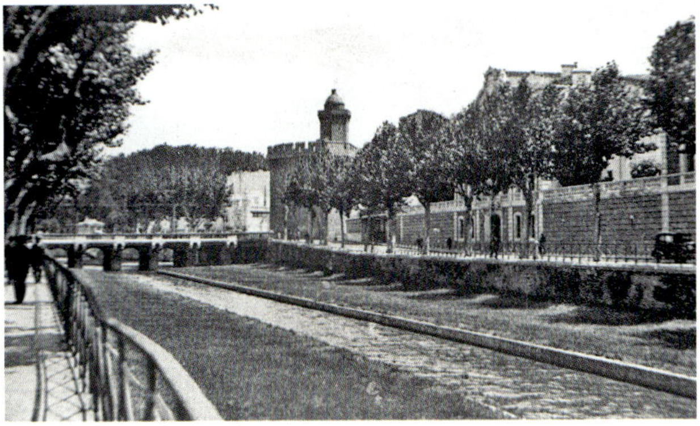

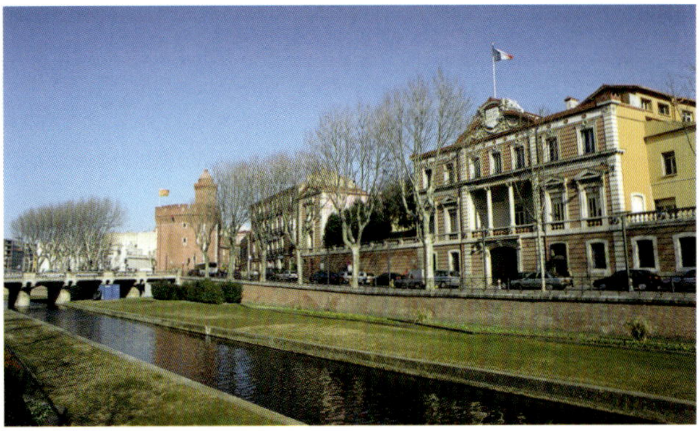

Top: Quai Sadi Carnot & the Castillet gateway, 1923 and today

Right: Le Castillet

Below centre: Rue de la Barre

Bottom: Loge de Mer (1397)

Au dessus : Quai Sadi Carnot et la Porte du Castillet 1923

A droite : Le Castillet

En dessous au centre : Rue de la Barre

Au fond : Loge de Mer (1397)

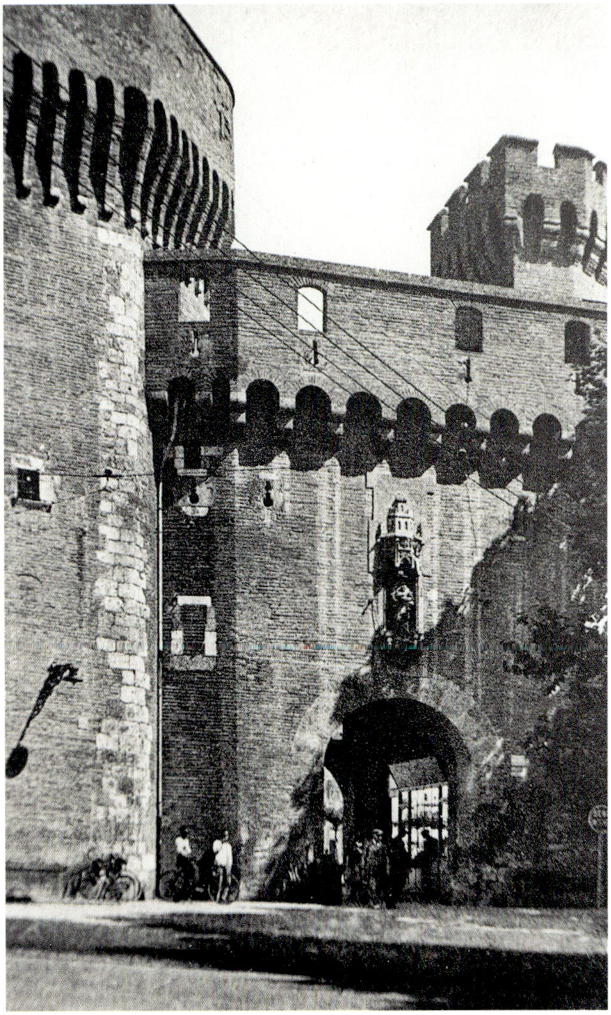

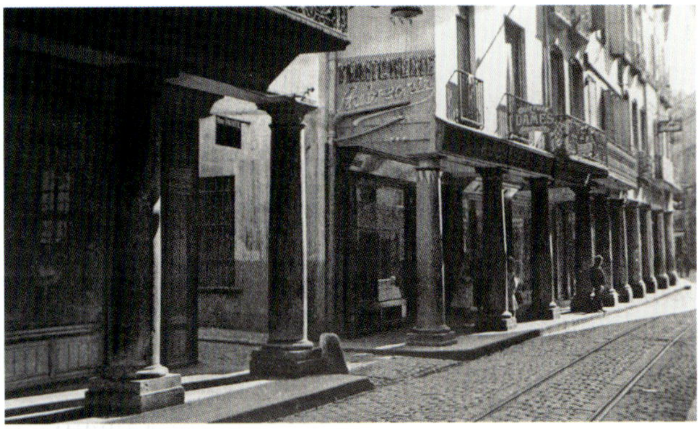

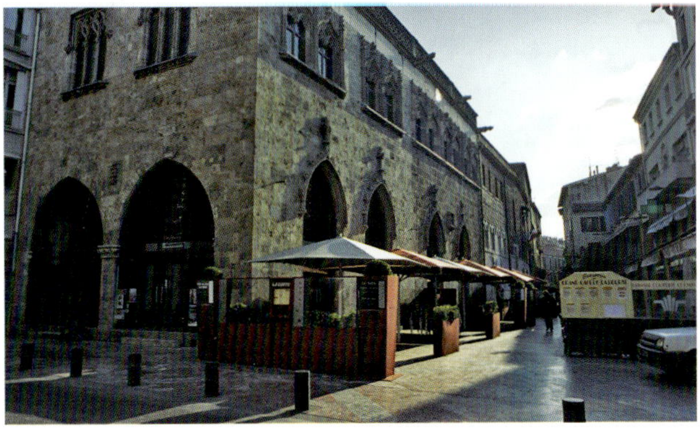

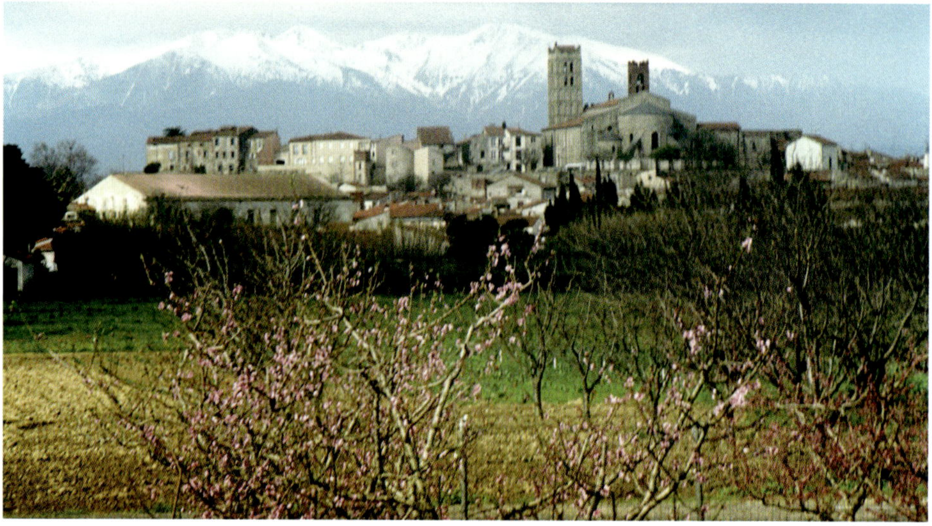

Elne:
dominated by its cathedral, with the Canigou beyond

avec sa cathédrale et le Canigou en arrière plan

years, for it was to and from there that they made all their travels on the branch lines that radiate out up the river valleys of the Tech and the Têt.

On later visits they would have had time to explore this Catalan capital, strolling through the mediaeval streets with their many fine buildings; visiting the royal palace of the Kings of Majorca and the 15th century cathedral; discovering the old Catalan cross in the Church of St James, adorned with all the instruments of the Crucifixion (nails, whip, ladder, pliers, hammer etc.); or just sitting in a café on the Quais.

But for now they continued the last half hour of their journey in the local train up the valley of the Tech. The first stop was Elne. From the carriage window they would have seen the twin towers of the 11th century cathedral, which sits high above the town. This was the old ecclesiastical capital of Roussillon and the building

du 15ème siècle, découvrant dans l'Église Saint-Jean la grande croix des outrages, ornée des instruments de la crucifixion (clous, fouet, échelle, pinces, marteau etc.). Ou peut-être se contentèrent-ils tout simplement de prendre le soleil à la terrasse d'un café sur les quais.

Mais retournons à cette première journée en train, alors qu'ils passaient la dernière demi-heure de leur voyage dans un train local en direction du Vallespir et de la vallée du Tech.

Le premier arrêt fut Elne. Depuis la fenêtre de leur compartiment, ils pouvaient voir les tours jumelles de la cathédrale du 11ème siècle dominant la ville, qui fut l'ancienne capitale religieuse du Roussillon. Les monuments reflètent le pouvoir et la richesse de 550 années de siège épiscopal. Le cloître, construit entre les 12ème et 14ème siècles, avec leurs piliers délicatement sculptés, sont parmi les plus élégants d'Europe. Cette

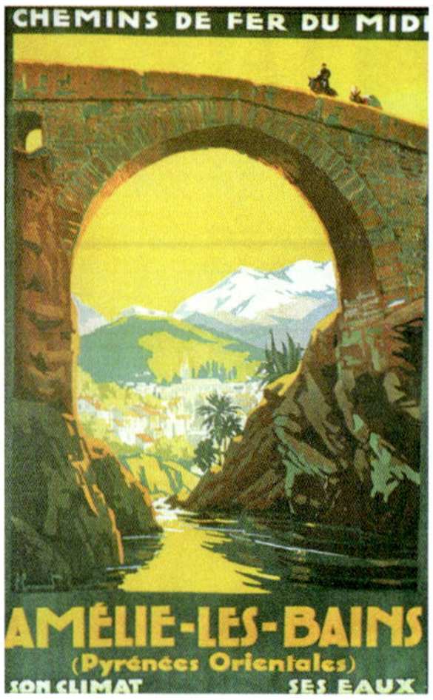

Railway poster

Affiche du chemin de fer

reflects the power and the wealth of 550 years of being the seat of a bishopric. The cloisters were built between the 12th and 14th centuries and, with their delicately carved pillars, are amongst the finest in Europe. The cathedral was one of the buildings that Mackintosh would come to greatly admire.

They booked into a hotel at **Amélie-les-Bains**, a spa town which lies in the shadow of the Canigou. It has a mild and fairly constant climate, avoiding the strong winds which buffet the coast in winter. There is little rain, no mist and lots of sun. It was highly fashionable as a place to spend the winter, especially amongst the English, and it advertised itself as 'La Petite Provence' and the 'Pearl of the Pyrenees' – a resort with a range of hotels, a casino, a theatre, a dance hall, sports facilities, several public halls and a cinema.

Margaret wrote: '*We are more like Spain here than France – the people are quite a Spanish type and all wear dead black and speak Catalan amongst themselves although they understand French. We have taken this tiny house, it has just two rooms – one on top of the other* (I think it must have been the old toll house) *for studios, and we are living at the little hotel just across the bridge, at one end of which this house stands. The hotel is simple but beautifully clean and the cooking amazing. It is very cheap, and that suits us...*'

The old toll house (La Petite Maison Bouix) to which Margaret

Cathédrale devint pour Mackintosh l'objet d'une grande admiration.

Ils logèrent dans un hôtel à Amélie-les-Bains, une station thermale nichée dans l'ombre du Canigou. La montagne protège cette petite ville des vents forts qui soufflent en hiver, lui assurant un climat doux et constant : la pluie est rare, le brouillard absent et le soleil abondant. C'était un lieu de villégiature extrêmement à la mode pour passer l'hiver, surtout pour les anglais. La ville se vantait d'être '*la petite Provence*' et '*la perle des Pyrénées*'. Elle comptait un complexe touristique comprenant plusieurs hôtels, un casino, un théâtre, une salle de bal, des équipements sportifs, plusieurs salles municipales et un cinéma.

Margaret écrivit: '*Ici, nous sommes plus en Espagne qu'en France. Les gens ont plutôt le type espagnol et sont tous habillés de noir. Ils parlent catalan entre eux même s'ils comprennent le français. Nous avons fait l'acquisition d'une minuscule maison qui n'a que deux pièces, l'une au-dessus de l'autre, (je pense que ça a dû être une maison d'octroi) qui nous servent d'atelier, et nous logeons dans un petit hôtel de l'autre côté du pont au bout duquel se trouve cette maisonnette. L'hôtel est simple mais admirablement propre, et la cuisine est sensationnelle. Ce n'est vraiment pas cher et ça nous convient parfaitement...*'

L'ancien octroi (la Petite Maison Bouix) à laquelle Margaret fait référence se situe sur la rive nord du

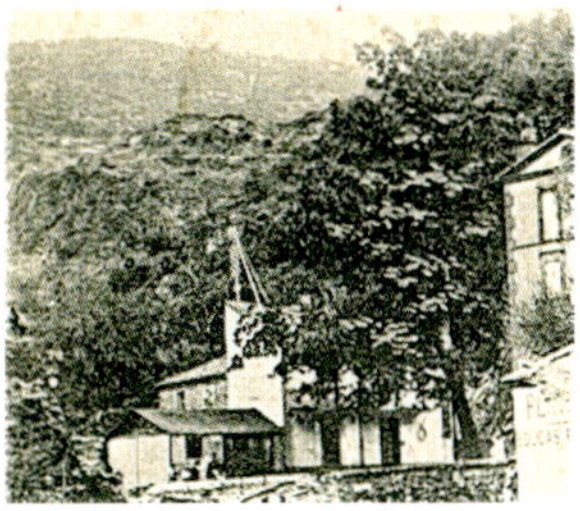

The studio – old toll house
L'atelier – la maison d'octroi

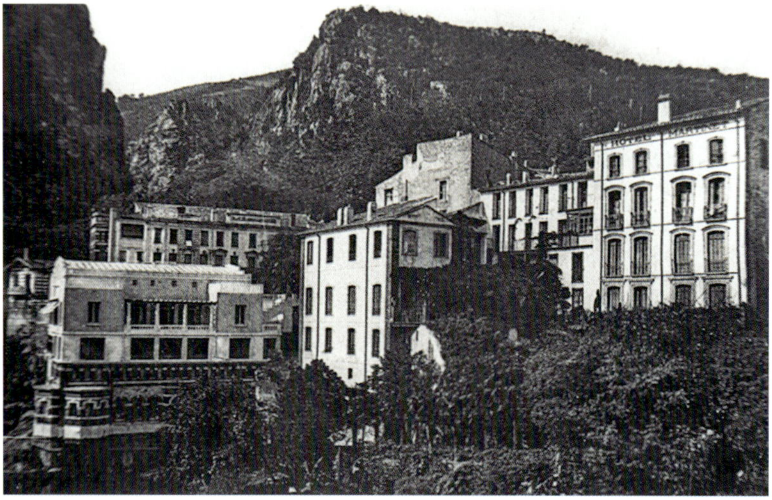

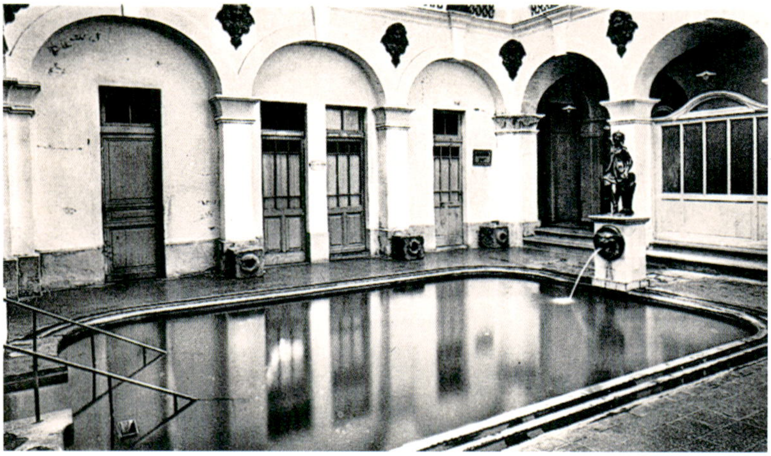

Hotel Pujade and the baths are on the left

L'Hôtel Pujade et les thermes sont sur la gauche

refers was on the north side of the river, known as the 'ville climatique.' They rented it from a Dr Bouix, who lived next door and after whom the street from the bridge is now named. But the toll house and the old stone bridge which it once served are no more. Flash floods are not uncommon in this part of the world. Heavy rain or melting snow cause a landslide, damming one of the upper valleys. The water builds up. Eventually the dam bursts and down below there is

fleuve, plus connue sous le nom de 'ville climatique'. Elle leur fut louée par un certain Dr Bouix qui habitait juste à côté et qui a donné son nom à l'actuel pont. Mais la maison d'octroi et le vieux pont de pierre enjambant le Tech n'existent plus. Les inondations ne sont pas rares dans les montagnes, où les pluies torrentielles et la fonte des neiges peuvent provoquer des glissements de terrain. Des blocs de pierre et de boue peuvent alors descendre des flancs de la montagne, barrant une des vallées supérieures : l'eau s'accumule puis le barrage finit par céder, et en contrebas c'est un désastre brutal. C'est ce qui arriva en 1940.

Le pont, l'octroi et même la maison du Dr Bouix furent emportés par une brusque inondation. Heureusement, la famille Bouix était à ce moment précis en visite chez des amis, en terrain plus élevé. Ils perdirent cependant tous leurs biens. Ils logèrent chez un voisin pendant une quinzaine de jours – le docteur, sa femme, leur fille, leur petite-fille et la bonne, tous dans la même chambre, complètement coupés de la ville, sans eau, sans provisions ni matériel de survie. Ce fut un véritable cauchemar, qui a laissé sa marque dans les esprits de ceux qui en ont fait la douloureuse expérience.

L'autre rive constituait ce qu'on appelait la 'ville thermale', dont les rues étaient jalonnées de crachoirs à l'usage du grand nombre de tuberculeux qui à l'époque y séjournaient. Margaret parle du

instant disaster. This is what happened in 1940. The bridge and the toll house were swept away, as was the house of Dr Bouix. Fortunately the family had gone to stay with friends on higher ground. They lost everything. For 15 days the doctor and his wife, their daughter, their granddaughter and the maid all lived in a neighbour's room, completely cut off from the town, with no water supply, no food and no emergency relief. It is a nightmare which still lives on in the memory of those who experienced it.

The other side of the river was the 'ville thermale,' which had spittoons in the streets for the large number of TB sufferers who went there at that time. Margaret talked of 'the simple little hotel' where they stayed just across the bridge from their studio. At the top of Avenue du Dr Bouix, there is still a small hotel – l'Hôtel Central. On the wall, today, there is a reproduction of his first surviving painting in France "*Mymosa*". It was operating as a hotel in 1924 and it would seem likely that it is where they stayed. But Margaret gives as her mailing address 'Hotel Pujade.' This is not 'just across the bridge,' but a good way further up the town. Attached to the baths where all the cures take place, the Mackintoshes certainly could not have afforded it. The use of this postal address could only have been possible if Margaret was enrolled for a course of treatment. Amélie specialised in the treatment of respiratory problems.

'simple petit hôtel' où elle et son mari logèrent, de l'autre côté du pont sur lequel donnait leur maison-atelier. Il y a encore un petit hôtel au bout de la rue du Dr Bouix, l'Hôtel Central. Sur le mur, aujourd'hui, se trouve une reproduction du premier tableau qu'il a peint en France "Mymosa", encore conservé de nos jours. Il est probable qu'il s'agisse de leur lieu de séjour. Cependant Margaret donne comme adresse postale 'L'Hôtel Pujade', ce qui est assez étrange puisque cet hôtel

Amélie-les-Bains: The main street with Hôtel Central on the right

La rue principale avec l'Hôtel Central à droite

l'Hôtel Central today

l'Hôtel Central aujourd'hui

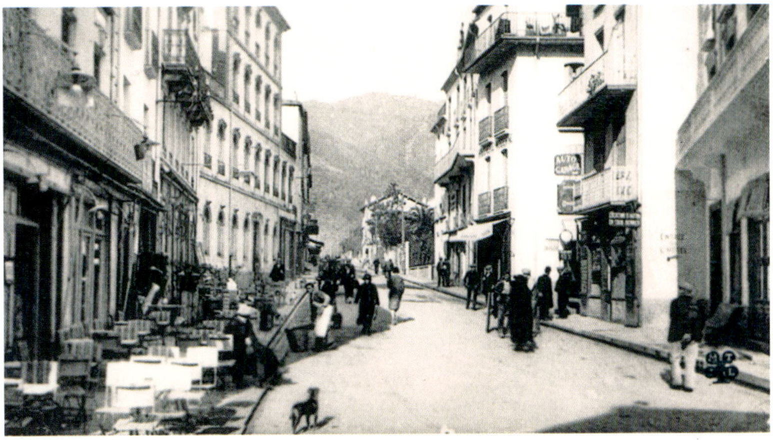

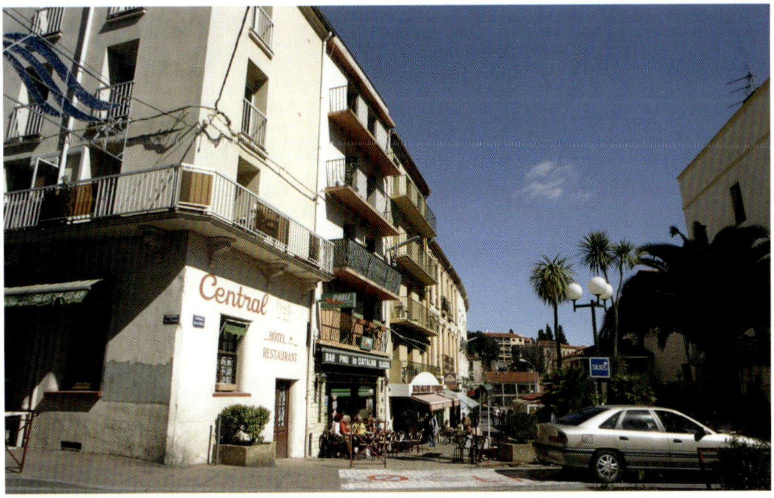

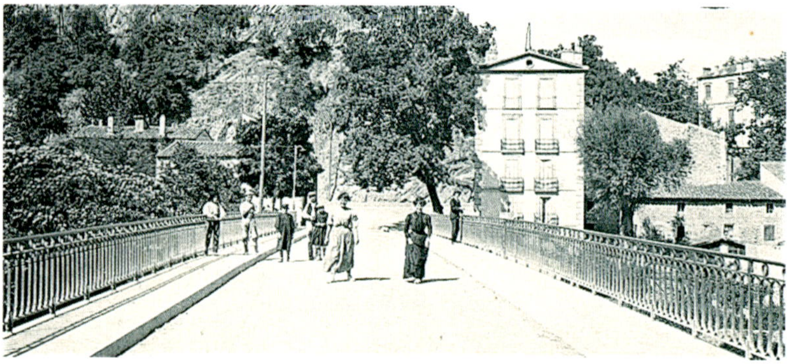

The Bridge (studio on the left)
Le pont – l'atelier a gauche

The records for the period no longer exist, but was this the reason for their choice of Amélie-les-Bains as their destination? Had her doctors in London suggested a rest and a cure? This may explain why in the preceding years she had gradually ceased to work and why in the years to come she seems to have done nothing. She had always been a very active woman and a very productive artist. Perhaps she was just not physically up to it any more.

There were baths at Amélie in Roman times but it was the establishment of a military hospital there in 1854 that led to its development as a fashionable resort. This was during the reign of Louis-Philippe and the town, previously known as Bains-d'Arles, was renamed after his queen, Amélie. The Roman baths have been restored and the Mackintoshes would certainly have visited them and walked on up the valley to explore the Gorges du Mondony.

'Boiling sulphur water simply flows down the street gutter and one can always get a can of beautiful hot water without the trouble of heating

était en fait le Ritz d'Amélie. Il était rattaché aux thermes où avaient lieu les cures, et ne se trouvait donc pas 'de l'autre côté du pont', mais beaucoup plus haut dans la ville. Il s'agissait d'un hôtel très luxueux et assurément au-dessus de leurs moyens. Mais la ville d'Amélie était spécialisée dans le traitement des maladies respiratoires. L'utilisation de cette adresse aurait pu être possible à condition que Margaret y fût inscrite pour un traitement. Les registres de cette période n'existent plus, mais est-ce la raison du choix d'Amélie-Les-Bains comme destination? Les médecins londoniens lui avaient-ils prescrit du repos et une cure? Peut-être cela explique-t-il la diminution graduelle de ses activités artistiques dans les années précédentes, ainsi que son apparente inaction dans les temps qui suivirent. Ayant toujours été une femme active et un peintre productif, peut-être n'avait-elle désormais plus la force de continuer?

Il y avait déjà des bains à Amélie au temps des romains, mais c'est l'implantation d'un hôpital militaire en 1854 qui fit de cette ville thermale un lieu de villégiature à la mode, pendant le règne de Louis-Philippe. La ville alors connue sous le nom de Bains d'Arles fut renommée d'après celui de la reine : Amélie. Les thermes romains ont été restaurés et les Mackintosh les ont certainement visités avant de continuer leur chemin pour monter explorer les gorges du Mondony.

'De l'eau soufrée et bouillante coule tout bonnement dans les

it. It is lovely for washing – especially one's hair...

'This is quite a beautiful spot. In the valley of the Tech – so we are protected from the Tramontane (north westerly wind) – but we get the snow wind off the Canigou if the wind is from that direction. This, in spite of the sun, always gives a sharpness to the air which is rather exhilarating.'

The mild micro-climate, with hot sunshine, little wind and pure mountain air, creates a natural garden with a profusion of plants and flowers, which delighted Mackintosh. He and Margaret made expeditions into the surrounding countryside, collecting flowers. Mackintosh had always painted studies of flowers which he gathered in his walks and a picture of ***Mymosa*** dated January 1924 is one of the few which survive from this time. '*Art is the flower – Life is the green leaf,*' he said in a lecture. '*You must offer... flowers that grow from but above the green leaf... the flowers of the art that is in you...*'

And of course Mackintosh could never resist visiting old churches in the surrounding villages. They went up to **Montbolo**, which clings to the heights on the north side of the town, where they marvelled at the '*simple stone structure*' of the massive fortified 10th century church complete with slit windows.

The road carries on over the mountains to Bouleternère and Ille-sur-Têt. The Mackintoshes probably took a trip on the local bus. If they stopped at the small church at Prunet

caniveaux et chacun peut ainsi se procurer de l'eau chaude à tout moment sans avoir à la faire chauffer. C'est merveilleux pour la toilette – surtout pour les cheveux...'

'C'est un endroit charmant. Dans la vallée du Tech – ainsi nous sommes protégés de la Tramontane, mais nous avons les vents neigeux du Canigou si le vent vient de cette direction. Ceci, malgré le soleil, donne une acuité à l'air qui nous ragaillardit plutôt.'

Le doux micro-climat avec son chaud soleil, le petit vent et l'air pur

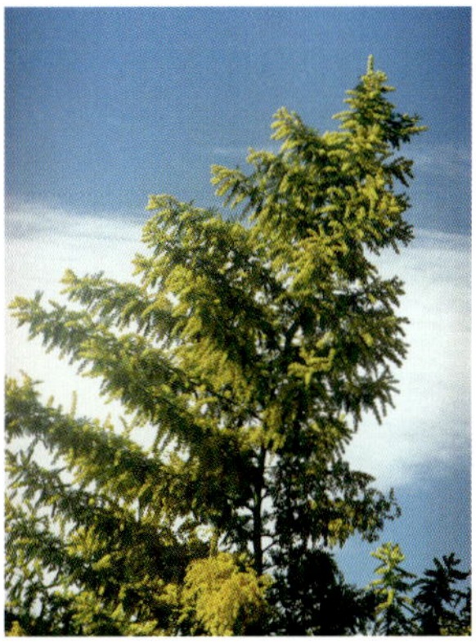

Mymosa 1924
watercolour
aquarelle

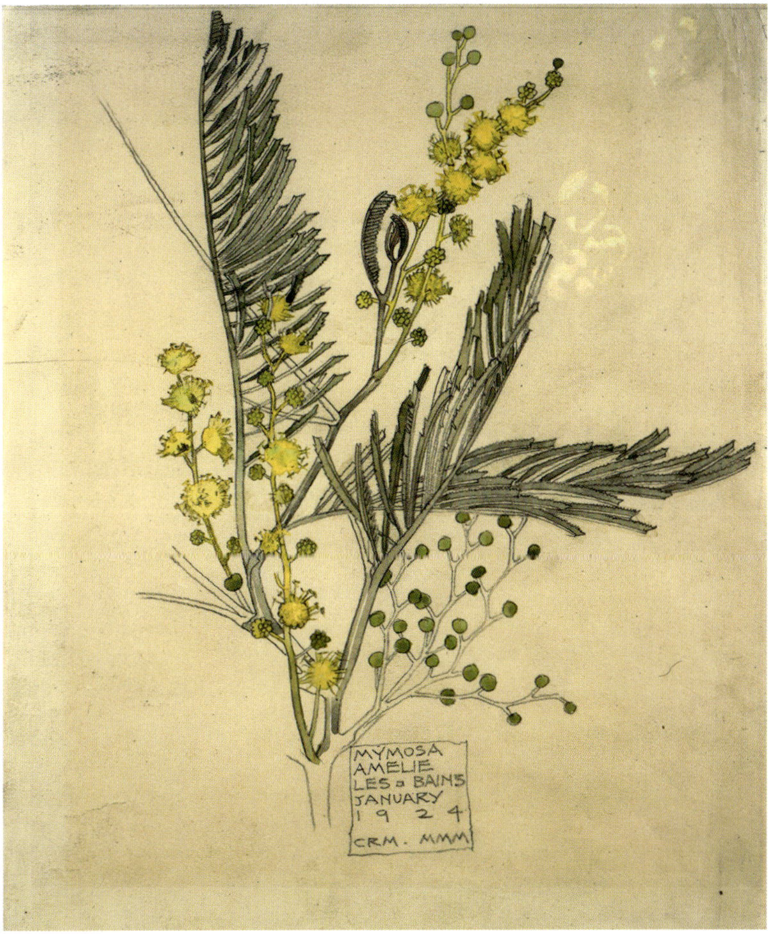

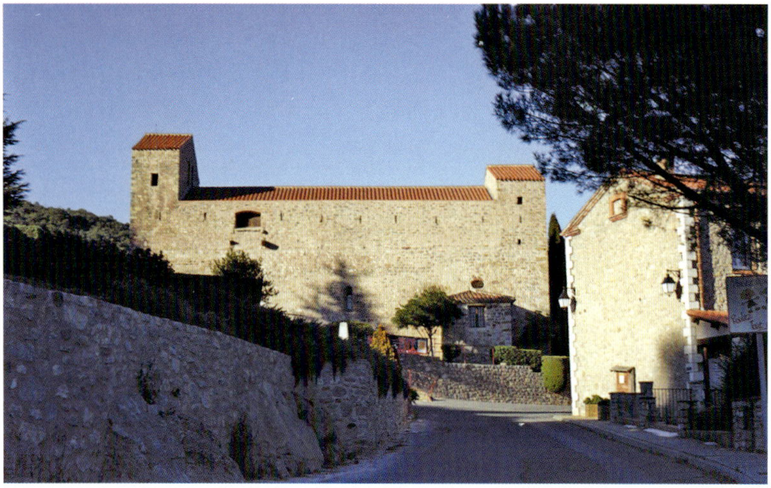

Montbolo:
the church
l'église

et Belpuig they would have been greatly struck by the ironwork on the door and the 12th century carving of Christ inside, a smiling Christ and originally without nails in the feet and hands, a message to indicate that everything was really alright. But some centuries later, someone reckoned that the sculptor had made a mistake and rectified the omission! The small romanesque structure

Prunet et Belpuig:
ironwork
pentures en fer forgé

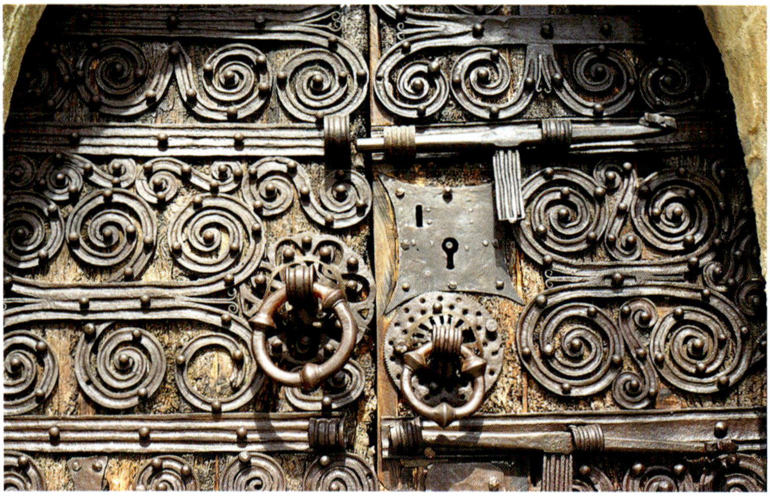

des montagnes créait un jardin naturel doté d'une profusion de plantes et de fleurs qui réjouissaient Mackintosh. Margaret et lui faisaient des randonnées dans la campagne environnante, ramassant toute sorte de fleurs. Mackintosh avait toujours peint des études de fleurs qu'il ramenait de ses promenades, et « ***Mymosa*** », un tableau daté de Janvier 1924, est un des rares survivants de cette époque. '*L'art est la fleur – et la vie, la feuille verte*', dit-il lors d'une conférence. '*Vous devez offrir … des fleurs qui partent de la feuille mais s'élèvent au-dessus d'elle… les fleurs de l'art qui est en vous…*'

Bien évidemment, Mackintosh ne résista pas à l'envie de visiter les vieilles églises des villages alentour. Ils montèrent à Montbolo, petite commune accrochée à flanc de coteau au nord de la ville, où ils s'émerveillèrent de 'la simplicité de la structure de pierre' d'une église fortifiée et pourvue de meurtrières, datant du 10ème siècle.

La route continue à travers les hauteurs jusqu'à Bouleternère et Ille-sur-Têt. Les Mackintosh ont sûrement profité du bus local pour visiter les environs. S'ils se sont arrêtés à la petite église de Prunet et Belpuig, ils auront été ravis des pentures en fer forgé de la porte d'entrée et du Christ en bois datant du 12ème siècle que l'on peut voir à l'intérieur, un Christ souriant, à l'origine sans ongles de pied et de main, un message indiquant que tout allait vraiment bien. Mais il y a quelques siècles, quelqu'un a noté

stands unchanged at the highest point on the road. Their discovery of the valley of the Têt would have served as a recce for their move to the Hotel du Midi in Ille later that year.

Mackintosh also writes of his visit to the old church of St Martin at the top of **Palalda**, which lies next to Amélie. Its magnificent reredos traces the life of St Martin – '*carved and gilded wood – wood that is not carved but cut showing every mark of the tool and not gilded but clothed in gold leaf (thick) – the first brought from America to Spain. Very rococo but very beautiful.*'

The first of the interpretation centres is housed in the museum beside the church. Also in the square is a signalling tower, one of a chain throughout Roussillon which, with smoke signals, could quickly alert the whole country to an invasion. While it took a man on a horse three days to ride from Barcelona to Carcassonne, a message sent using a code of smoke-signals across the mountains could be delivered in three hours.

Mackintosh's painting of ***Palalda***

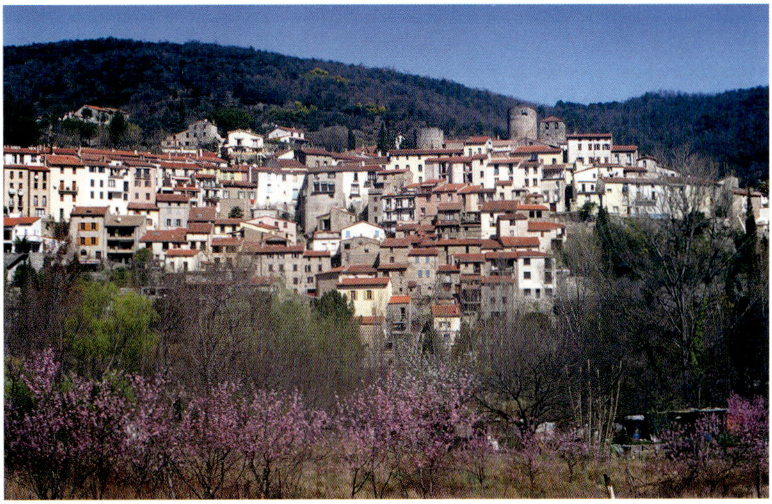

Palalda from south bank of the Tech

Palalda vue depuis la rive droite du Tech

que le sculpteur avait fait une erreur et a rectifié l'oubli ! Ce petit édifice roman se situe à l'endroit le plus élevé du chemin, où il demeure inchangé. La découverte de la vallée de la Têt leur aura permis de faire des repérages en vue de leur emménagement à la fin de l'année dans l'hôtel du Midi à Ille-sur-Têt.

Mackintosh relate également sa visite à la vieille église de Palalda, près d'Amélie, dont les magnifiques retables racontent la vie de Saint Martin – '*du bois sculpté et doré – non pas sculpté, mais ciselé, montrant chaque coup de hachette; non pas doré, mais paré d'une feuille d'or (épaisse) – de cet or venu d'Amérique, importé pour la première fois par les Espagnols. Très rococo mais extrêmement beau.*'

Le premier des

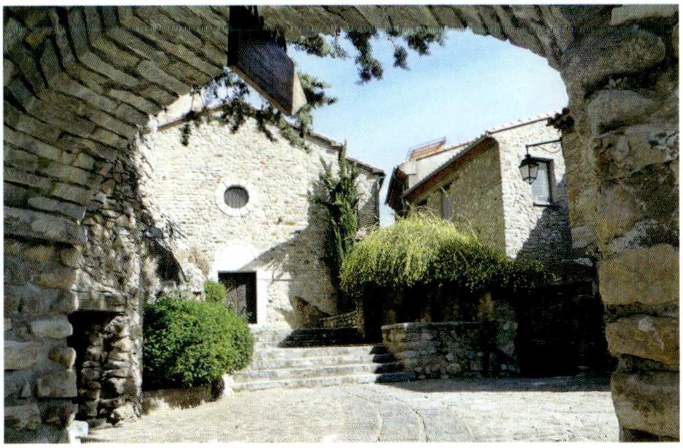

Left: Palalda Interpretation Centre and St Martin Chapel

Gauche: le Centre d'interprétation à Palalda et la chapelle de St Martin

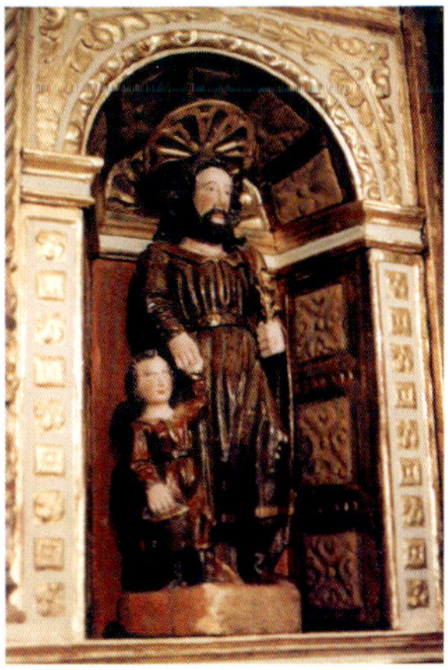

Below: Detail carving St Martin reredos

En dessous: Détail du retable de St Martin

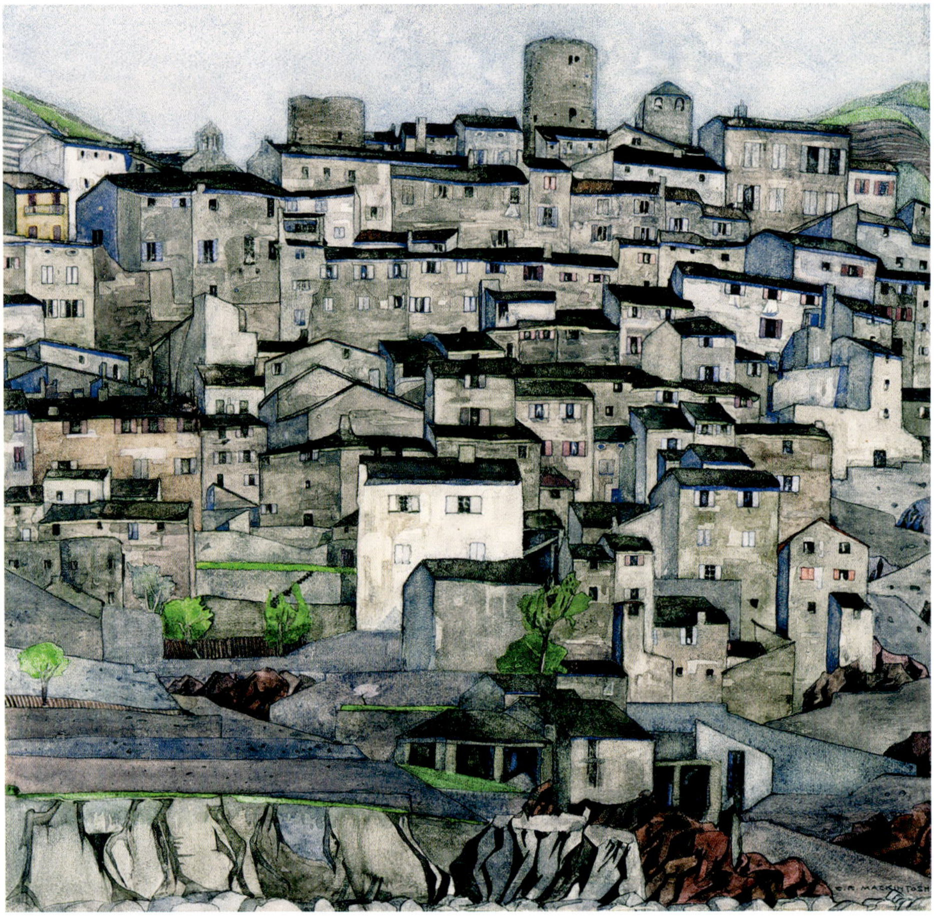

Palalda 1924
watercolour
aquarelle

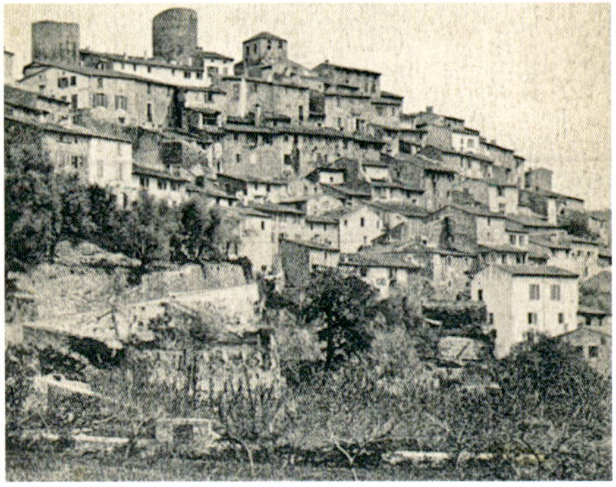

(*17*), the mediaeval hill-town which is now part of Amélie, clearly shows his delight in the jumble of architecture. In it, he combines two different view-

centres d'interprétation se trouve dans le musée à côté de l'église. Une tour à signaux non loin de là est en fait un élément d'une chaîne de constructions similaires traversant le Roussillon. Les signaux de fumée alertaient rapidement toute la région en cas d'invasion : alors qu'il fallait trois jours à un cavalier pour aller de Barcelone à Carcassonne, un message envoyé par signaux de fumée traversait les montagnes en trois heures.

Le tableau ***Palalda*** (17) (nom de la haute cité médiévale intégrée

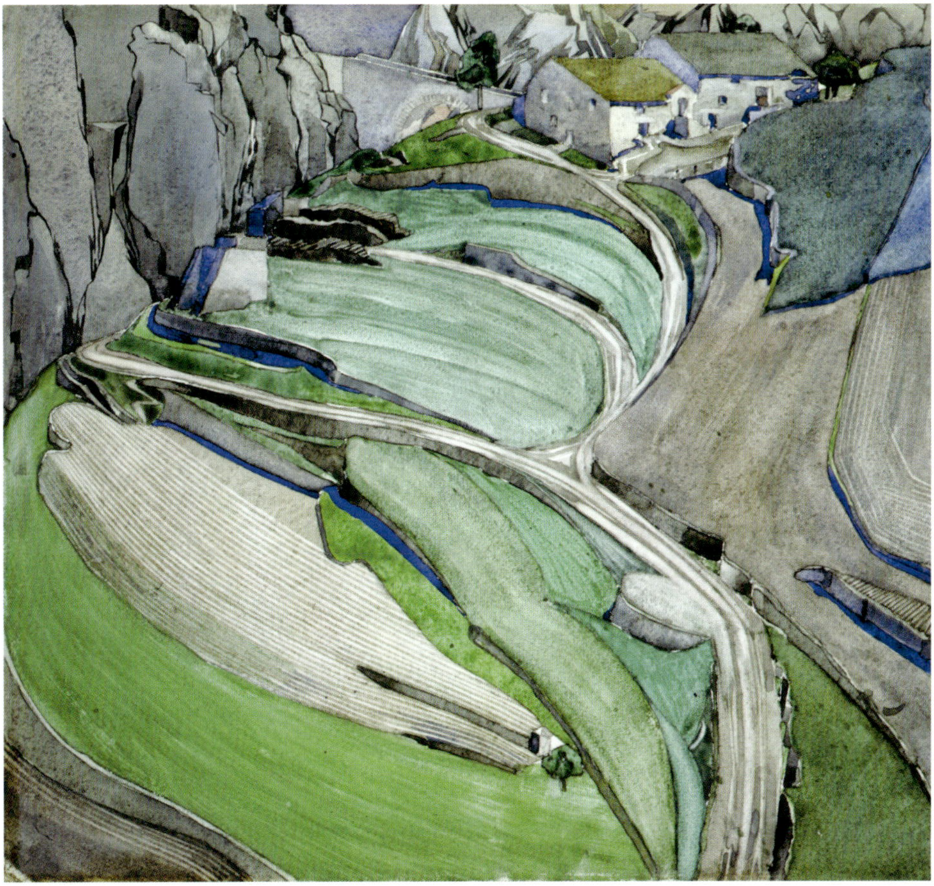

Mont Alba 1924
watercolour
aquarelle

Mas Rui Bans:
the remains
les ruines

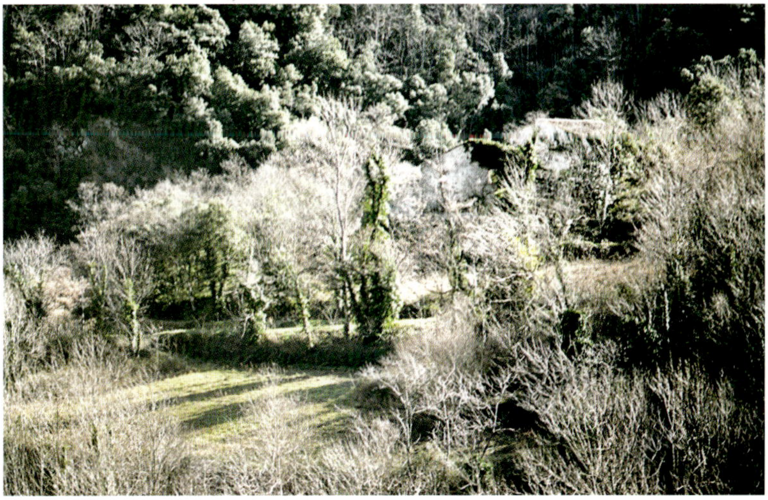

points. The upper part of the picture seems to have been painted from beside the north side of the river while the lower part is a view from the south side. He altered the lower part of this painting by cutting a piece of paper to the shape of the houses he wanted to retain and sticking it over the part which he did not like.

The other Mackintosh painting of this area which survives is entitled ***Mont Alba*** (*18*). It shows a farm called Rui Bans, which he would have passed on his way up the valley. It is just before the bridge which

crosses the river gorge – a place of deep rock pools where the locals go to swim. The farm has now all but disappeared. A few years ago, it was bought by a Lebanese businessman with a view to developing it for housing. He had been warned that there was only enough water to supply the farm but he replied, 'In Lebanon we find water in the desert.' He sold off 15 plots to fellow Lebanese in Beirut but the water was just not there. So the place lies abandoned. The fields are overgown and now the roof has fallen in.

Mackintosh followed the single-track road to its end and visited the ancient chapel at Mont Alba. In mediaeval times it was the site of a large village but now it is reduced to a few farm buildings. It belongs to the municipality of Amélie-les-Bains and is looked after by a concierge, who shows visitors round twice a week.

A few miles downstream from Amélie is the town of Céret – the next stop on the train to Perpignan.

Céret:
Café de France

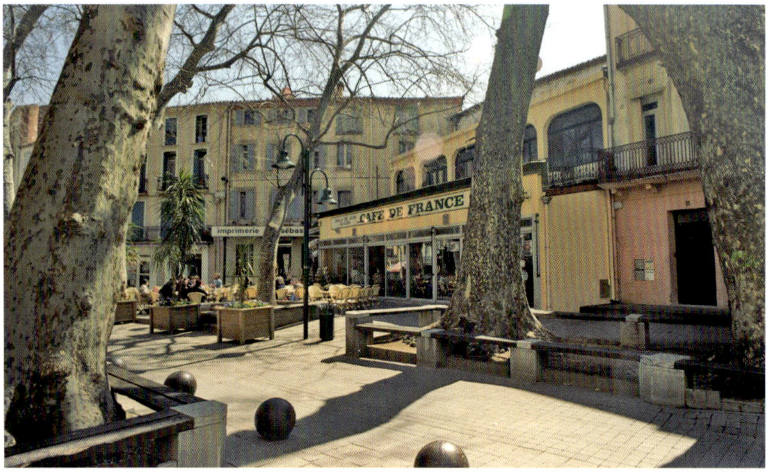

maintenant à la ville d'Amélie) montre à quel point Mackintosh se délecte du fouillis architectural. On y voit la combinaison de deux points de vue différents : la partie supérieure du tableau a été peinte à partir de la rive nord, alors que la partie basse a été réalisée sur la rive sud – en plus de quoi il altéra la partie inférieure du tableau en y appliquant une feuille de papier prédécoupée de telle sorte qu'elle ne laisse apparaître que les maisons dont il aimait l'aspect, dissimulant les autres au regard.

Le seul autre tableau peint dans cette région par Mackintosh à avoir survécu est intitulé ***Mont Alba*** (18). On y voit une ferme du nom de Riu Bans, qu'il aurait croisée sur son chemin en remontant la vallée. Cette ferme, située juste derrière le pont qui enjambe une gorge creusée de marmites de géants où les habitants vont se baigner, a aujourd'hui pratiquement disparu. Un homme d'affaires libanais l'a rachetée il y a quelques années dans le but d'en faire un lotissement de résidences secondaires. On l'avertit que l'eau disponible ne pourrait ravitailler qu'une seule ferme, ce à quoi il répondit : '*au Liban, nous trouvons de l'eau dans le désert*'. Il vendit quinze parcelles à des compatriotes de Beyrouth, mais l'eau n'était toujours pas là. Le lieu fut abandonné, les mauvaises herbes ont envahi les champs et le toit s'est effondré.

Mackintosh parcourut l'intégralité de la petite route à voie unique, et visita l'ancienne chapelle de Mont

The core of Céret is an old mediaeval town whose walls enclose a warren of cobbled streets. In a small square are the massive wooden doors of the entrance to the church, whose bell tower chimes to regulate the day. Outside the walls are 19th century boulevards, shaded by enormous plane trees, and the stone washhouse where the women plunged their laundry into the cold mountain water.

The old bridge into the town is a massive stone structure. It is called the Devil's Bridge because legend says that the Devil built it in return for the soul of the first villager who crossed. The villagers sent a cat. They say the Devil was not deceived but no one seems to know what happened after that.

A decade earlier, Céret had been the Mecca of cubism. Picasso, Juan Gris, Braque, Auguste Herbin and Max Jacob all lived and worked while the war raged in the north. Their ghosts still linger round the tables of the Grand Café on the boulevard next to which, when the town is en fête, tables are set up for a communal lunch al fresco and sardanas are danced in the cool of the evening.

The sardana is danced in a circle. Everyone joins hands. There are short steps and long steps and sometimes the long steps become skipping steps with the hands raised high. The step is counted by the leader of the dance and you can join in at any stage but you must not leave for it is a dance of unity. There are thousands of different tunes and they are played by

Alba. Ce site était à l'époque médiévale un village important, mais il est de nos jours réduit à quelques fermes, et dépend de la municipalité d'Amélie-les-Bains. Un concierge assure la surveillance et fait visiter les lieux aux touristes deux fois par semaine.

A quelques kilomètres en aval d'Amélie se trouve la ville de **Céret**, qui est l'arrêt suivant du train pour Perpignan.

Le centre de Céret est une vieille ville médiévale dont les murs renferment un entrelacs de rues pavées. Les lourdes portes de bois de l'église, dont le clocher rythme les heures, ouvrent sur une petite place. Hors les murs, les boulevards du 19ème siècle sont abrités par d'énormes platanes. On y trouve aussi un lavoir de pierre où les femmes aimaient se rencontrer pour faire la lessive dans l'eau froide du torrent.

Le vieux pont de la ville possède une lourde structure de pierre. On l'appelle 'le pont du diable' en souvenir d'une légende, selon laquelle le diable aurait accepté de le construire en échange de l'âme du premier villageois qui le traverserait. Les villageois décidèrent alors d'envoyer un chat sur le pont : le diable à ce qu'on dit n'a pas été trompé, mais personne ne semble connaître la suite de l'histoire.

Dix ans avant le passage des Mackintosh, Céret était une véritable Mecque du cubisme : Picasso, Juan Gris, Braque, Auguste Herbin, Max Jacob y ont tous vécu et travaillé.

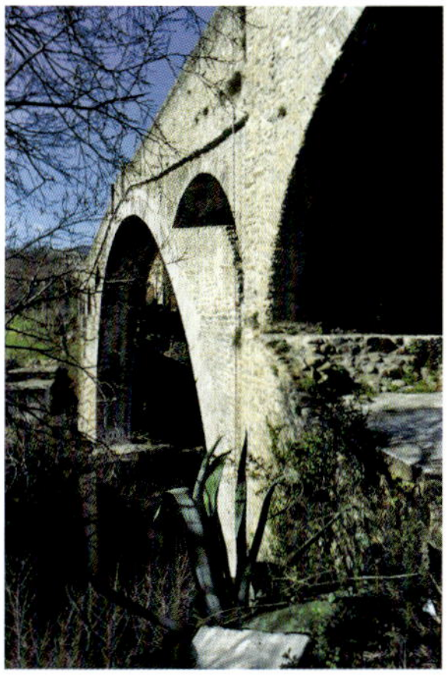

Céret:
Devil's Bridge
Pont du Diable

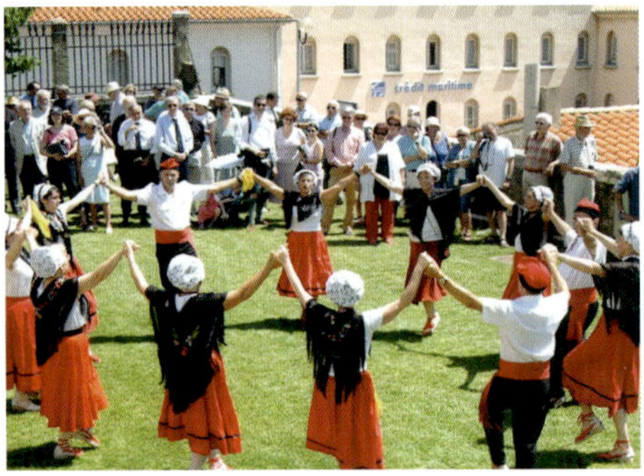
Sardana

a band of 11 musicians with traditional instruments like the tambori, the flaviol, the tenora, the tible and the fiscorn, which produces a reedy sound not unlike a bagpipe chanter. Indeed sometimes the line-up includes a Catalan bagpipe – the sac à jemes – which is much the same size as the Scottish Highland pipes but with only a single drone. Each sardana is made up of two different pieces of music – one for the short steps, which is like a chorus, and one for the long steps, which is like a verse. In a normal session, the musicians will play six sardanas.

There is also a bull ring. The *corridas* provided the subjects for a collection of earthenware plates decorated by Picasso, which are now displayed in Céret's Museum of Modern Art.

In 1924, the artists in Céret were essentially landscape and still life painters. While the war raged in the north, Pierre Brune, Pinkus Krémègne, the sculptor Manolo and his friend Frank Burty Haviland all took refuge here.

Pierre Brune went to Céret in 1916 for his health – to be near Amélie-les-

Leurs fantômes s'attardent encore autour des tables du Grand Café situé sur le boulevard. Quand la ville est en fête, on y installe des tables pour un déjeuner communal en plein air, et on danse des sardanes dans la fraîcheur du soir.

La Sardane se danse en ronde et comprend toujours deux ou trois parties musicales : une partie courte avec des pas de 2 mesures et les bras baissés, une partie longue dont les pas comprennent 4 mesures et qui se danse les bras levés. Le meneur compte les pas et on peut s'y joindre à tout moment, mais personne ne doit quitter la ronde avant la fin du morceau, car cette danse symbolise l'unité. Il existe des milliers d'airs différents exécutés par une formation de onze musiciens, jouant sur des instruments traditionnels comme le tambori, le flaviol, la ténora, le tible et le fiscorn (dont le son est assez proche de celui d'une cornemuse). Quelquefois, l'ensemble comprend une cornemuse catalane – un sac de gemecs – qui a la même taille qu'une cornemuse de guerre de Haute Ecosse mais avec un seul bourdon. Lors d'une session, les musiciens jouent habituellement environ six sardanes.

Céret possède également ses arènes où se déroulent des corridas pendant la Feria. Ce fut un sujet d'inspiration pour Picasso qui réalisa autour de ce thème une série d'assiettes en céramique exposés au Musée d'Art Moderne de la ville.

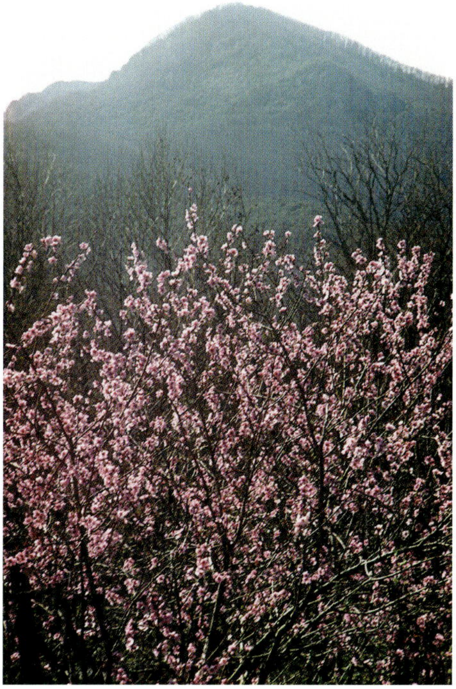

Bains, where he went for medical treatment. He spent the rest of his life there and died in the mid 50s.

He invited Krémègne to join him, and he too remained there to the end of his days, reaching the ripe old age of 91, and painting landscapes, still lifes and a few portraits. Krémègne was a childhood friend of Soutine and they had studied together at the Art School in Vilnius (Lithuania). By the time Mackintosh arrived, Soutine had been and gone – much to everyone's relief. Krémègne wrote: '*He was raving mad, constantly drunk and dirty. People took him for the village idiot.*'

The other principal artist there was Frank Burty Haviland. He was born in Limoges where his father was involved in porcelain production,

En 1924, la population artistique de Céret était essentiellement constituée de peintres paysagistes et naturalistes. Tandis que la guerre faisait rage dans le nord, Pierre Brune, Pinkus Krémègne, le sculpteur Manolo et son ami Frank Burty Haviland, trouvèrent refuge ici.

Pierre Brune vint à Céret en 1916 pour des raisons de santé – afin de se rapprocher d'Amélie-les-Bains, où il était en cure. Il y resta jusqu'à sa mort, au milieu des années cinquante.

Il invita Krémègne à le rejoindre, et lui aussi restera à Céret toute sa vie, à peindre des paysages, des natures mortes et quelques portraits, atteignant l'âge vénérable de 91 ans. Krémègne était un ami d'enfance de Soutine, et ils avaient fait leurs études ensemble à l'Ecole des Beaux-arts de Vilnius (Lituanie). A l'arrivée de Mackintosh, Soutine n'était plus qu'un souvenir dans la ville de Céret – un mauvais souvenir, si l'on en croit Krémègne : 'Il était délirant, toujours sale et imbibé d'alcool. Les gens le prenaient pour l'idiot du village.'

L'autre principale figure artistique de Céret fut Frank Burty Haviland. Il naquit à Limoges, où son père participait à la fabrication de porcelaines, essentiellement destinées à l'exportation vers New York. Les membres de sa famille tant maternelle que paternelle étaient des collectionneurs d'art passionnés. Son grand-père était peintre, critique d'art et mécène, ce qui sans aucun doute influença le jeune homme dans le

Céret:
cherry blossom

Cerisier en fleurs

mainly for export to New York. Both his mother's and his father's sides of the family were passionate art collectors. His grandfather had been a painter, an art critic and a sponsor, and this undoubtedly influenced the young man to become a professional painter – much to the anger of his father, who virtually disinherited him.

After a somewhat Bohemian existence, drifting from Paris to New York and then to Germany, Haviland finally married a Catalane and settled in Céret, where they set up home in a former monastery. He was well known for his hospitality and his house was a centre for visitors from all the arts. It is almost inconceivable that he and Mackintosh did not meet as his fluency in English would have made conversation easy. In the twenties Haviland was particularly influenced by the Italian avant-garde school. His own painting was essentially realist and naturalist and he concentrated on landscapes, still life and floral compositions – so he and Mackintosh had quite a lot in common. Haviland remained in Céret for the rest of his life; in 1948 he and Pierre Brune were responsible for the creation of the Museum of Modern Art, which today houses work from almost all the artists who stayed locally. He eventually became curator.

This is fruit growing country – especially cherries, which were introduced after a blight on the vines in the 19th century. Céret traditionally produces the first cherries of the year in France and in the second week of

choix d'une carrière d'artiste-peintre – au grand désagrément de son père qui le déshérita quasiment.

Après une existence quelque peu bohème, errant de Paris à New York puis en Allemagne, il finit par épouser une catalane avec laquelle il s'installa à Céret, dans un ancien monastère. Il était connu pour son hospitalité, et sa maison était un lieu de rendez-vous d'artistes de tous genres. Il serait hautement improbable que lui et Mackintosh ne se soient pas rencontrés, d'autant plus que son aisance en anglais leur aurait permis de communiquer sans difficulté. Dans les années 1920, Haviland était particulièrement influencé par l'école italienne d'avant-garde. Sa propre peinture était essentiellement réaliste et naturaliste, se concentrant sur des sujets tels que paysages, natures mortes et compositions florales – encore un point commun avec les Mackintosh. Haviland passa le restant de ses jours à Céret, où il fonda en 1948 avec Pierre Brune le Musée d'Art Moderne, qui aujourd'hui regroupe les travaux de tous les artistes ayant œuvré dans la région ; il finit même par y travailler en tant que conservateur.

La région de Céret est également réputée pour sa production fruitière, notamment pour ses cerises, qui furent introduites au 19ème siècle suite à une infestation de phylloxéra dans la vigne. Cette variété est traditionnellement la plus précoce de France, à tel point que dans la deuxième semaine du mois de mai, le

May these are sent up to the President in Paris. One can imagine the deliberations of state being interrupted by the announcement 'Monsieur le Président, les cerises de Céret sont arrivées.' Mackintosh soon acquired a taste for them. They were one of his favourite desserts.

The Mackintoshes also took the train further into the mountains. Arles-sur-Tech is only a couple of miles from Amélie but the railway line, which in Mackintosh's day ran right up to Prats-de-Mollo, is no more. Like their studio, it was washed away by floods and never replaced. Mackintosh mentions St Mary's Abbey in **Arles-sur-Tech**, which was built in the 11th and 12th centuries with a fine Gothic cloister. Curiously, it has strong eastern influences, presumably from the time of the Crusades. There is a Greek cross over the entrance and a side chapel dedicated to two Kurdish saints – Abdon and Sennen – who ward off disaster. Another side chapel features two medical saints with all the mediaeval accoutrements of their profession.

Both Arles and Prats-de-Mollo owed their prosperity to iron mining. The ore was extracted from the flanks of the Canigou and then smelted in Arles-sur-Tech before being exported. In Mackintosh's time Arles was famous for weaving traditional Catalan fabrics and making espadrilles with long ankle ribbons. There is still one factory left to keep up the tradition.

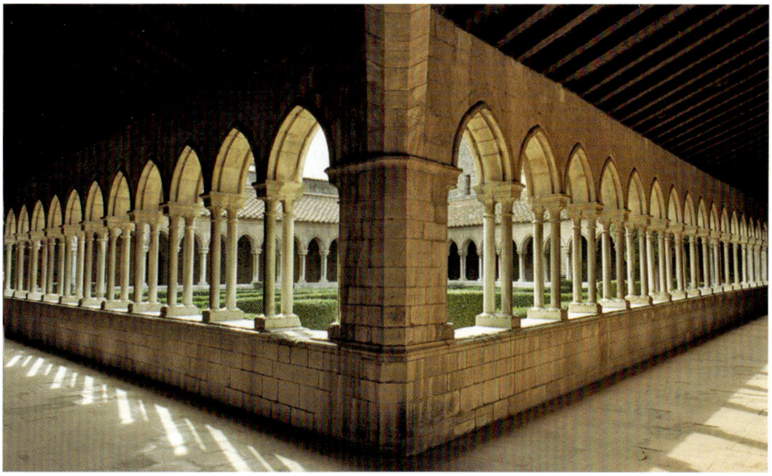

Arles-sur-Tech: cloister

cloître

Président lui-même s'en fait livrer directement à Paris. On peut imaginer les délibérations de l'état interrompues par l'annonce : '*Monsieur le Président, les cerises de Céret sont arrivées*'. Mackintosh en devint bientôt grand amateur – c'était l'un de ses desserts favoris.

Les Mackintosh prirent également le train pour aller plus loin dans les montagnes. Arles-sur-Tech n'est qu'à quelques kilomètres d'Amélie, mais la ligne de chemin-de-fer, qui au temps de Mackintosh allait jusqu'à **Prats-de-Mollo**, n'existe plus de nos jours. Comme leur studio, elle disparut dans les flots de l'inondation et n'a jamais été reconstruite. Mackintosh fait mention de l'abbaye Sainte-Marie à Arles-sur-Tech, qui fut construite aux 11ème et 12ème siècles et comporte un cloître gothique raffiné. On y trouve curieusement de fortes influences orientales, provenant sans doute du temps des croisades : une croix grecque au dessus du portique et une chapelle latérale dédiée à deux

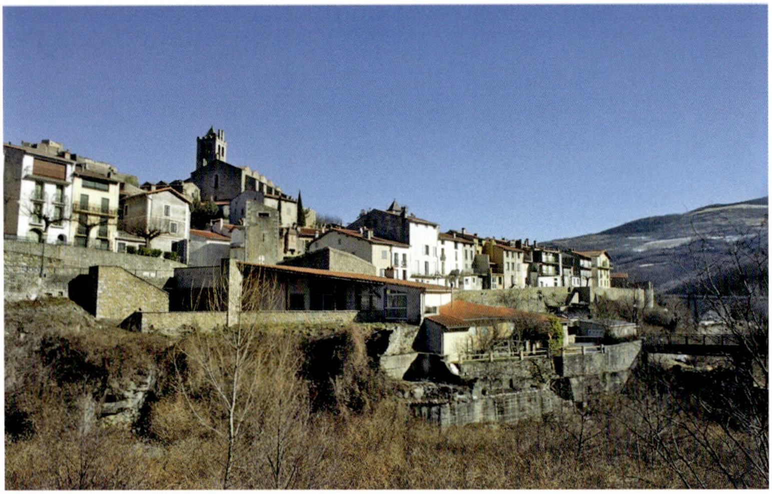

Prats-de-Mollo: general view

vue générale

In the Middle Ages, **Prats-de-Mollo** was part of the Kingdom of Majorca. The Catalan nobles built a summer palace and a university there. In time, the Majorcan dynasty married into the House of Aragon. When they in

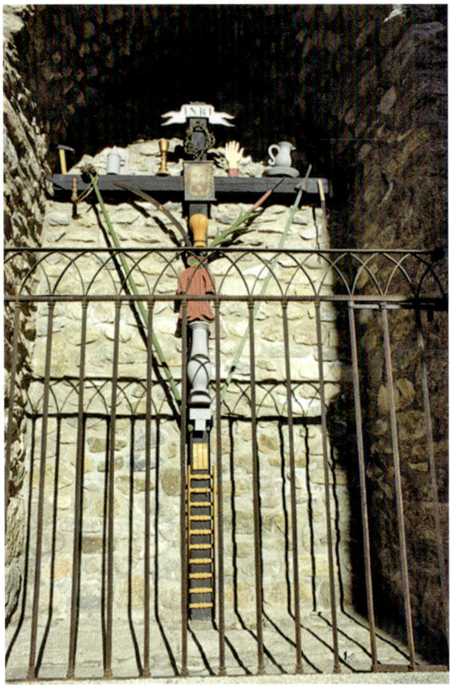

The cross with the instruments of the Crucifixion

Croix des outrages

saints kurdes, Abdon et Sennen. Une autre chapelle latérale représente deux saints médecins vêtus du costume médiéval de leur profession.

Arles et Prats-de-Mollo devaient toutes deux leur prospérité aux mines de fer. Le minerai était extrait des flancs du Canigou puis fondu tout près, à Arles-sur-Tech, avant d'être exporté. A l'époque de Mackintosh, Arles était également réputée pour sa fabrication de tissu traditionnel et d'espadrilles catalanes (avec de longs rubans entourant la cheville). Il reste aujourd'hui une usine qui perpétue la tradition.

Au Moyen-Âge, Prats-de-Mollo faisait partie du royaume de Majorque. Les nobles catalans y bâtirent un palais d'été et une université. Au fil du temps, la dynastie de Majorque se mêla à la maison d'Aragon, elle-même ayant des alliances avec la Castille. Et ainsi le Roussillon, par une succession de mariages, devint peu à peu territoire espagnol.

Pendant la guerre de Trente ans, le Roussillon, exaspéré par des années d'exploitations et de négligences, se rebella afin de faire à nouveau partie de la France ; ce qui devint effectif en 1659, avec la ratification du traité des Pyrénées. Mais à Prats-de-Mollo, les habitants refusèrent de payer les taxes exorbitantes exigées par Louis XIV. Ils assassinèrent les percepteurs de taxes et résistèrent à deux bataillons français avant de finir par se soumettre. Le Maréchal de Vauban fut envoyé sur place afin de construire une forteresse, dont la fonction était tout

turn married with Castille, by a succession of trousseaux, Roussillon became part of Spain.

During the Thirty Years War, exasperated by the years of economic exploitation and neglect, Roussillon rebelled in favour of union with France, and eventually, in 1659, it became part of France under the Treaty of the Pyrenees. But at Prats-de-Mollo the inhabitants refused to pay the exorbitant taxes demanded by Louis XIV. They murdered the tax collectors and held off two French battalions before finally being subdued. Vauban was commissioned to build a fortress, as much to deter the local population as to hold the Spanish at bay. It is reached from the town by a 170 metre covered walk or a 100 metre underground passage. The town walls date from the same period but, like much of the old town, are on 14th century foundations.

Narrow streets lead up to the church, which was mostly built in the 17th century and has a fine baroque reredos. Mackintosh wrote that he was 'struck dumb' by the local stonework in Roussillon – particularly here and at Arles-sur-Tech and Elne: 'built to hear the spoken word and not to read the service by the printed word.' The artistic problem of lighting the interior of a church for these two conditions seems to be one of faith versus visibility.

There is quite a strong pagan element in the religious festivals of Roussillon: the traditional fires, the

autant de décourager la population locale que de surveiller les espagnols. On parvient à ce fort depuis la ville par un passage couvert de 170 mètres, ou par un souterrain de 100 mètres de long. Les murs de la ville datent de la même époque, mais comme la majeure partie de la vieille ville, ils reposent sur des fondations du 14ème siècle.

Des rues étroites grimpent jusqu'à l'église qui fut principalement construite au 17ème siècle, et possède un retable baroque fort beau. Mackintosh écrit qu'il '*est resté sans voix*' devant la maçonnerie locale du Roussillon – surtout à Arles-sur-Tech et à Elne où les églises '*sont construites pour entendre les mots résonner et non pour les lire dans les missels*'. Les problèmes artistiques posés par l'éclairage intérieur d'une église concernant ces deux aspects semblent se résumer à un choix entre la foi et la visibilité.

Les fêtes religieuses du Roussillon comportent une forte dimension païenne – les feux traditionnels, les danses en cercle et, dans les villages du Haut-Vallespir, une fête de l'Ours très particulière. L'histoire raconte

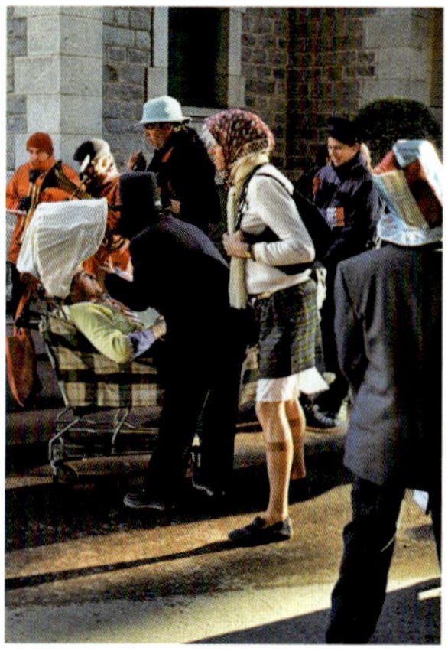

Arles-sur-Tech: topsy-turvy. Men dressed as women and vice versa

Carnaval sens dessus dessous

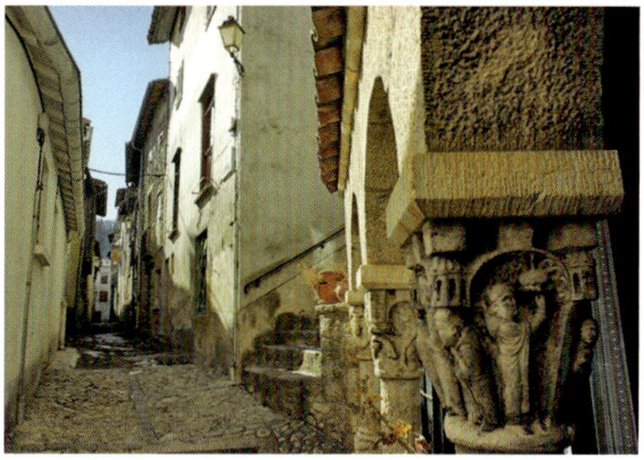

Street with mediaeval carvings

Rue avec des sculptures médiévales

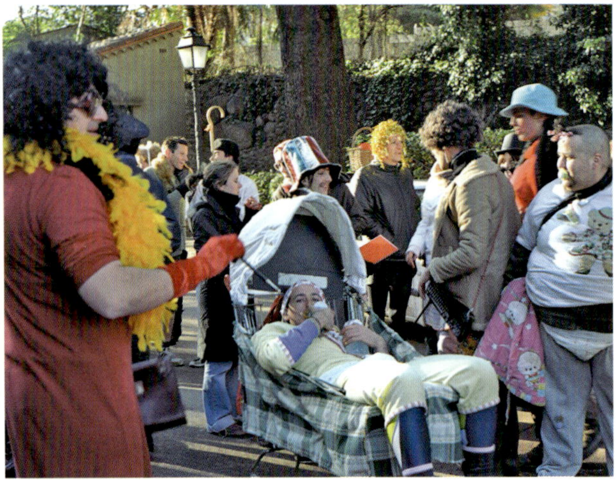

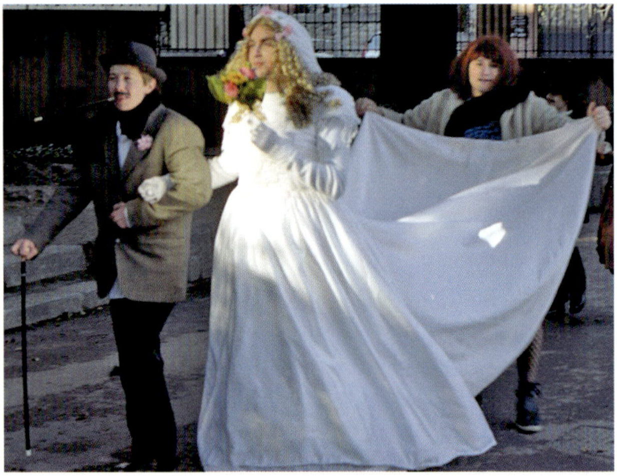

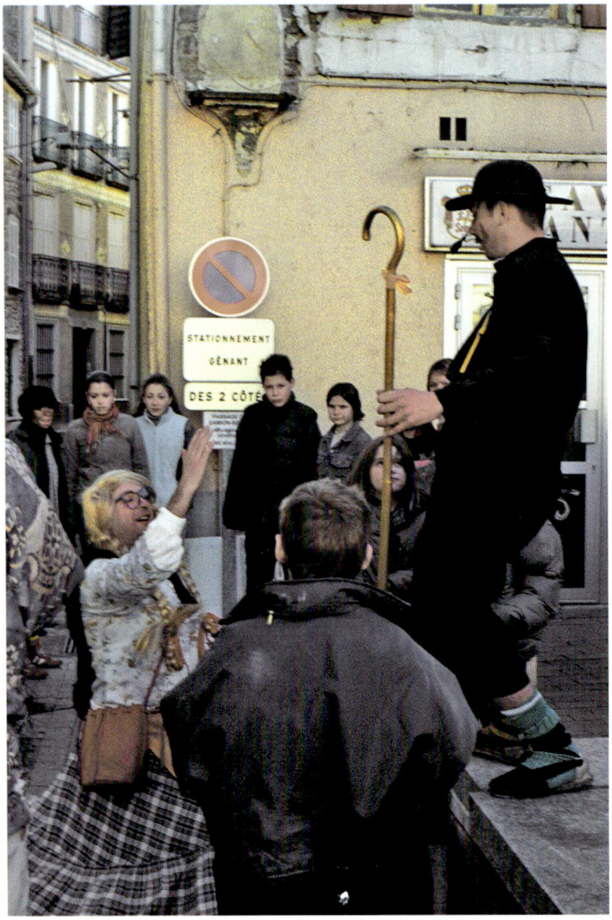

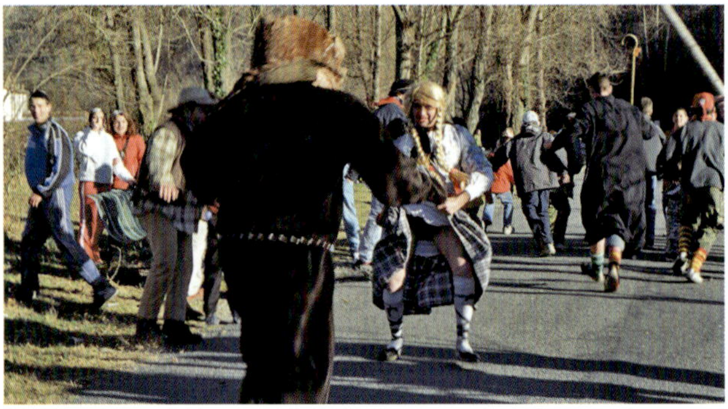

Arles-sur-Tech:

Top: Topsy-turvy

Bottom left: The priest flashes at Rosetta

Centre: Rosetta flashes at the bear

Bottom right: The bear comes out of the woods

Arles-sur-Tech:

Au dessus : Sens dessus dessous

En bas à gauche : le prêtre soulève sa soutane devant Rosetta

Centre : Rosetta soulève ses jupes devant l'ours

En bas à droite : l'ours sort des bois

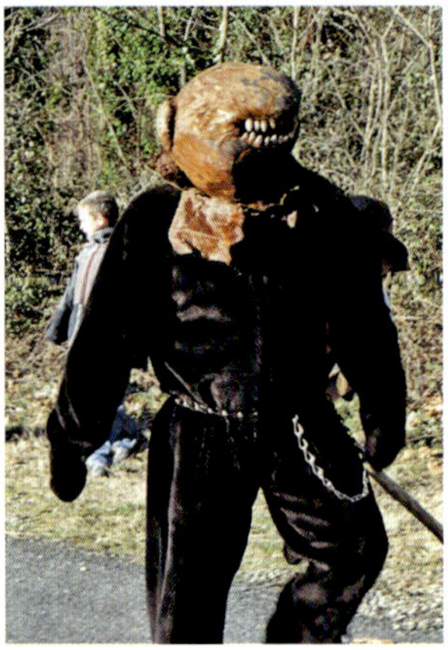

dancing in a circle, and – in the villages of the Upper Tech – a special Bear festival. The story goes that a bear, waking from hibernation, came across a young shepherdess and her flock in the mountains. Having killed and eaten her sheep, he carried her off to steal her soul and her virginity. A search party found her in time and killed the bear. There was a big celebration in the villages for her safe return and it has been re-enacted every year since, at Candlemas, to mark the end of winter.

The scenario differs slightly from village to village and is mixed up with Carnival – originally the Roman festival of Saturnalia, in which the world was turned topsy-turvy. Lords changed places with servants, priests with choirboys, men with women.

In Arles it is more of a pantomime. 'Rosetta' – a man dressed as a pretty peasant girl – dances off with her lad. Led by a band, the whole village, having imbibed well over a communal lunch, follows them out of the town and across the river into the woods. It is rumoured a bear has been seen. Hunters beat the bushes to try and flush him out. Suddenly the bear emerges, with a *papier mâché* head and a huge row of teeth. All the children run for their lives. Maybe one gets caught and rolled in the dirt.

Rosetta has been dancing around flashing a hairpiece beneath her skirts. The bear catches her and there is a lot more rolling around on the ground. The villagers try to keep the bear out of the village, but he gets

qu'un ours, sortant de l'hibernation, croisa le chemin d'une jeune bergère et de son troupeau dans la montagne. Ayant tué et dévoré ses moutons, il l'emmena dans son repaire afin de lui voler son âme et sa virginité. Une battue la retrouva à temps et tua l'ours. Les villages organisèrent une grande fête pour célébrer son retour, et depuis lors cette fête s'est répétée chaque année à la Chandeleur pour marquer la fin de l'hiver.

Le scénario varie peu d'un village à l'autre et se confond avec le Carnaval – dont l'origine remonte aux Saturnales, grande fête romaine durant laquelle le monde était mis sens dessus dessous : les maîtres échangeaient leur place avec les serviteurs, les prêtres avec les enfants de chœur, les hommes avec les femmes.

A Arles, il s'agit plutôt d'une pantomime : 'Rosetta', un homme déguisé en coquette paysanne, part en dansant avec son gars. Après un buffet communal bien arrosé, un orchestre conduit tout le village à leur suite, hors de la ville et au-delà de la rivière jusque dans les bois. La rumeur court alors qu'on a aperçu un ours. Les chasseurs explorent les buissons à sa recherche, tentant de le débusquer. Soudain l'ours émerge, coiffé d'un masque en papier mâché pourvu d'une monstrueuse dentition. Tous les enfants prennent leurs jambes à leurs cous. L'ours en attrape un au hasard et le roule dans la poussière.

Pendant ce temps, Rosetta danse autour d'eux, exhibant par instant

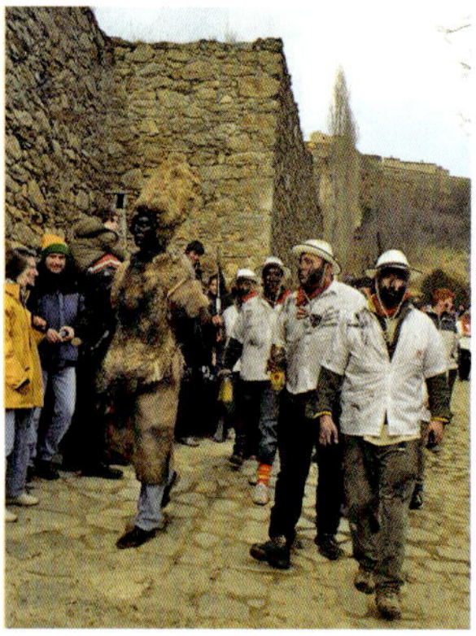

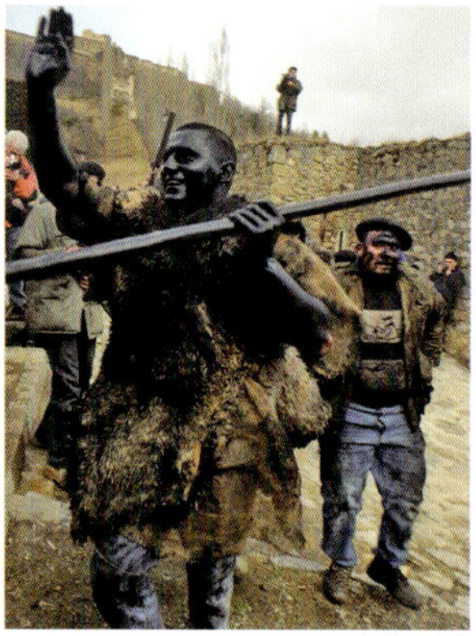

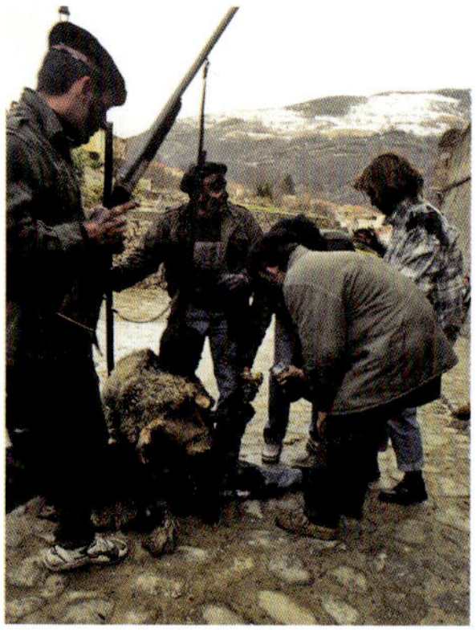

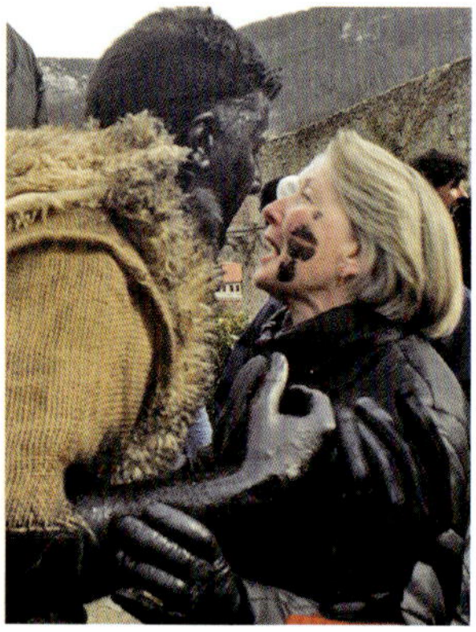

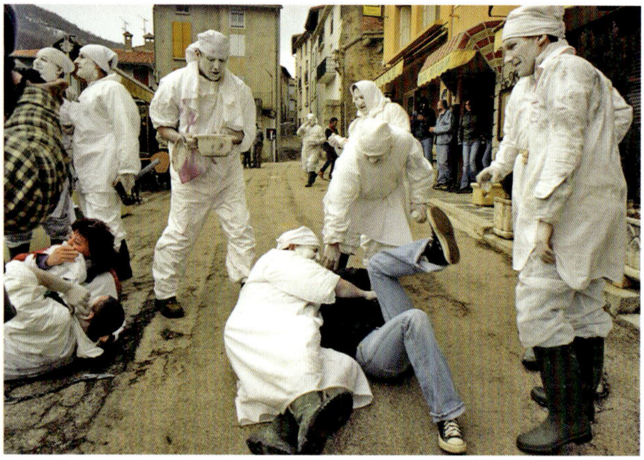

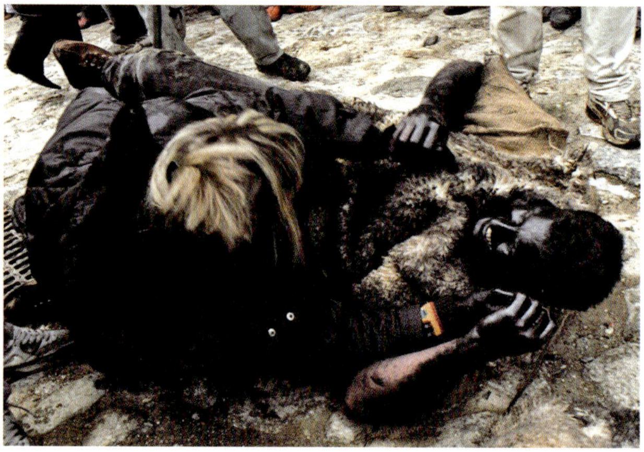

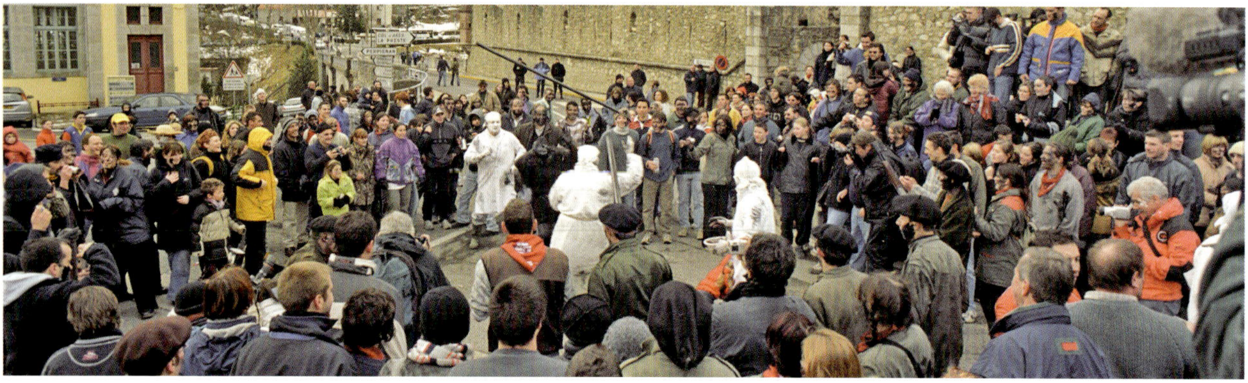

Top left to right:
Pit stop for make-up renewal
A bear embraces a spectator
The bears come into town

Centre left: The barbers purify the spectators with whiteness

Centre right: A bear has his way with a female spectator

Bottom: The bear is captured by the barbers and purified with a shaving

Au dessus de gauche à droite :
Arrêt pour renouvellement du maquillage
Un ours embrasse un spectateur
L'arrivée des ours

Centre à droite : Les coiffeurs blanchissent les spectateurs

Centre à gauche : Un ours prend une femme

En dessous : L'ours capturé par les coiffeurs est purifié en se rasant

through and rampages around the streets for a couple of hours before he gets his just deserts by being shaved and castrated, and Rosetta is saved.

In Prats-de-Mollo, it is far more rumbustuous. The bears wake from their winter hibernation and, surrounded by hunters firing off their twelve-bores, they descend on the town. Any spectator is a potential victim. There are three man-bears and their faces are covered in a mixture of soot, oil and wine. They charge full tilt at the crowd, taking men and women in a flying rugby tackle, rolling them on the ground and covering them in black. Few escape, there are scrapes and bruises, and the mixture does not come off easily! It needs the stamina of a well trained rugby player to perform the part of the bear, for the action continues until most of the spectators have been ravaged or savaged. Eventually the barbers, who have been doing the rounds of the town bars, emerge with chains and shaving equipment. They are dressed in white and their faces and hair plastered with a coating of flour paste. They, too, catch spectators – lathering their victims so that now there are white faces in the crowd as well as black. Eventually the bears are caught and shaved and the man-bears become men once again.

It represents the coming of spring after hibernation. It is the struggle of good against evil, light against darkness – Celtic animism adopted by Christianity and tacked on to the

une moumoute poilue sous ses jupes. L'ours l'attrape et l'on se roule derechef par terre. Les habitants essaient de chasser l'ours du village, mais il s'échappe et erre pendant quelques heures dans les rues, saccageant tout sur son passage, avant de recevoir un juste châtiment : il est rasé et châtré ; Rosetta est sauvée.

A Prats-de-Mollo, les choses sont beaucoup plus exubérantes. Les ours sortent de leur long sommeil d'hiver, et tandis que les chasseurs les encerclent, faisant feu de leurs fusils de calibre douze, ils descendent dans la ville. Tout spectateur constitue une victime potentielle. Il y a trois hommes-ours dont les visages sont couverts d'un mélange de suie, d'huile et de vin. Ils foncent dans la foule, attrapant les hommes et les femmes en un rapide plaquage, les roulant dans l'herbe et frottant sur eux leur visage maculé. Peu en réchappent ; il y a des égratignures et des contusions, et la mixture ne s'en va pas facilement ! Il faut la résistance d'un joueur de rugby entraîné pour jouer l'ours, car l'action se poursuit jusqu'à ce que la plupart des spectateurs aient été sauvagement attaqués et malmenés. Les barbiers, qui ont fait le tour des bars de la ville, apparaissent alors enfin avec des chaînes et du matériel de rasage. Ils sont habillés de blanc, visage et cheveux recouverts de farine. Eux aussi attrapent les spectateurs, savonnant leurs victimes; ainsi il y a autant de visages blancs que de visages noirs dans la foule. En fin de

ceremony of the lighting of the Candlemas candles.

With summer approaching, the Mackintoshes moved down to the coast. Returning to Elne, they boarded the train that runs along the coast towards the Spanish frontier, where the gauge changes and either the ongoing passengers board Spanish rolling stock or the French carriages are bodily lifted and their wheels replaced. Their destination was **Collioure**. They had already been '*to see how we liked it and think it is one of the most wonderful places we have ever seen. It is only a fishing village and it will be difficult to find accommodation – and there is no hotel . . . they have not had rain for two years – so water is rather precious. . .*'

It was a town of around three thousand people, clustered round a sheltered bay. At the entrance the old lighthouse, which originally had a brazier at the top, now has a

Collioure:
the old town
la vieille ville

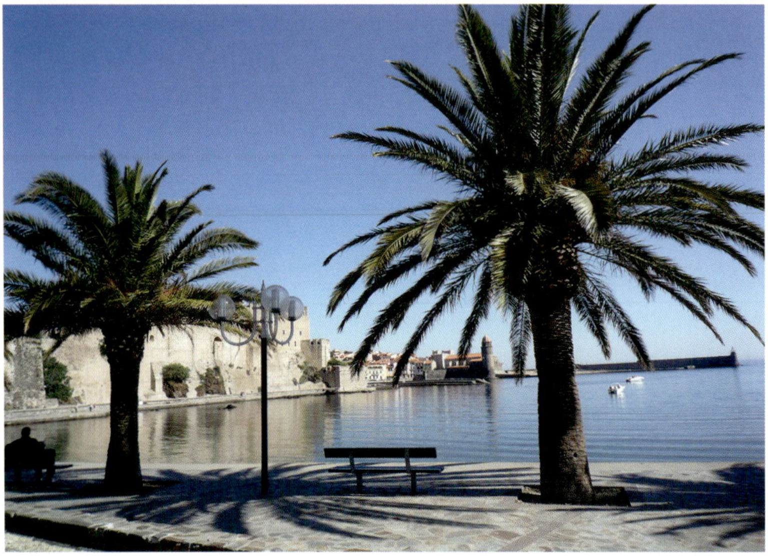

compte les hommes-ours sont attrapés, rasés, et redeviennent à nouveau des hommes.

Ce rituel représente l'émergence du printemps après le sommeil de l'hiver. C'est le combat du bien contre le mal, de la lumière contre l'ombre – une croyance animiste celtique, adoptée par le christianisme et accolée à l'illumination des bougies de la Chandeleur.

Avec le début de l'été, les Mackintosh descendirent vers la côte. Revenant à Elne, ils prirent le train qui longe la côte jusqu'à la frontière espagnole, où les voies de chemin de fer changent de largeur. Les passagers doivent alors descendre, pour remonter soit dans des voitures espagnoles, soit dans le train français une fois les wagons soulevés et replacés sur de nouvelles roues.

Leur destination était Collioure. Ils y étaient déjà allés '*pour constater à quel point nous l'aimions. C'est un des endroits les plus merveilleux que nous ayons jamais vus. Ce n'est qu'un village de pêcheurs et il sera difficile d'y trouver un logement – et il n'y a pas d'hôtel... Il n'a pas plu depuis deux ans – aussi l'eau y est assez précieuse...*'

C'était alors une ville de trois mille habitants, regroupée autour d'une baie protégée. A l'entrée du port, le vieux phare fonctionnait autrefois avec un brasier. Il possède désormais un sommet rose en forme de coupole caractéristique, et devint à la fin du 17ème siècle le clocher de l'église.

Collioure était un port de pêche

distinctive pink phallic cap. At the end of the 17th century, it became the tower of the church that sits shoulder to the sea.

Collioure was a busy fishing harbour with a hundred-or-so fishing boats. These were of traditional design, with lateen sails. There are still one or two of these moored at the jetty and they feature in some of the reproduction fauvist paintings which are on the old town wall. At night, the boats would go out with lanterns (*lamparos*) on their stern to attract the fish. If you looked out to sea it was a myriad of lights bobbing in the darkness. The catch was principally sardines and anchovies and the town still has its famous anchovy packing plants. Right up to the early sixties, the beaches were crammed with boats, and in the daytime men and women sat cross-legged in the shade of the plane trees on the quay, mending their nets. In the winter, most of the boats were beached high out of the water and the fishermen tended the vines.

In the Middle Ages and during the Crusades, Collioure had been an important port, and the quay would have hummed to the tune of many different languages. The current castle, once a stronghold of the Knights Templar, was built in the 1300s by the Kings of Majorca as their summer palace, but there is mention of a castle here as early as 672.

When it finally became part of France under the Treaty of the Pyrenees, Louis XIV immediately

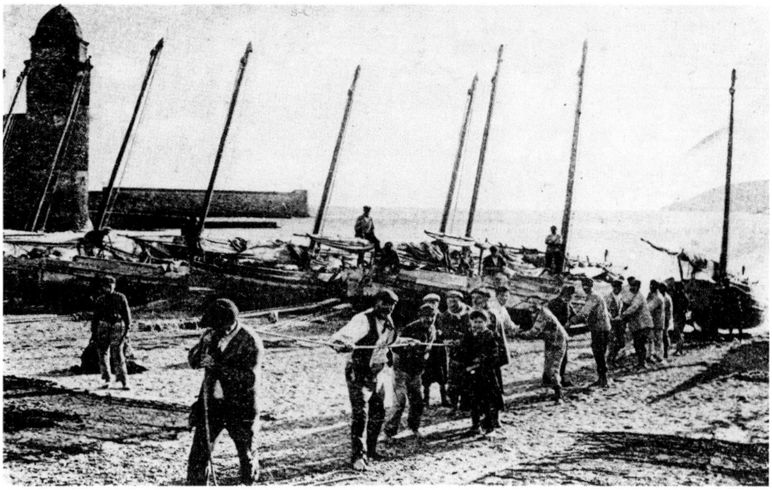

Collioure:
hauling up the boats
les barques hissées sur la grève

actif possédant environ une centaine de barques catalanes dotées de voiles latines. Il en reste encore un ou deux modèles amarrés dans le port, et leurs lignes particulières décorent aujourd'hui les murs de la vieille ville dans les reproductions de tableaux fauvistes. La nuit, les bateaux sortaient en mer avec leurs lanternes – les lamparos – accrochées à la proue pour attirer les poissons. Si l'on regardait la mer, on y voyait une myriade de lumières dansant dans la nuit. Les sardines et les anchois constituaient la pêche principale, et la ville a encore aujourd'hui deux usines réputées pour le conditionnement d'anchois. Même jusqu'au début des années 60, les plages étaient envahies de bateaux, et le jour, hommes et femmes s'asseyaient jambes croisées à l'ombre des platanes pour y raccommoder leurs filets. En hiver on sortait la plupart des bateaux hors de l'eau et les pêcheurs travaillaient dans les vignes.

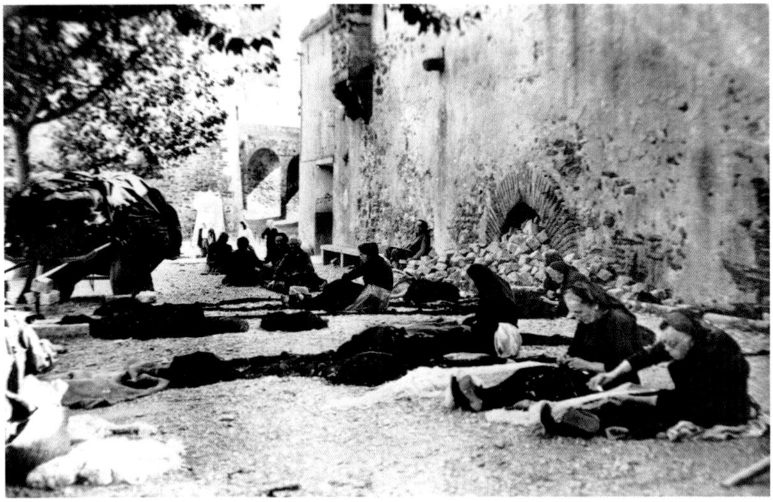

Collioure:
mending the nets
raccommodage des filets

commissioned his military architect Vauban to strengthen the defences. He upgraded the mediaeval town walls with bastions designed to deflect cannonballs rather than arrows. But, more importantly, he recognised the strategic importance of the next inlet along the coast – Port-Vendres. At the time it was just a hamlet but it had the only deep water harbour in the French western Mediterranean. Vauban developed it as a major naval port and from then on the importance of Collioure declined as that of Port-Vendres grew.

There had been an artists' colony in Collioure since the 19th century. Matisse and Derain had put it on the map when they scandalised the Parisian art establishment with the debut of Fauvism in 1905. Living was cheap. It has the sunniest climate in France – Matisse claimed it had the bluest skies in France.

By 1924, the Fauves had moved on

Au Moyen-Âge et pendant les croisades, Collioure était un port très important, et des bateaux venant de toute la méditerranée jetaient l'ancre dans cette baie. Le château, une des places fortes des chevaliers de l'ordre des Templiers, fut construit vers 1300 par les rois de Majorque comme résidence d'été ; mais l'existence d'un château à cet endroit est déjà mentionnée en 672.

Sitôt après le traité des Pyrénées, lorsque le château devint la propriété de la France, Louis XIV envoya Vauban, son architecte militaire, pour qu'il renforce ses défenses. Il rehaussa les murs de la vieille cité médiévale avec des bastions destinés à dévier les boulets de canon plutôt que les flèches. Mais plus important, il sut voir l'importance stratégique de la crique adjacente le long de la côte : Port-Vendres. Ce n'était alors qu'un hameau mais c'était le seul port en eau profonde de la côte Ouest de la Méditerranée. Vauban en fit un important port de guerre tandis que Port-Vendres grandissait, l'importance de Collioure déclinait.

Collioure avait été un repaire d'artistes depuis le 19ème siècle. Matisse et Derain rendirent son nom célèbre lorsqu'ils scandalisèrent la société parisienne des arts avec le début du Fauvisme en 1905. La vie y était bon marché et c'était l'endroit le plus ensoleillé de France. Matisse déclara qu'on y trouvait le ciel le plus bleu de France.

En 1924, les fauves étaient partis mais d'autres artistes les avaient

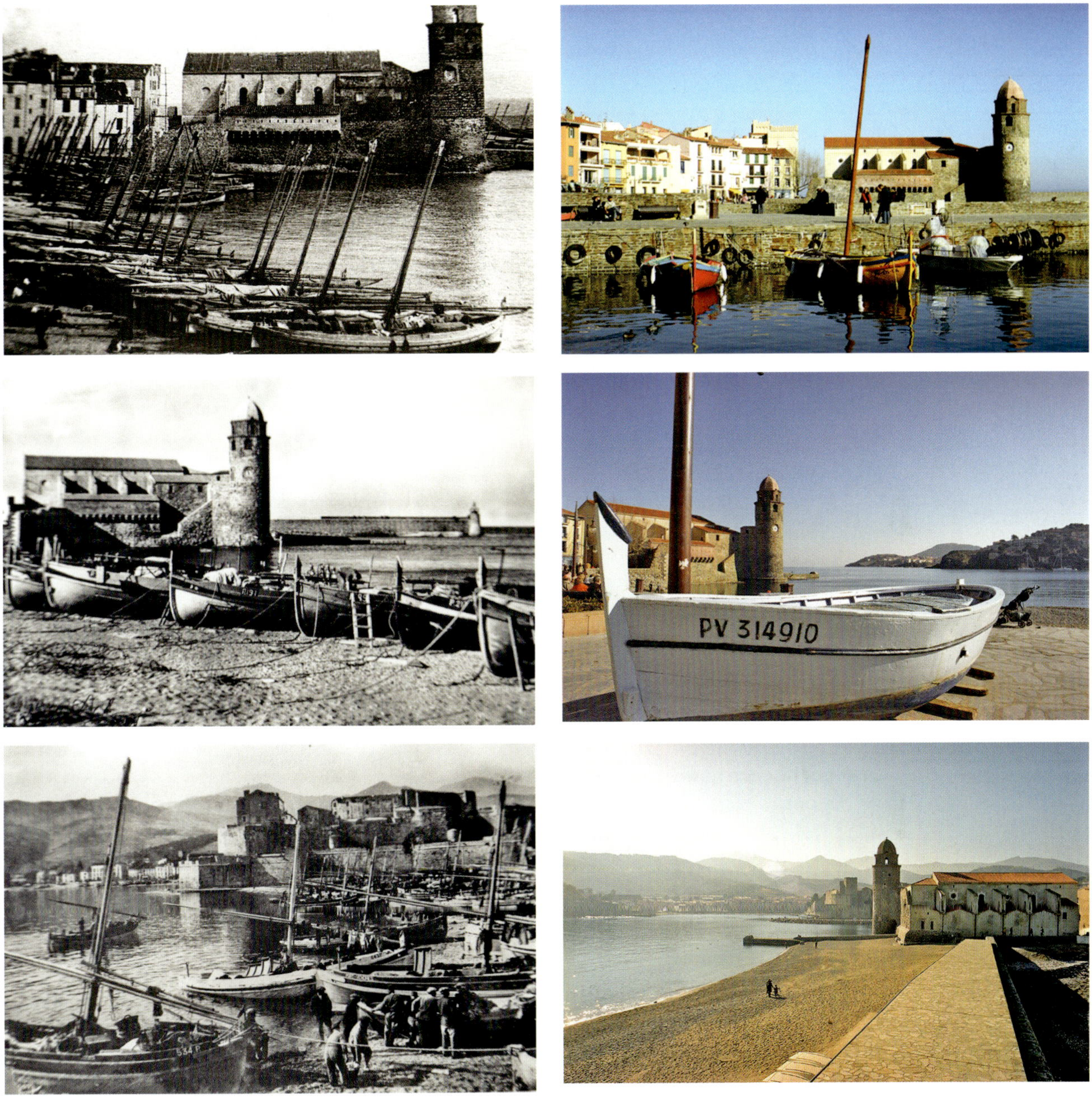

Collioure:
then and now
d'antan et aujourd'hui

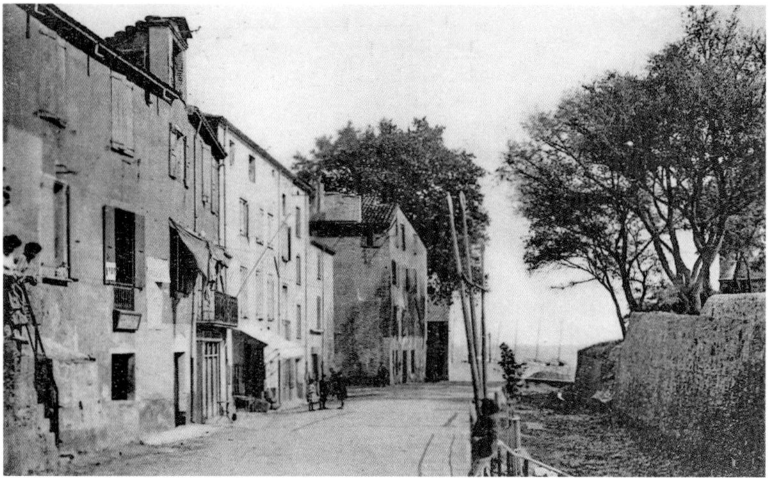

Collioure:
looking from the Café des Sport (Les Templiers) towards the shore

vue du Café des Sport (Les Templiers) vers la plage

but other artists had come in their place. Rudolph Ihlee had arrived the previous year, and he shared lodgings with another English artist, Edgar Hereford. The Mackintoshes had known them both in London. There was no hotel in Collioure and it is possible that the Mackintoshes took rooms with the two artists. Ihlee and Hereford were each just either side of 40, so they were both considerably younger than Mackintosh, who was now 55, and Margaret, who was nearly four years older. Both men owned motor cars and had a hankering for wine and women.

The social hub of the artistic community was 'Le Café des Sports' (now called 'Les Templiers'), a bar beside the storm drain which is now also a hotel and is still run by the same family – Pous. In 1987, in a television interview, old Monsieur Pous remembered Ihlee and Hereford and their friends Charlie and Margaret, 'the woman with the red hair.' Her hair and the striking

remplacés. Rudolph Ihlee était arrivé l'année précédente, et logeait avec un autre artiste anglais, Edgar Hereford. Les Mackintosh les avaient rencontrés tous deux à Londres. Il n'y avait pas d'hôtel à Collioure et il est bien possible que les Mackintosh aient logé dans le même immeuble que les deux artistes. Ihlee et Hereford avaient tout juste atteint la quarantaine, et étaient donc beaucoup plus jeunes que Charlie Mackintosh, qui était alors âgé de 55 ans, et Margaret, son aînée de 4 ans. Les deux hommes possédaient chacun son automobile et avaient un penchant pour le vin et les femmes.

Le lieu de rendez-vous de cette communauté artistique était 'Le Café des Sports' (dont le nom est aujourd'hui 'Les Templiers') situé près de la rivière, qui aujourd'hui encore est tenu par la famille Pous. Au cours d'une interview télévisée de 1987, Monsieur René Pous évoqua le souvenir de Ihlee et Hereford, ainsi que de leurs amis Charlie et Margaret, 'la dame aux cheveux roux'. Sa chevelure et ses vêtements extravagants, qui étaient ses propres créations, laissaient un souvenir mémorable partout où elle allait.

Les murs du bar débordent encore de tableaux offerts par des peintres désargentés dont c'était le mode de paiement. De nombreux tableaux ayant acquis une grande valeur sont maintenant en sécurité au sein d'une considérable collection familiale. En effet, et c'est bien malheureux, avec le début du grand tourisme dans les

clothes which she designed and made herself made quite an impression wherever she went.

The walls of the bar are still crammed with paintings donated by decades of impecunious artists in lieu of payment. Many of the more valuable ones are now housed in the security of an extensive family collection – for when tourism started in the 1960s, sadly but inevitably the day came when canvases began to disappear from the walls.

In Collioure, tourism has taken over. Most of the fishermen's houses are now holiday homes and many Colliourench families have moved away. Although the winches and iron rings are still on the quays, the beaches are given over to bodies rather than boats. There is a new jetty but the traffic is mainly comprised of pleasure boats and there is only one professional fisherman left. In summer the streets

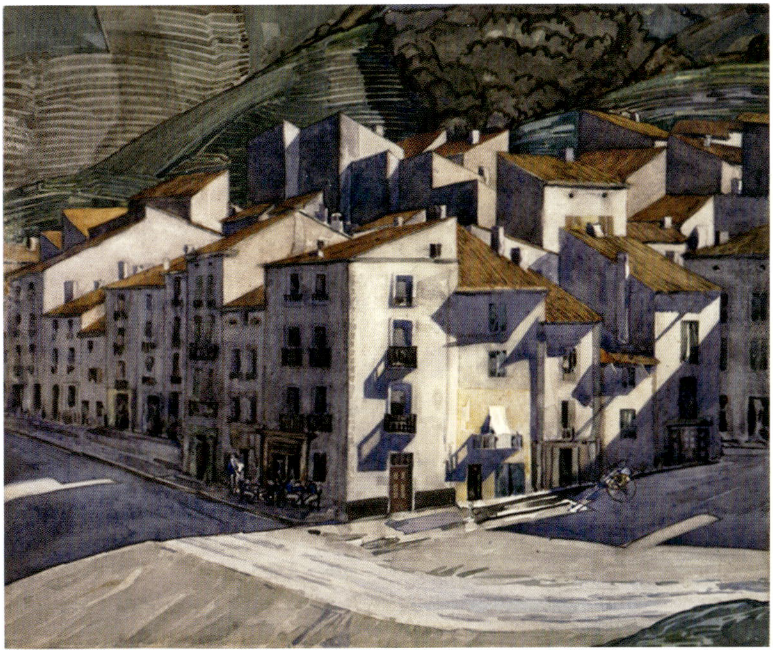

A Southern Town c 1924
watercolour
aquarelle

années 1960, le jour vint où inévitablement les tableaux commencèrent à disparaître des murs.

A Collioure, le tourisme a pris le dessus. La plupart des maisons de pêcheurs sont maintenant des

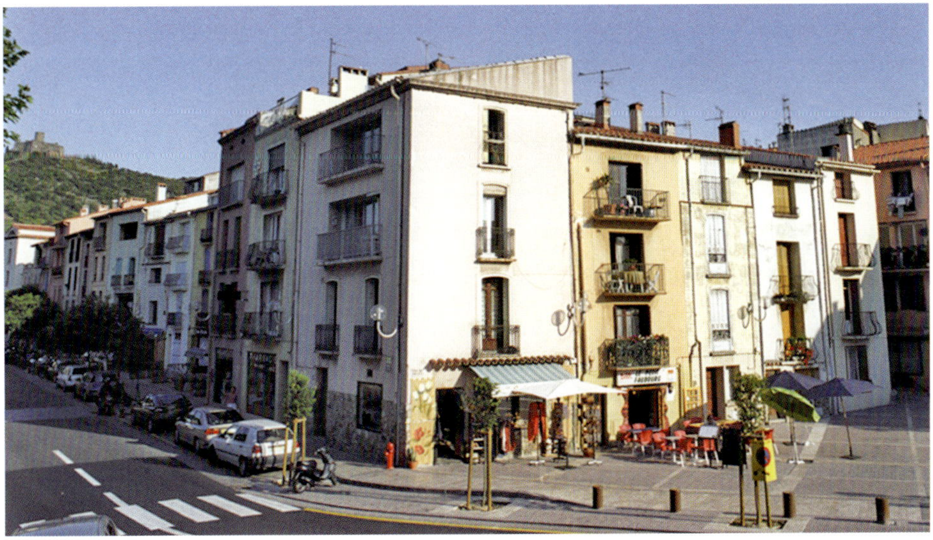

Collioure le faubourg

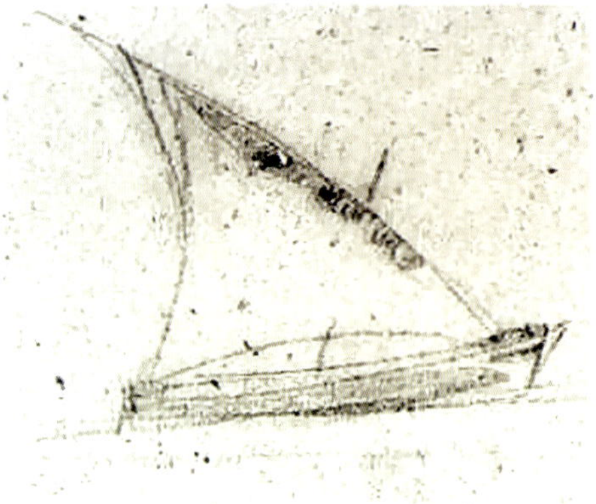

Sketch of a traditional fishing boat
Dessin au crayon d'une barque de pêche

teem with visitors, but in winter it is a ghost town and much of the old life has drained away. When French North Africa gained independence in the 1960s, the French fishing fleets of Algeria and Morocco returned to France, with quite a strong contingent at Port-Vendres. These were big boats and soon the coastal waters became overfished. Unable to make a living any more, the Collioure fishermen literally burned their boats on the beach and they went over to tourism.

The Mackintoshes probably spent several months here, and three paintings survive. They are all studies from 'outside the walls.' Collioure was a town divided. The mediaeval walls demolished by Vauban used to run through what is now the car park at the back of the Palais. Even though they no longer existed when the Mackintoshes were there, they marked an invisible division between Catholic and Protestant. Inside the walls was Catholic. Outside the walls was Protestant. The Protestant temple still stands beside the roundabout,

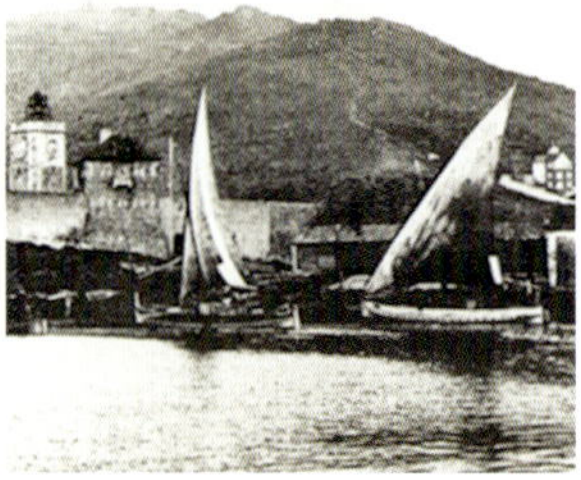

Fishing boats leaving harbour
Barques de pêche sortant du port

résidences d'été et beaucoup d'anciennes familles colliourencques s'en sont allées. Bien que les cabestans et les filins d'acier soient toujours sur les quais, il y a durant l'été de nos jours, plus de personnes qui bronzent, que de bateaux sur les plages. Une nouvelle jetée a été construite mais elle est surtout destinée aux bateaux de plaisance et il ne reste aujourd'hui qu'un seul pêcheur professionnel. En été les rues grouillent de visiteurs, mais en hiver, la ville retrouve sa sérénité d'antan. Quand l'Afrique du nord française acquit son indépendance dans les années 1960, les flottes de bateaux de pêche d'Algérie et du Maroc revinrent en France, dont un fort contingent à Port-Vendres. C'étaient de gros bateaux et bientôt, les eaux côtières devinrent surpêchées. Incapables de vivre de leur activité, les pêcheurs de Collioure brûlèrent leurs bateaux sur la plage et se convertirent au tourisme.

Trois tableaux attestent des quelques mois passés ici par les Mackintosh. Ils ont tous été exécutés 'hors les murs'. Collioure était une ville divisée en deux parties. L'enceinte médiévale qui fut détruite par Vauban passait par l'actuel parking à l'arrière du Château ; bien que n'existant plus lorsque les Mackintosh arrivèrent, elle continuait de marquer une frontière invisible entre catholiques et protestants. La ville à l'intérieur des murs appartenait aux catholiques ; hors les murs, aux protestants. Le temple protestant se dresse toujours près de la conserverie

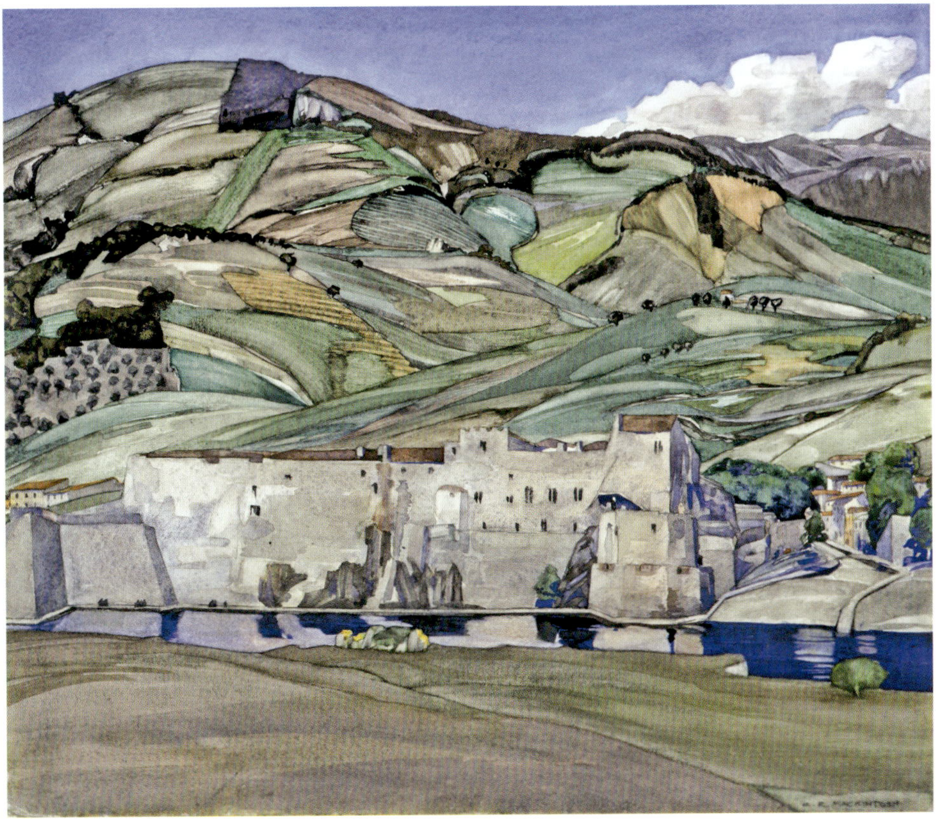

The Summer Palace of the Queens of Aragon c 1924
watercolour
aquarelle

next to the anchovy factory. This suggests that, like Matisse, the Mackintoshes stayed in the Faubourg – the Protestant quarter. It is depicted in a painting entitled ***A Southern Town*** (*16*). For this, Mackintosh

d'anchois. Cela laisse à penser que, comme Matisse, les Mackintosh ont vécu dans le faubourg – le quartier protestant. Mackintosh l'a représenté dans une de ses toiles, ***Une ville du Sud***. Pour la réaliser, il s'est sûrement

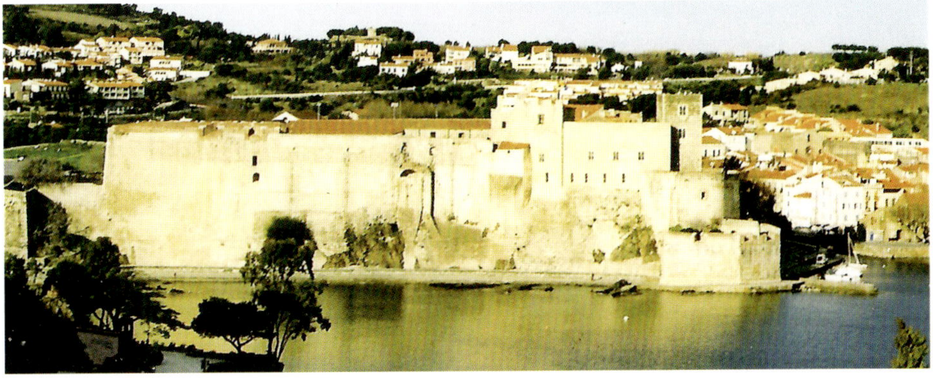

Le Château Royal

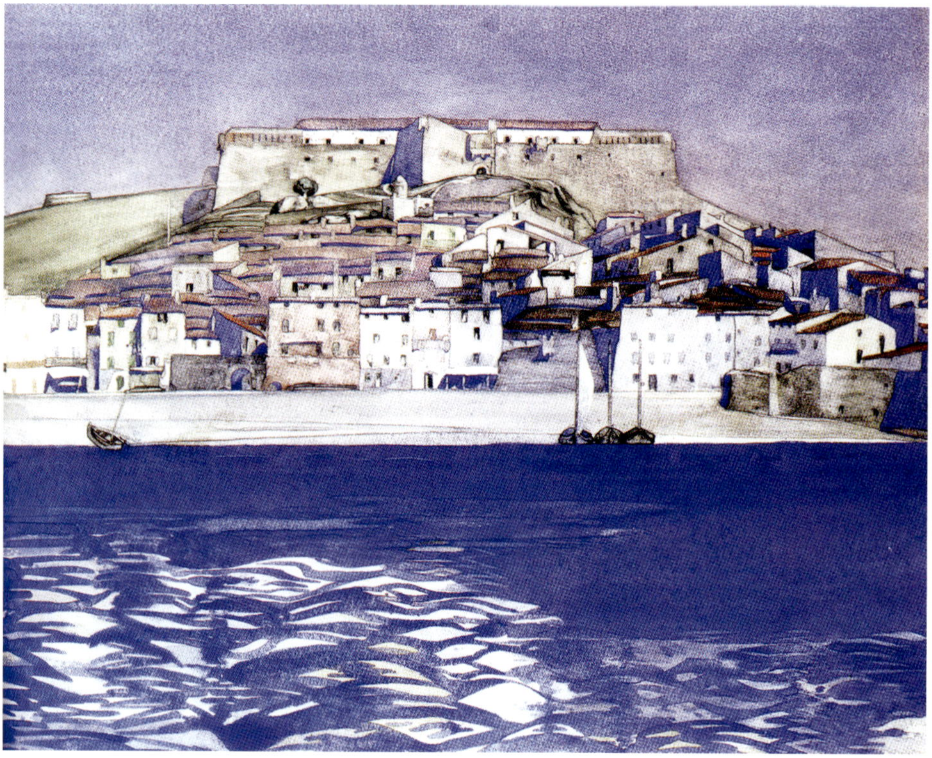

Collioure 1924
watercolour
aquarelle

must have sat where there is now a clump of umbrella pines at the entrance to the car park.

There are two other paintings of Collioure which survive. ***The Summer Palace of the Queens of Aragon*** (14) was painted from beside the Route Impériale across the bay but the spot where Mackintosh must have sat is now a private garden. The view is much the same today except that one of the towers on the corner of the old Palais has been restored. When the canvas was recently reframed, a small pencil drawing of a Collioure fishing boat was found tucked in the back with the address of CRM's Chelsea studio. The sketch was probably done

assis à l'endroit où aujourd'hui se trouve un bouquet de pins parasols, à l'entrée du parking.

Deux autres toiles de Collioure sont arrivées jusqu'à nous.

The Summer Palace of the Queens of Aragon (14) a été peint de l'autre côté de la baie près de la Route Impériale, mais l'endroit où Mackintosh s'est assis est maintenant un jardin privé. La vue aujourd'hui est à peu près la même si ce n'est pour une des tours d'angle du palais, restaurée depuis. Quand cette toile a été récemment recadrée, on a trouvé, caché au dos de celle-ci, un petit dessin au crayon représentant un bateau de pêche à Collioure, ainsi que

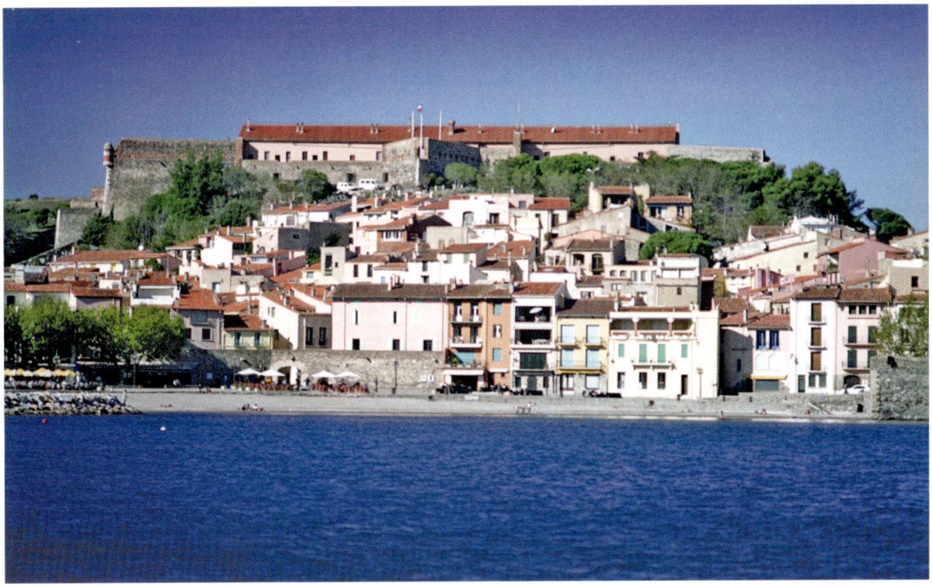

Collioure:
the old town and the Fort Miradou
la vieille ville et le Fort Miradou

close to where the Mackintoshes were staying in the Faubourg, where the fishermen often beached their boats with the sails still up.

On the south side of the bay you can follow the path along the shore to the Plage de la Balette, where he sat, probably with his back against the rocks, to paint **Collioure** (*15*), which shows Vauban's Fort Miradou, built in 1671. This is still a military garrison and home to a unit of commandoes. They are regularly seen in their wet suits on training exercises in their inflatable dinghies or kayaks. Collioure was one of the few French watercolours exhibited during Mackintosh's lifetime, and was shown at the Sixth International Watercolour Exhibition in Chicago in 1926.

Life in Roussillon had a timeless quality, but in their newspapers the

l'adresse de l'atelier de Mackintosh à Londres. L'esquisse a probablement été faite près du faubourg où habitaient les Mackintosh, sur laquelle les pêcheurs laissaient souvent leurs bateaux avec la voile montée.

Du côté sud de la baie, vous pouvez suivre le chemin le long de l'eau vers la plage de la Balette, où Mackintosh s'assit, sans doute le dos appuyé aux rochers, pour peindre ***Collioure*** (15). Le tableau montre le Fort Miradou construit par Vauban en 1671, qui est encore aujourd'hui une garnison militaire. Il abrite les quartiers d'une unité de commandos, que l'on voit s'exercer régulièrement en combinaisons de plongée dans des canots gonflables ou des kayaks. Collioure est une des rares aquarelles françaises à avoir été exposée du vivant de Mackintosh, lors de la

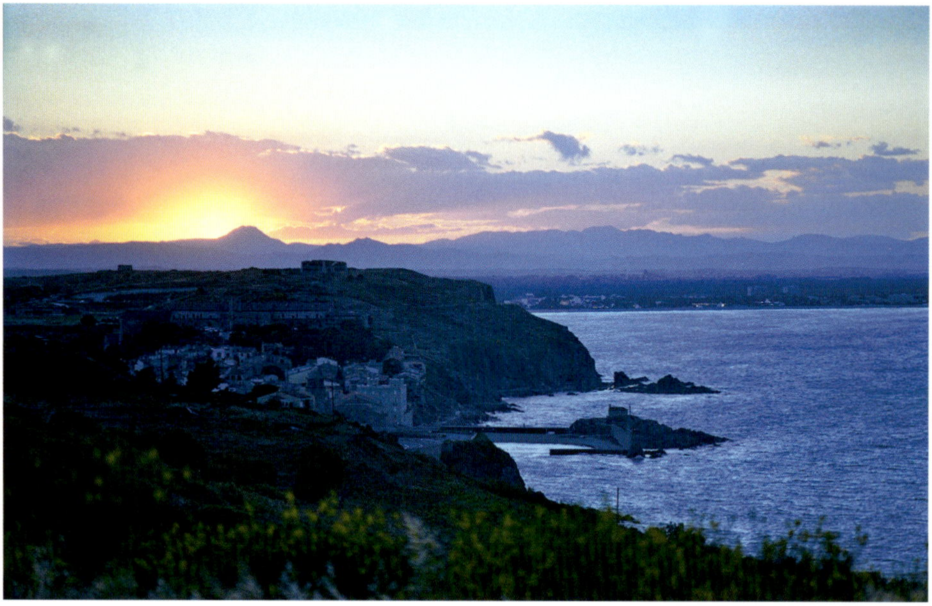

Collioure from Port-Vendres with sunset over the Corbières

Collioure vu de Port-Vendres avec le coucher de soleil sur les Corbières

Mackintoshes would read how elsewhere the whole fabric of Europe was changing radically. Britain now had its first Labour government under Ramsay MacDonald. Mussolini had been swept to power in Italy. Ataturk had taken over in Turkey. The French had occupied the Ruhr, helping to push the German mark into free-fall. Hitler was on the rise. Lenin had died and Stalin had stepped into his shoes. Jazz was all the rage and in Paris Art Deco and the cloche hat were à la mode.

Sixième Exposition Internationale des Aquarelles de Chicago en 1926.

La vie dans le Roussillon avait un caractère intemporel, mais les Mackintosh ressentaient, à travers les journaux qu'ils lisaient, à quel point ailleurs le tissu de l'Europe était en train de changer radicalement. Le Royaume-Uni possédait désormais son premier gouvernement socialiste sous la direction de Ramsay MacDonald. En Italie, Mussolini avait remporté les élections haut la main. Atatürk avait pris le pouvoir en Turquie. Les Français occupaient la Ruhr, accélérant du même coup la chute libre du Deutsch Mark. Hitler était en pleine ascension. Lénine était mort et Staline avait pris sa place. Le Jazz était 'in', et à Paris le chapeau-cloche était à la mode.

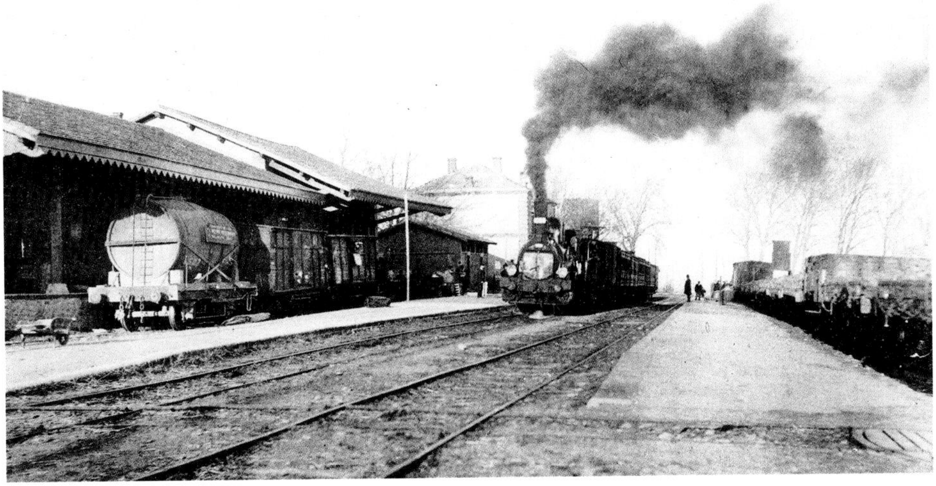

Ille-sur-Têt:
arrival of the train

un train entre en gare

At the end of September the Mackintoshes returned to London, to relet their Chelsea studios. But they only stayed for five weeks. At the beginning of November they recrossed the Channel, back to France, and celebrated Margaret's sixtieth birthday in Montreuil-sur-Mer where they had friends, but they did not like the damp climate. They stopped in Paris to see the autumn salon '*which we found very interesting*' and then they were on their way back to Roussillon '*to this lovely rose coloured land. . . glad to*

A la fin du mois de septembre, les Mackintosh retournèrent à Londres pour renouveler le bail de leurs ateliers de Chelsea, où ils ne restèrent que cinq semaines. Ils traversèrent à nouveau la Manche au début du mois de novembre, et fêtèrent les soixante ans de Margaret à Montreuil-sur-Mer où ils avaient des amis, mais ils n'en apprécièrent pas le climat humide. Ils visitèrent le Salon d'Automne à Paris, '*que nous avons trouvé très intéressant*', puis prirent le chemin du retour vers le Roussillon, '*en route pour ce magnifique pays teinté de rose…*

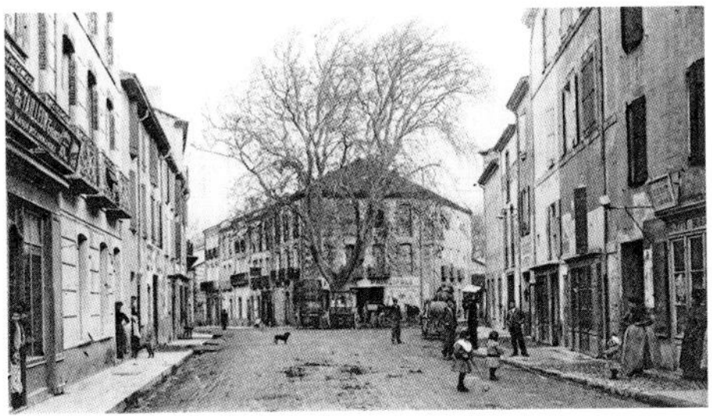

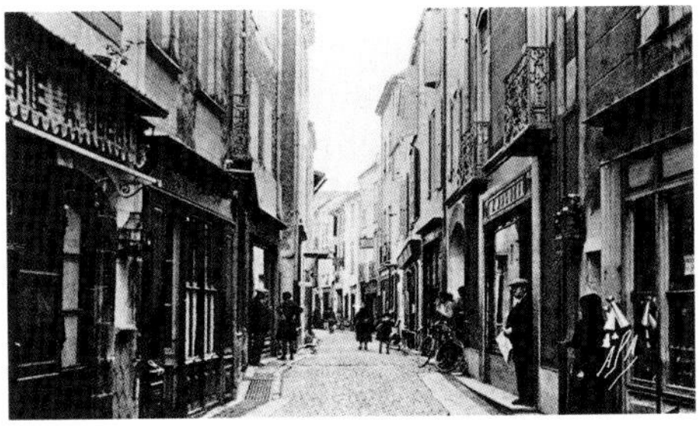

Ille-sur-Têt:
Left: The main road
Right: Shops in the old town

Gauche: La rue principale
Droite: Commerces de la vieille ville

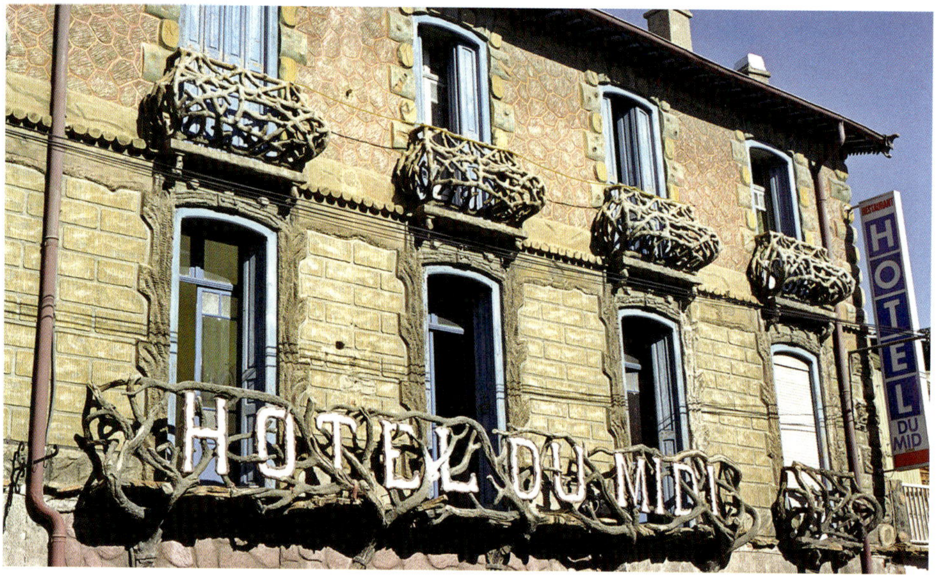

Ille-sur-Têt:
l'Hôtel du Midi

be back again in its warmth and sun.' Their first visit had been for a holiday. Now the holiday became a permanent stay. They took rooms in the Hôtel du Midi in **Ille-sur-Têt,** a little market town in the middle of the plain – the centre of a fruit growing area. The hotel was *'most comfortable. We live the two of us for eight shillings a day, wine included.'*

'The food is good and plentiful and the people are simple and kind... The eating room is a delightful feature. At the end is a long table the full length of the room at which the workmen sit – usually 8, 10 or 12 splendid fellows sitting here and having a gorgeous feast and discussing the affairs of the world. It always somehow reminds me of The Last Supper only there is no frugality here and the wine flows in a way that would have given life and gaiety to Leonardo's popular masterpiece.'

heureux de retrouver sa chaleur et son soleil'. Leur premier séjour avait été une visite de vacances. Cette fois, ils s'installaient pour de bon. Ils prirent des chambres à l'hôtel du Midi à Ille-sur-Têt, une petite ville commerçante au milieu de la plaine – le centre d'une région de culture fruitière. L'hôtel était *'des plus confortables. À nous deux nous ne dépensons pas plus de huit Shillings par jour, vin compris'*.

'La nourriture est bonne et copieuse, les gens aimables et simples... la salle à manger possède un attrait délicieux : tout au fond se trouve une table aussi large que la pièce, où viennent s'asseoir les ouvriers – la plupart du temps 8, 10 ou 12 splendides gaillards, assis là autour d'un festin de rois et discutant des affaires du monde. Cela me rappelle toujours d'une façon ou d'une autre 'la Cène', à la différence qu'ici le repas n'a rien de frugal et le

The hotel is still there but the long table is not.

Margaret wrote: '*We like life here so much and Toshie is as happy as a sandboy – tremendously interested in his painting and, of course, doing some remarkable work… Since we got here on 22 November he has been able to work outside every day… from 9.30 till 3.00 – in brilliant sunshine… except for two days of tropical rain – we have not even had the winds that usually blow at this time. One day after another has been still – sunny – and blue. One cannot believe it when one reads of the weather in England.*'

They were probably there for Easter and on the Sunday morning would have gone to watch the annual Procession, in which the statues of Christ and the Virgin Mary travel from opposite ends of the town and meet in the square outside the Mairie.

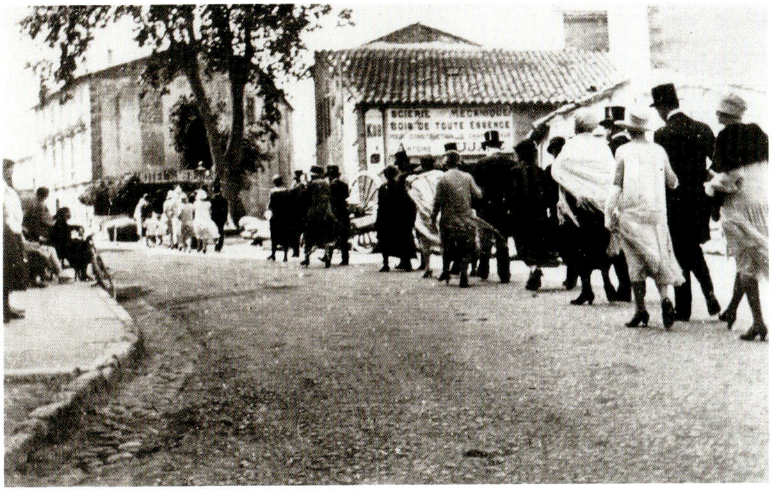

Ille-sur-Têt:
a wedding procession approaching l'Hôtel du Midi

un mariage se dirigeant vers l'Hôtel du Midi

vin coule à flots, d'une façon qui aurait apporté vie et gaieté au populaire chef-d'œuvre de Leonardo.'

L'hôtel est toujours là, mais la longue table a disparu.

Margaret écrit : '*Nous adorons la vie ici et Toshie est heureux comme un bambin – il porte à sa peinture un intérêt passionné, et bien sûr réalise de remarquables travaux. Depuis notre arrivée le 22 novembre, il a pu travailler dehors tous les jours… de 9h30 à 15h – sous un soleil radieux… à part deux jours de pluie diluvienne. Nous n'avons pas même eu à subir le vent qui souffle habituellement en cette saison. Les jours se sont succédés, sereins, ensoleillés et bleus. C'est à peine croyable lorsqu'on lit la météo de l'Angleterre*'.

Ils étaient sans doute encore à Ille-sur-Têt pendant la fête de Pâques, et le dimanche matin, ils purent ainsi assister à la Procession annuelle pendant laquelle les statues du Christ et de la Vierge Marie sont portées en

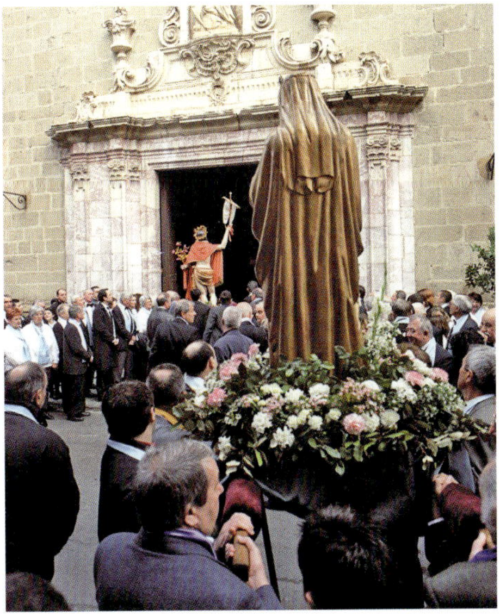

Easter Procession

Procession Pascale

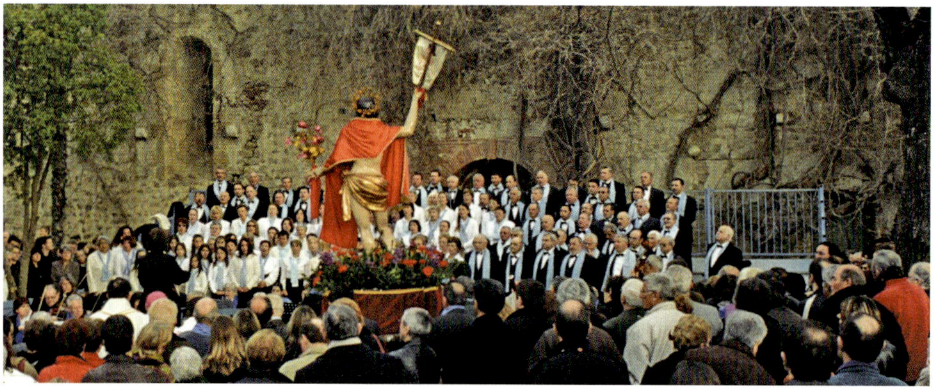

Ille-sur-Têt:
the Easter chorale
la chorale de Pâques

It represents their encounter after the Resurrection. Each has a special *regina* which is sung in Latin by a local choir of about 120 singers supported by an amateur orchestra of around 40 players. The songs were composed – and are only sung – in Ille. There were and still are huge crowds and it would have made quite an impression on the Mackintoshes, coming from a country where Easter was not even a public holiday.

Easter is a big event throughout Roussillon. In the villages, groups of singers go round, often dressed in Catalan costumes, singing *goigs des*

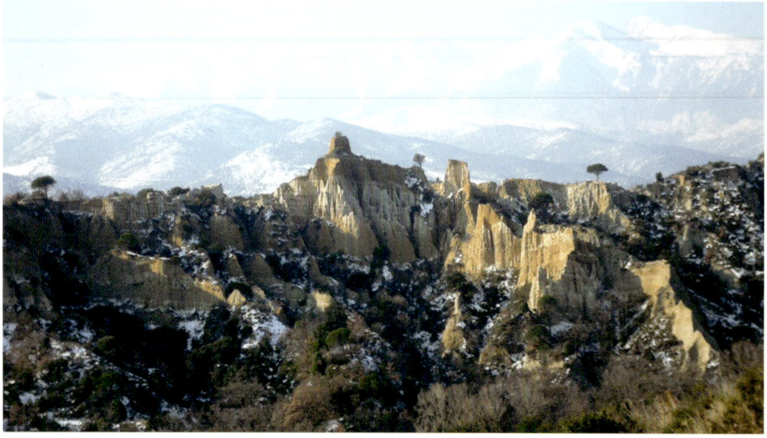

Ille-sur-Têt:
the Canigou from north of the Heré de Mallet
Le Canigou vu du nord de l'Heré de Mallet

cortège et traversent la ville, en partant de deux points opposés pour se rejoindre sur la place de la mairie. Cette scène représente leur rencontre après la Résurrection. Le Christ et la Vierge possèdent chacun leur propre 'regina', interprété en latin par un chœur local d'environ 120 chanteurs et soutenu par un orchestre amateur d'environ 40 musiciens. Ces chants ont été composés à Ille et ne sont interprétés qu'en ce lieu. Cet événement, aujourd'hui comme hier, rassemble une foule gigantesque, ce qui a dû faire forte impression sur les Mackintosh, venant d'un pays où Pâques n'était pas même un jour férié.

Mais ici en Roussillon, Pâques est une fête importante. Dans les villages, des groupes de chanteurs souvent vêtus de costumes traditionnels catalans, vont d'une maison à l'autre en entonnant la chanson des œufs : 'goigs dels ous'. Ils collectent ainsi les œufs qui serviront à la préparation d'une grande omelette pascale.
Dans la ville voisine de Bouleternère, quelques kilomètres plus haut en suivant la route, on peut voir la

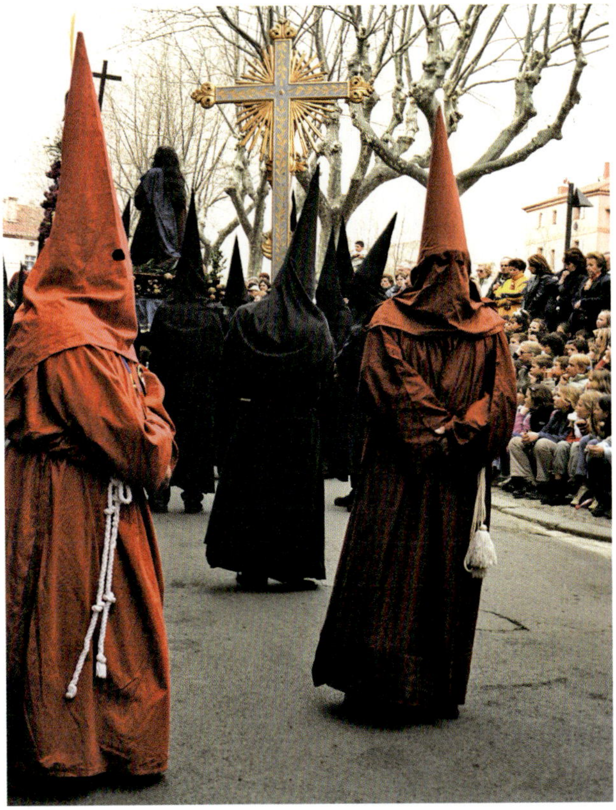

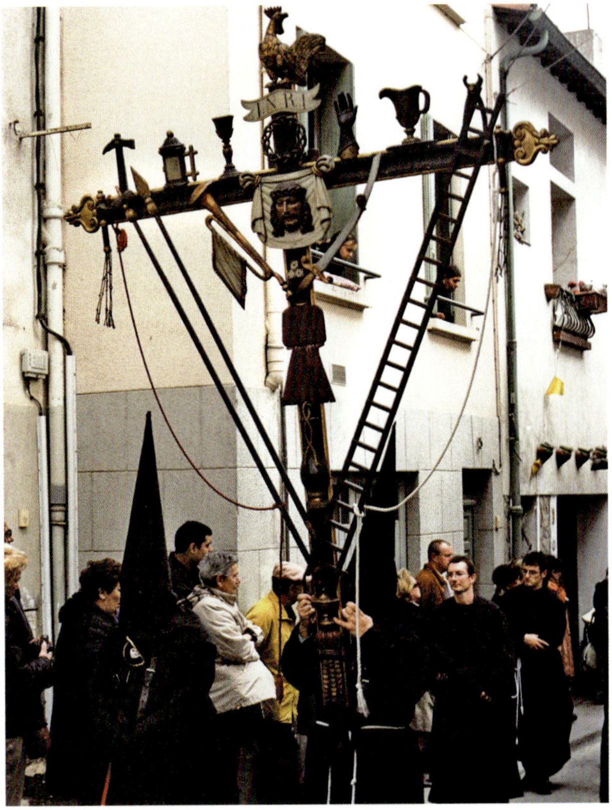

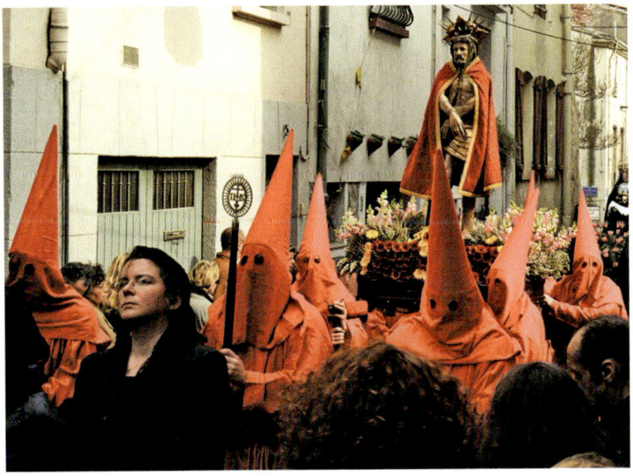

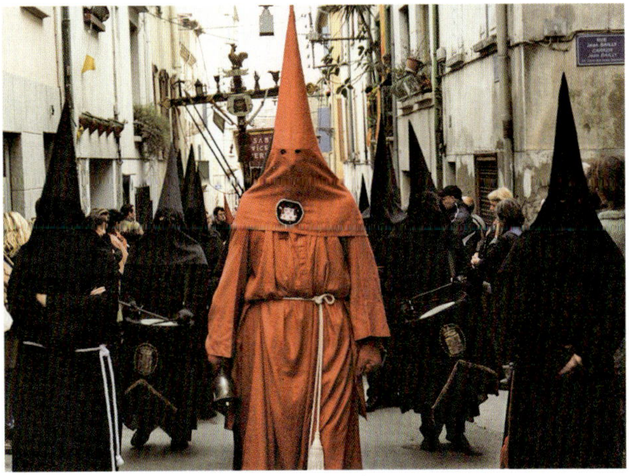

The Procession of the Sanch with the cross with the instruments of the Crucifixion

La procession de la Sanch avec la croix des outrages

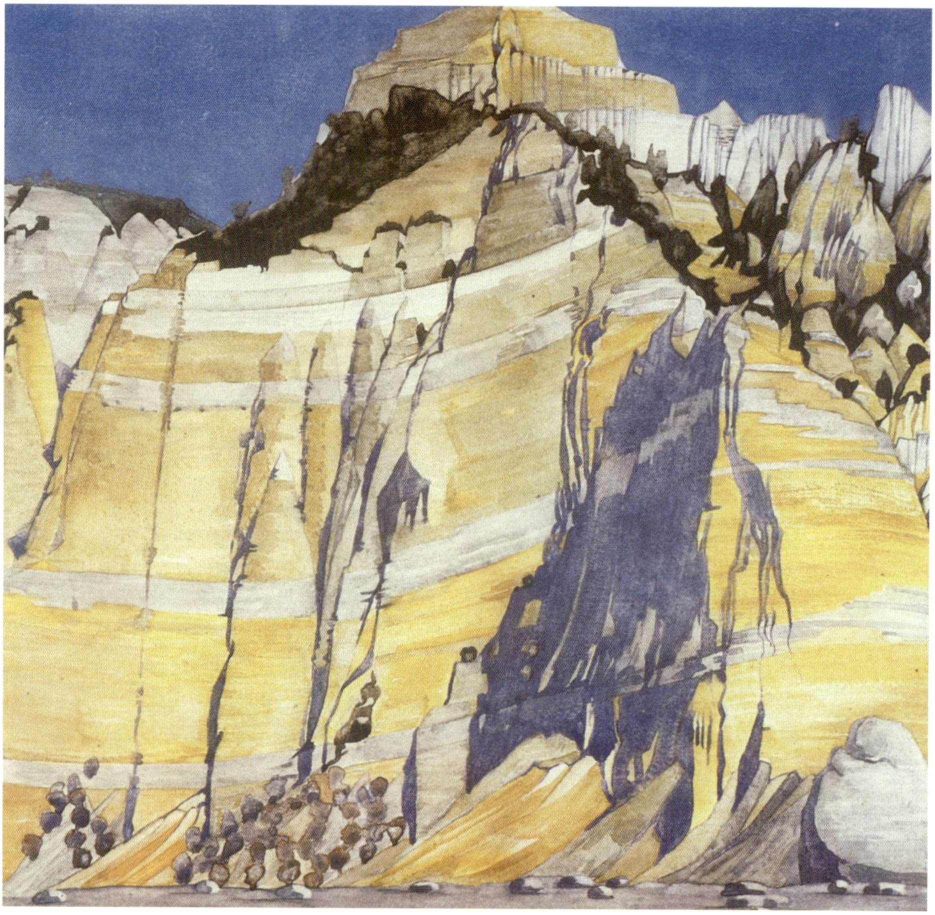

The Héré de Mallet 1925
watercolour
aquarelle

ous (egg songs) and knocking on the doors to collect eggs, which are cooked as a communal omelette.

And a few miles up the road in Bouleternère there is a procession of the order of the Sanch. Similar events also take place in Collioure, Arles-sur-Tech and Perpignan. Penitents walk, some of them barefoot, along the stations of the cross. They are hooded with tall pointed cagoules to maintain their anonymity because originally they accompanied prisoners to their execution so that the crowd could not

procession de la Sanch, durant laquelle les pénitents, certains pieds nus, marchent le long du chemin de croix. Ils sont coiffés de cagoules pointues pour préserver leur

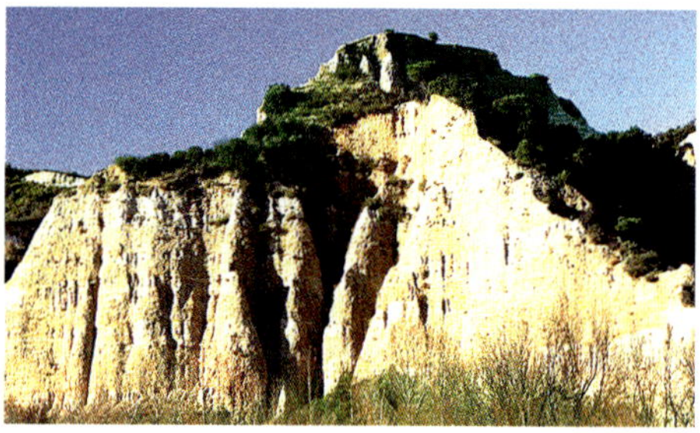

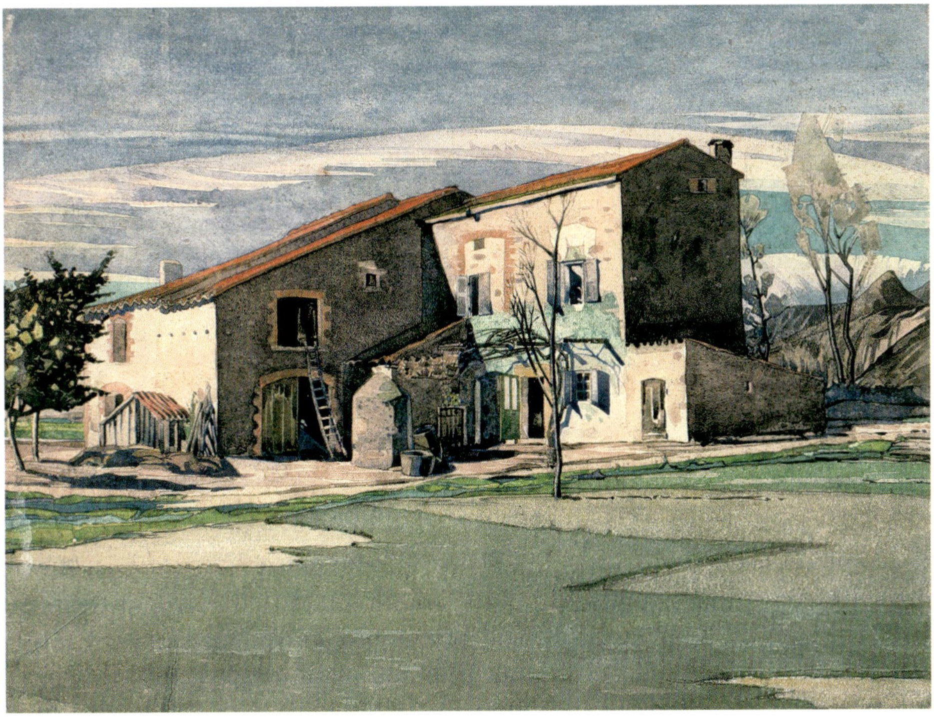

Blanc-Ontoine 1925
watercolour
aquarelle

identify which one was the condemned man and which were notable members of the community. It was a leveler which prevented the crowd from pelting the victim with stones or rotten fruit. If the Mackintoshes witnessed one of these processions, they may have found it a little creepy for, to the Celtic mind, the tall conical masks are reminiscent of the Ku Klux Klan which, although only established in the USA in 1915, by 1925 had grown to over a million members. But the Catalan tradition dates from the Middle Ages and for the Roussillonnais the theatricality and mystic qualities are both moving and meaningful expressions of their faith.

The Mackintoshes stayed in Ille-

anonymat parce que, à l'origine, ils accompagnaient des prisonniers à leur exécution et qu'ainsi, la foule ne pouvait identifier qui était le condamné et qui étaient les notables de la communauté. C'était un moyen d'empêcher la foule de bombarder la victime de pierres ou de fruits

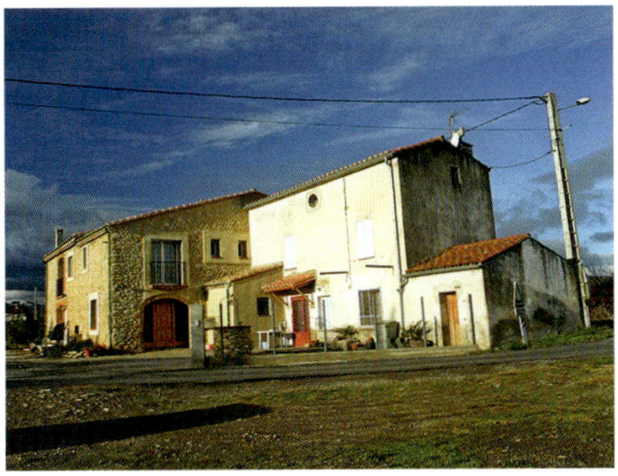

Mas Blanc
watercolour
aquarelle

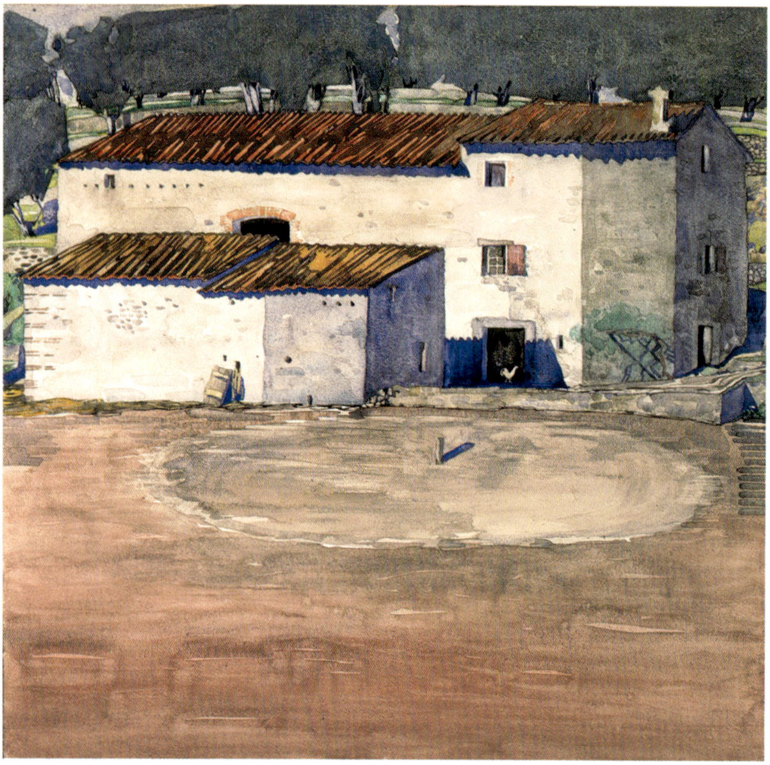

A Southern Farm 1925
watercolour
aquarelle

sur-Têt until the end of May and three paintings survive. One is of ***The Héré de Mallet (21)*** – part of a strange geological rock formation just outside the town known as Les Orgues. The rock is an alluvial deposit of sand and clay which was

Mas Saunier

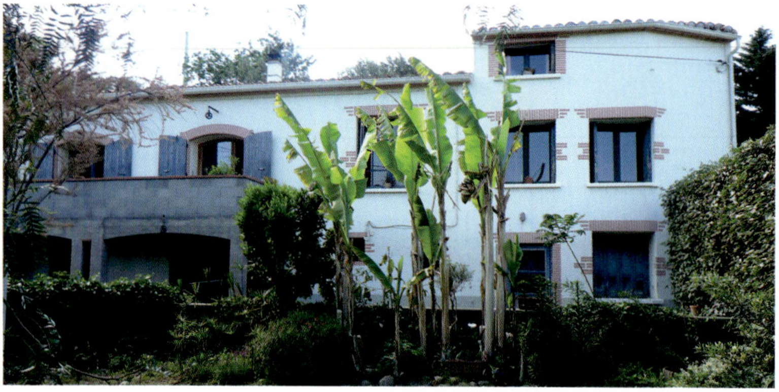

pourris. Des processions identiques ont lieu à Collioure, Arles-sur-Tech et Perpignan, et si les Mackintosh ont participé à l'une d'entre elles, ils ont certainement eu la chair de poule, car pour des Celtes, les grands masques coniques rappellent étrangement ceux du Ku Klux Klan qui, bien qu'établi aux Etats-Unis seulement en 1915, comprenait plus d'un million de membres en 1925. Mais cette tradition remonte au Moyen-âge, et pour les Roussillonnais, sa théâtralité et son ambiance mystique sont une expression à la fois émouvante et riche de leur foi.

Les Mackintosh restèrent à Ille-sur-Têt jusqu'à fin mai et trois peintures témoignent de leur séjour. L'une d'elles représente ***Le Héré de Mallet*** (21), qui fait partie d'une étrange formation géologique rocheuse que l'on appelle 'les Orgues', située tout près de la ville. Le rocher est un dépôt d'alluvions de sable et d'argile poussé vers le haut au moment de la formation des Pyrénées. Des blocs de roche dure se retrouvent enfermés dans la roche tendre ; celle-ci s'érode plus vite, et ainsi, les blocs se retrouvent isolés au sommet de hautes colonnes, évoquant des tuyaux d'orgue ou des 'cheminées de fées', ainsi qu'on les nomme quelquefois.

Le point de vue que Mackintosh a choisi pour peindre ce tableau se situe sur la rive urbaine de la rivière à seulement dix minutes de marche de l'hôtel ; cependant les formations paraissent encore plus remarquables si vous allez un peu plus loin sur la

pushed upwards when the Pyrenees were formed. The soft alluvial rock includes elements of harder stone, which erode less quickly and so become isolated on top of high columns. Hence their name – 'organ pipes.' Sometimes they are also called 'fairy chimneys.'

Mackintosh chose a position on the town side of the river which was only about a ten minute walk from the hotel, although the formations are even more remarkable if you go a little further and take the road to Montalba, to view them from the north side.

Ten minutes or so to the south of the hotel, on the Vieux Chemin de Boule, is the *mas* (farm) of ***Blanc-Ontoine (20).*** The house is still there, largely obscured behind a wooden fence and although the barn has been converted into a second house, it is recognisable.

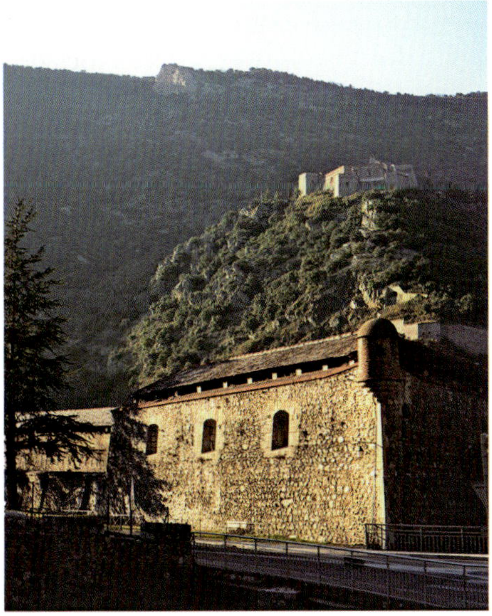

route de Montalba, pour les observer depuis le côté nord.

Le Mas (ou ferme) ***Blanc Ontoine*** (20) se trouve à peu près à dix minutes au sud de l'hôtel, sur le vieux chemin de Boule. La maison existe encore, en grande partie cachée derrière une clôture en bois, et bien que la grange ait été transformée en une seconde maison, elle demeure reconnaissable.

Le Mas Blanc se trouve sur l'ancienne route qui mène d'Ille-sur-Têt à Bouleternère, à droite de la voie ferrée. Un peu plus loin, en face du passage à niveau, se trouve le Mas Saunier qui fut pris comme modèle pour le tableau intitulé ***A Southern Farm*** (31). Aujourd'hui le mas a été rénové. La dépendance de devant a été démolie, la croix sur le toit a disparu et la grange a été transformée en habitation agrémentée par l'ouverture de fenêtres et la pose d'un balcon. Mais la petite fenêtre en haut à gauche demeure intacte et le coin du bâtiment a gardé son angle singulier. Les oliviers derrière la maison sont toujours là et ont grandi mais la cour a été transformée en pelouse et est entourée par une haie haute. Malgré toutes ses rénovations, la maison reste reconnaissable. Pour peindre ce tableau Mackintosh avait dû s'asseoir au bord de la voie ferrée.

Le troisième tableau se situe au niveau de l'arrêt suivant du train, à ***Bouleternère*** (19), une petite ville au sommet d'une colline qui rappelle un peu Palalda. Mackintosh l'a peinte depuis les champs, un peu au sud du

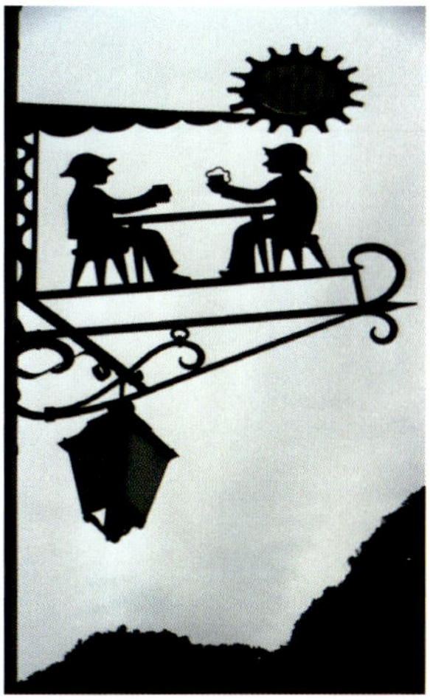

Villefranche-de-Conflent: ironwork shop sign

enseigne en fer forgé

Villefranche-de-Conflent: a corner of the walls with Fort Liberia above

les remparts dominés par le Fort Libéria

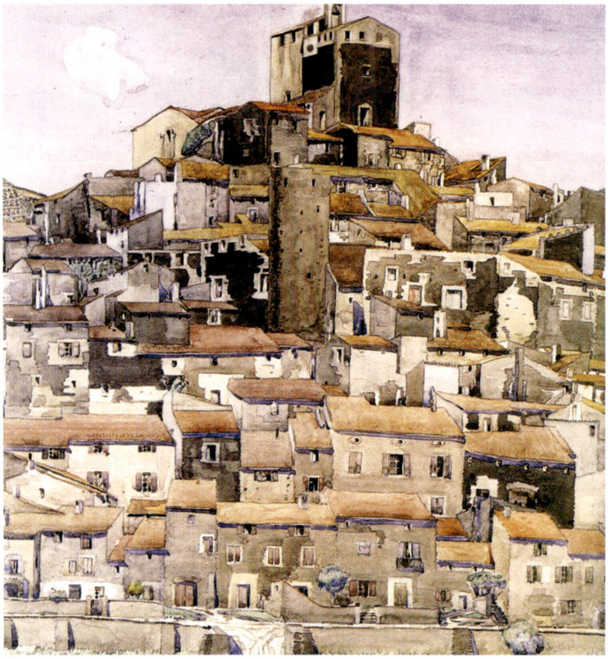

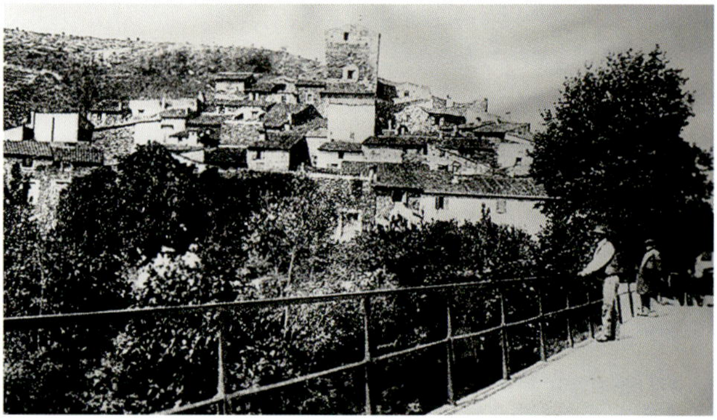

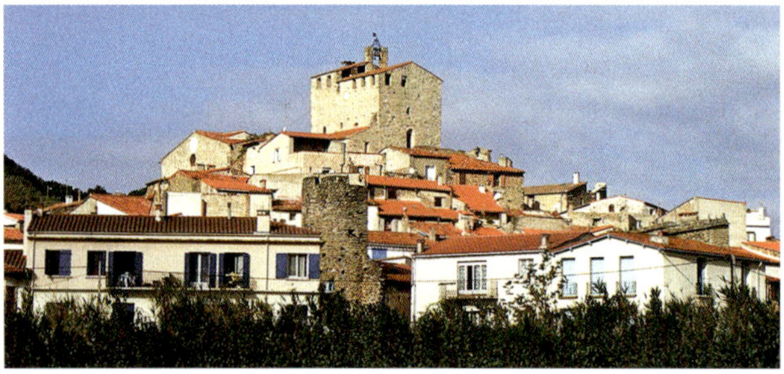

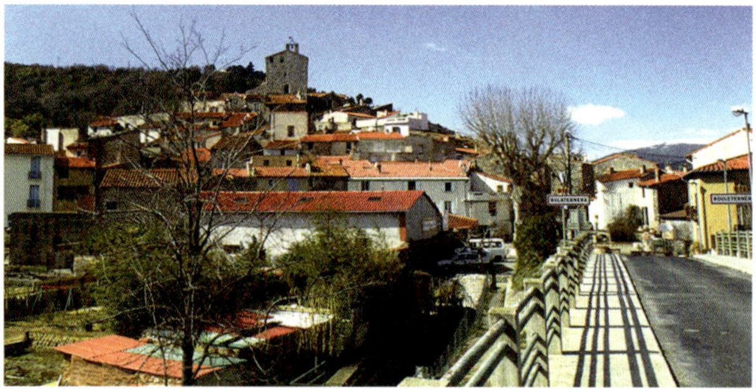

Top left: *Bouleternère* 1925 watercolour

Top right: View from the bridge

Centre left: The main position for the painting

Centre right: The bridge which CRM moved into the centre of the painting

Below: The houses on the left were moved right to give the town added height

Au dessus à gauche : *Bouleternère* 1925 aquarelle

Centre à gauche : Poste d'observation principal du tableau

Centre à droite : Le pont que CRM a déplacé au centre de sa composition

En bas : Les maisons à gauche ont été déplacées sur la droite pour donner une impression de hauteur à la ville

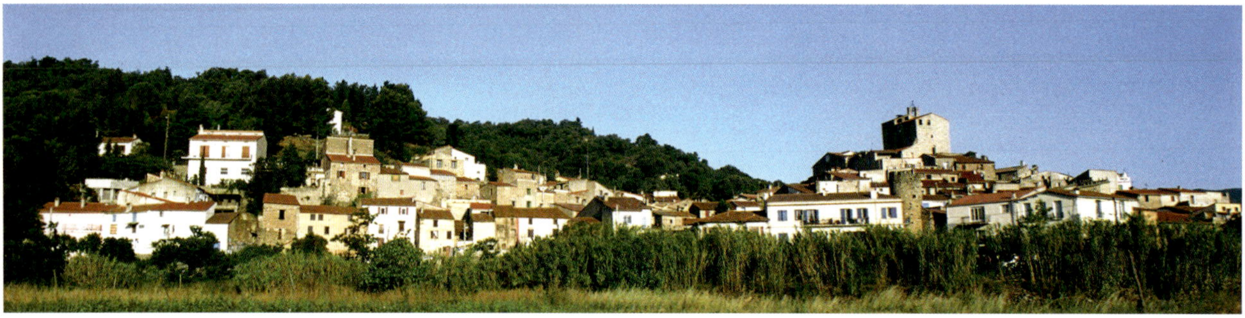

The Mas Blanc lies further along the old road which runs alongside the railway from Ille-sur-Têt to Bouleternère. A little further on, beside a railway crossing is the Mas Saunier which is depicted in a painting entitled ***A Southern Farm (31)***. Nowadays it is no longer a farm. The outbuildings in the foreground have been demolished, the cross on the roof has gone and the barn has been converted into living space with new windows and a balcony. But the small window high up on the left is still there, as is the distinctive angled corner. The olive trees in the background have grown larger but the threshing floor is now a lawn surrounded by a high hedge. Despite all the changes, the house is still recognisable. To paint it, Mackintosh must have sat on the edge of the railway line.

The third painting is at the next stop up the railway at ***Bouleternère (19)***, another little hilltop town like Palalda. He painted it from the fields a little to the south of the bridge into town. Once again he exaggerated reality with a composite – making the town higher by adding at the bottom two additional rows of houses drawn from a different angle. The top of the town remains much the way it was when he painted it, but the lower part was dramatically altered when the local authority improved the road.

In May, the Mackintoshes travelled higher into the mountains. At **Villefranche-de-Conflent** (427m) they had to change trains on to the

pont allant vers la ville. Il a une fois de plus amplifié la réalité en la restituant de manière composite – surélevant la ville en rajoutant deux rangées de maisons en contrebas, dessinées sous un angle différent. Le haut de la ville est bien conservé mais la partie basse a été radicalement altérée lorsque les autorités locales procédèrent au réaménagement de la route.

En Mai, les Mackintosh ont voyagé un peu plus haut dans les montagnes. A Villefranche-de-Conflent (427m), ils durent changer de train pour passer sur une étroite voie électrique, parcourue par le Petit Train Jaune, qui au moment où ces pages s'écrivent, roule encore avec ses wagons d'origine dont certains sont à ciel ouvert. De la gare, existait un service d'autocars pour Vernet-les-Bains, autre station thermale qui avait été très populaire auprès des Anglais et fréquentée par des personnalités telles que Rudyard Kipling et les Battenberg (Mountbatten). Sur le chemin, il se

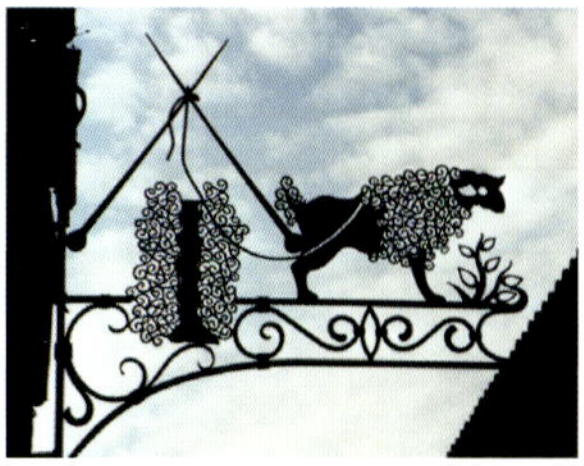

Villefranche-de-Conflent: ironwork shop sign
enseigne en fer forgé

Villefranche-de-Conflent: change to the little yellow train
changement pour le Petit Train Jaune

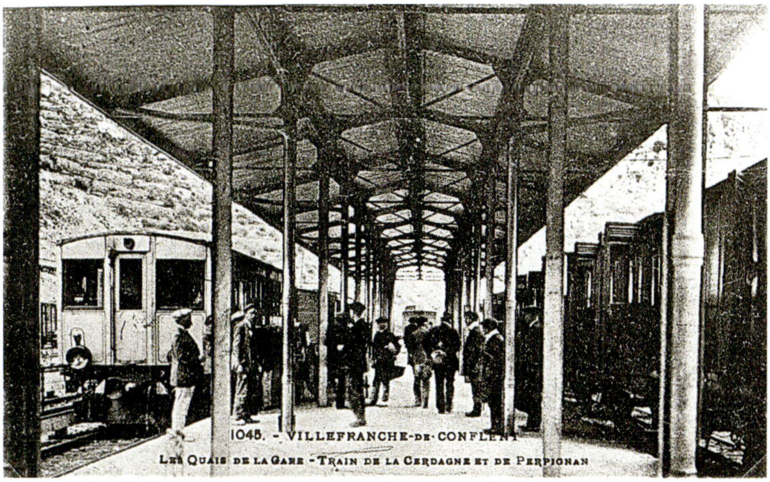

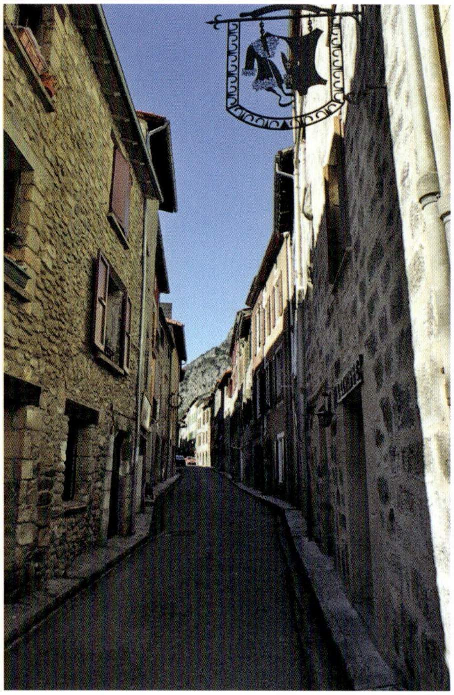

Villefranche-de-Conflent:
one of the two streets
une des deux rues

narrow gauge electric Petit Train Jaune, which at the time of writing still runs with its original carriages, some of which are open air observation cars. From the station there was a regular coach service to Vernet-les Bains, another spa which had been particularly popular with the English and patronised by such personalities as Rudyard Kipling and the Battenbergs (Mountbattens). On the way up, they may have stopped off at Corneilla-de-Conflent to visit its fine Romanesque Church. Mackintosh probably never knew it, but in the 1920s Gauguin's principal patron, Daniel de Monfreid, was living close by and all Gauguin's canvasses from the South Seas arrived by rail at Villefranche station.

peut qu'ils se soient arrêtés à Corneilla-de-Conflent pour visiter sa belle église romane. Mackintosh ne le sut probablement jamais, mais en 1920, le principal employeur de Gauguin, George-Daniel de Monfreid, vivait à proximité et toutes les toiles de Gauguin venant des mers du sud arrivaient par le train à la gare de Villefranche

Villefranche, comme son nom le suggère, fut l'une des 17 cités bénéficiant d'une autorisation de commerce libre durant le Moyen-Âge. Sa prospérité lui venait de la teinture et de la vente d'étoffes. Elle possédait un quartier juif séparé et occupait une position stratégique gardant le défilé au confluent des rivières de la Têt et du Cady. Elle était le centre militaire, administratif et économique du Conflent. La ville est encore entourée par des fortifications médiévales et par les bastions du 17ème siècle conçus par Vauban, dont on peut parcourir le circuit. Elle possède deux rues principales, et la plupart des maisons datent des 13ème et 14ème siècles.

L'église Saint-Jacques fut construite au cours des 12ème et 13ème siècles, et se situe sur l'un des chemins de pèlerinage vers Saint Jacques de Compostelle. Les fonts baptismaux très profonds remontent à l'époque où les bébés catalans étaient baptisés par immersion totale.

Les Mackintosh arrivèrent en ce lieu à un moment historique. En surplomb de la ville depuis le haut de la montagne, Vauban avait fait construire le Fort Libéria, position

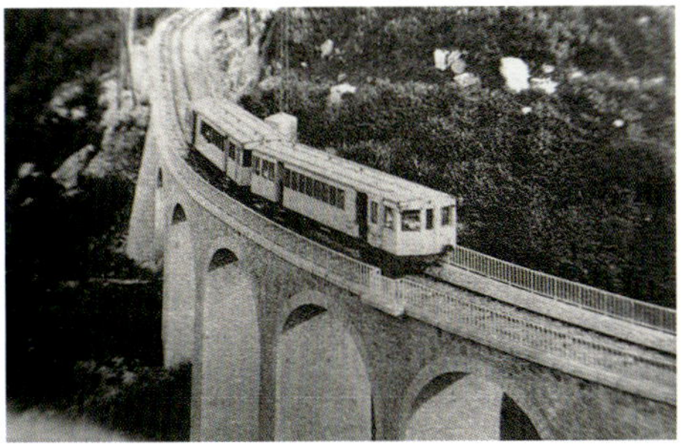

The Petit Train Jaune crossing the viaduct

Le Petit Train Jaune traversant le viaduc Séjourné

Villefranche, as the name suggests, was one of the 17 towns granted a charter for free trade in the Middle Ages. Its prosperity derived from the dyeing and selling of cloth. It had a separate Jewish quarter and occupies a strategic position guarding the pass where the Têt and the Cady rivers meet. It was the military, administrative and economic centre of the Conflent. It is still surrounded by its mediaeval walls and 17th century bastions – designed by Vauban – and you can walk their circuit. There are two main streets and most of the houses date from the 13th and 14th centuries.

The church of St Jacques was built in the 12th and 13th centuries. It is on one of the pilgrim routes to Compostella. The deep font dates from the time when Catalan babies were baptised by total immersion.

The Mackintoshes arrived here at a historic moment. Overlooking the town from the mountainside above, Vauban had built Fort Liberia as an artillery position which dominated the three valleys. It is linked to the town by an underground staircase of 1,000 steps – the longest in Europe. One has to pity the soldiers who,

d'artillerie qui dominait les trois vallées. Ce fort est relié à la ville par un escalier souterrain de 1000 marches – le plus long d'Europe. On ne peut que plaindre les soldats, qui après une permission à la ville, devaient tenter d'être de retour à leur caserne avant le couvre-feu ! Le Fort fut une garnison militaire durant 350 ans, et durant la Grande Guerre utilisé pour héberger des officiers allemands prisonniers de guerre mais en 1925, la première année où les Mackintosh y passèrent, l'armée y effectua sa dernière sortie et le fort fut vendu à un acheteur privé. Le troisième Centre d'Interprétation Mackintosh se trouve dans les anciens appartements des sous-officiers.

Le Petit Train Jaune emmena les Mackintosh plus avant dans la vallée. Il semble qu'ils se soient arrêtés à Olette où ils résidèrent à l'hôtel de la Fontaine, l'ancien relais de coche

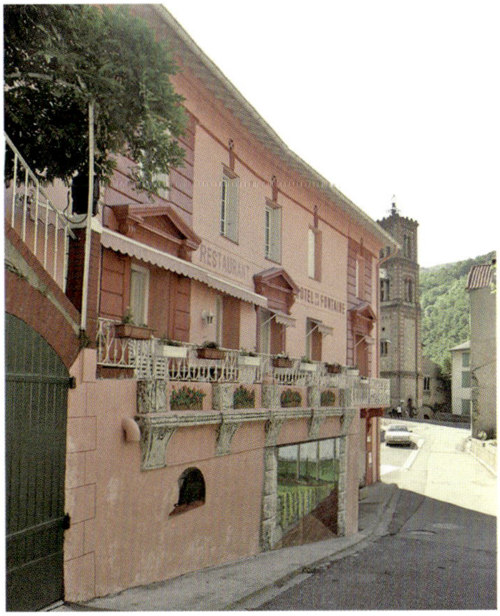

Olette:
l'Hôtel de la Fontaine

after a night out on the town, had to try and make it back to barracks before curfew! It was a military garrison for 350 years, and during the Great War had been used to house German officer POWs but in 1925, the first year that the Mackintoshes passed through, the army moved out and the fort was sold to a private buyer. The third Mackintosh Interpretation Centre is housed in the old NCOs' barracks.

The Petit Train Jaune took the Mackintoshes further up the valley. They seem to have stopped off at **Olette**, staying at the Hotel de la Fontaine, the old stage coach relay before the long ascent to Mont-Louis. Horse drawn carriers were still travelling up and down with teams of four horses, but essentially since 1910 the railway had taken over. The hotel was run by a Monsieur Sickart and, while it had had its heyday, it was comfortable enough for the Mackintoshes to recommend it to friends. Shortly after their visit however, Monsieur Sickart retired and passed it on to a niece. The place went rapidly downhill and a friend, who followed Mackintosh's recommendation and stayed there in early 1927, left after only one night. '*The flies were dreadful, in the wine, on the food – everywhere…*'

Olette is on the main road to Andorra and the traffic whizzes through. Not many strangers stop, unless they need some final shopping on their way to a chalet near the ski slopes. It is the sort of place you tend

Evol

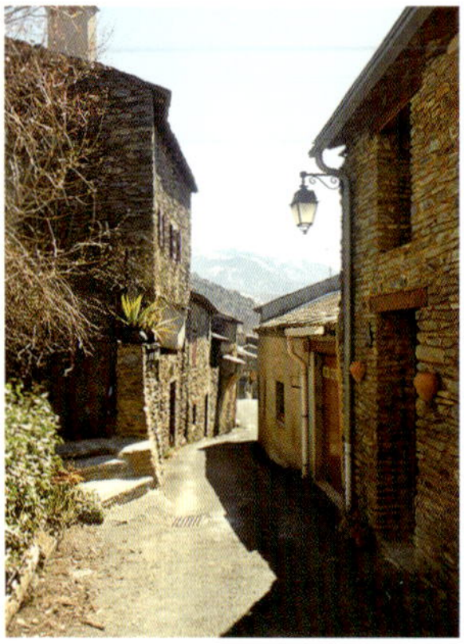

juste avant la longue ascension vers Mont-Louis. Des voitures à chevaux circulaient encore dans les deux sens avec des équipages de quatre chevaux, mais le chemin de fer les avait déjà presque entièrement remplacées en 1910. L'hôtel était tenu par un certain Monsieur Sickart, et pendant ses beaux jours, l'établissement était suffisamment confortable pour que les Mackintosh le recommandent à leurs amis. Toutefois, peu de temps après leur visite, M. Sickart prit sa retraite et passa la main à une nièce. L'endroit périclita rapidement ; un ami qui avait suivi les recommandations de Mackintosh et s'y était arrêté au début de l'année 1927 s'en alla au bout d'une seule nuit : '*Les mouches étaient une véritable calamité, il y en avait dans le vin, dans la nourriture – partout…*'

Olette se situe sur la route principale en direction d'Andorre et le trafic y est intense. Peu d'étrangers s'y arrêtent, à moins d'avoir besoin d'effectuer quelque ultime achat avant d'atteindre un chalet près des stations de ski. C'est le genre d'endroit que l'on pourrait traverser sans rien remarquer en suivant la route qui, à l'entrée du village se transforme en une rue étroite bordée par des maisons lugubres, où les camions ont du mal à passer. Mais si vous vous arrêtez, vous découvrirez au-delà de la rue principale un village charmant. Le mode de vie de ses habitants est essentiellement traditionnel : des montagnards faisant l'élevage de volailles, de chèvres, de

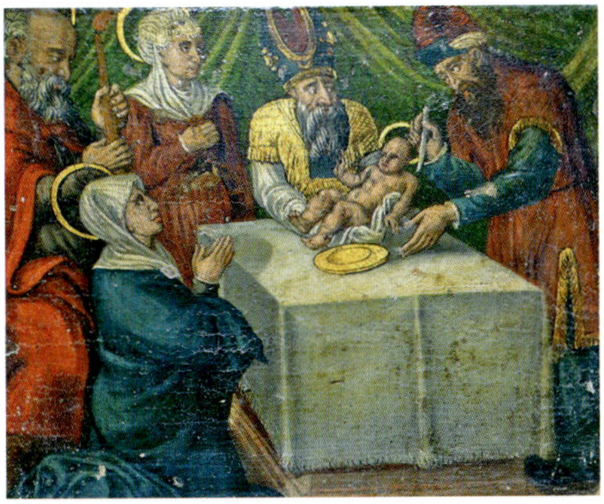

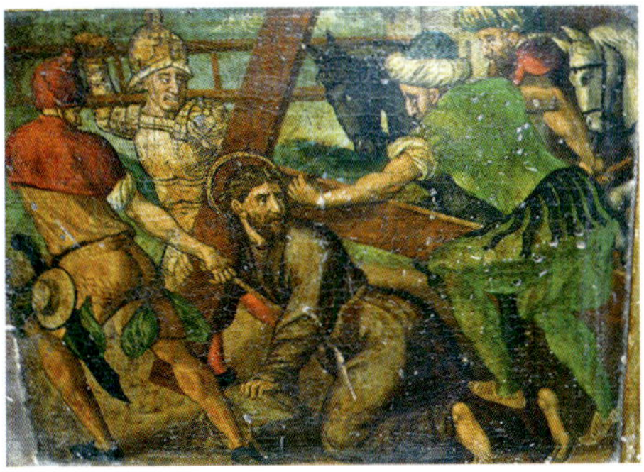

Marians church paintings
Tableaux à l'eglise de Marians

not to notice – just a narrow street with tall gloomy houses where lorries find it hard to pass. But if you do stop, away from the main road you will find an attractive village. Life and people in the town are still essentially local. These are mountain men, farming poultry, goats, sheep and cattle, which come down to the valley for the winter and are herded back up to the higher pastures in the spring. Little has changed.

While they stayed here, the Mackintoshes made trips to some of the surrounding villages perched high above the valley. Life up there was hard and during the 20th century many were reduced almost to ghost villages, with only a few old people living amongst the ruins. Hippies

moutons et de bovins qu'ils font descendre dans la vallée avant l'hiver et qu'ils remontent vers les hauts pâturages au printemps. Peu de choses y ont changé.

Pendant leur séjour à Olette, les Mackintosh firent des excursions vers les villages alentour, haut perchés au-dessus de la vallée. La vie y était rude et au cours du vingtième siècle, nombre d'entre eux furent réduits à l'état de villages fantômes habités seulement par quelques personnes âgées vivant parmi les ruines. Les hippies s'y installèrent dans les années 70 et ils occupent à présent légalement les lieux. D'autres suivirent leur exemple et achetèrent puis rénovèrent les bâtiments en ruine pour en faire des maisons de vacances, redonnant vie au village.

Mackintosh évoque dans ses écrits '*Les plus inaccessibles et les plus délicieuses petites églises… comme par exemple celles de Marians, Jujols, Canavels…*'

Jujols:
the church
l'église

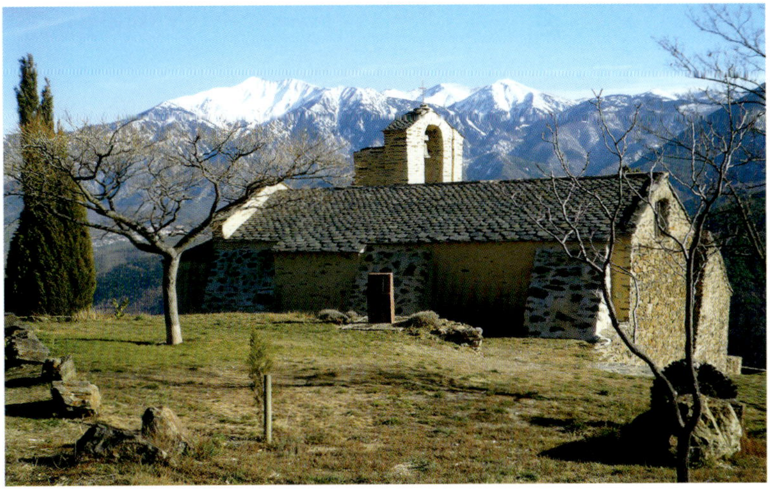

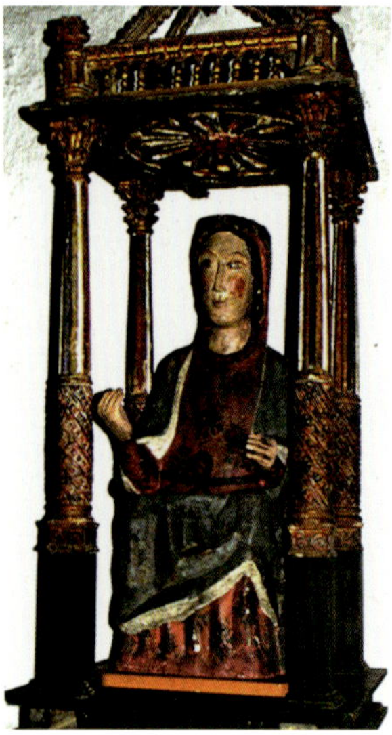

Evol:
wooden Madonna in church
madone en bois dans l'église

arrived in the seventies and now have squatters' rights to the houses they occupied. They were followed by others who bought and renovated the derelict buildings as holiday homes – so life has returned.

Mackintosh wrote about: '*the more inaccessible and the most delicious small churches such as… Marians, Jujols, Canaveilles…*'.

At Marians, in a dark transept with no light, there is an exceptional altarpiece – probably 15th century, whose vibrant colours have been preserved by the darkness and featuring remarkable Moorish characters in turbans (reproduced in the exhibition at Fort Liberia). Nowadays the churches are kept locked but the keys can be obtained for those in other villages by arrangement with the tourist office. The little town of **Evol** is within walking distance of Olette, and is now part of the same commune. With its stone houses and slate roofs it has been voted one of the most beautiful villages in France. Bread ovens built

A Marians, dans un sombre transept sans lumière, se trouve un retable exceptionnel – probablement du 15ème siècle, dont les couleurs éclatantes ont été préservées par l'obscurité, représentant de remarquables personnages maures en turban (reproduits dans l'exposition du Fort Libéria).

De nos jours ces églises sont fermées, mais les clefs des églises des villages environnants peuvent être obtenues sur demande à la mairie. Non loin d'Olette se trouve le petit village d'**Evol**, qui fait à présent partie de la même commune. Avec ses maisons de pierres et ses toits d'ardoises, il a été classé parmi les plus beaux villages de France. Ses fours à pain, encastrés dans les murs extérieurs des maisons et renflés comme d'énormes ruches, surplombent les rues étroites. Au sommet de la colline dominant le village se trouvent les ruines d'un château médiéval, construit en 1260 – au temps des invasions Maures. Dans l'église de Saint-André nous pouvons

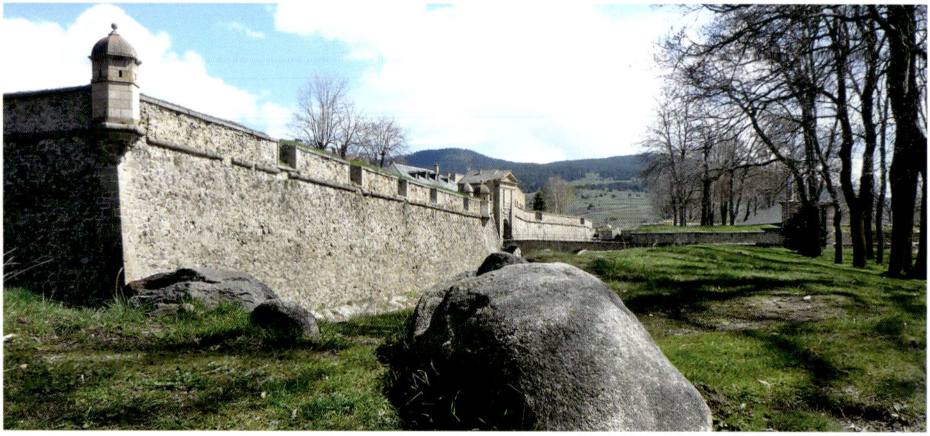

Mont-Louis:
ramparts and main gate
remparts et porte principale

out of the walls of the houses bulge like huge wasps' nests, overhanging the narrow streets. On the hill above are the ruins of a mediaeval castle, built in 1260 – a time of Moorish invasion. In the church of St André there is a remarkable mediaeval reredos of St John the Baptist dating from 1428, and a wonderfully simple mediaeval wooden Madonna.

From Olette, the Mackintoshes continued on up to **Mont-Louis**. They travelled second class and the whole journey from Port-Vendres to Mont-Louis cost 37 francs and 35 cents (about £1 7 shillings). This was to become their favourite summer haunt and they came here again in 1926. After a steep climb up from Olette, the land levels out into a high plateau which is about 1,600 metres above sea level.

Vauban's citadel is more or less as it was when he built it – moated ramparts, massive and low to minimise an artillery attack, designed as a polygon of bastions enclosing the small town. In the middle is the

admirer un remarquable retable médiéval dédié à Saint-Jean Baptiste datant de 1428, ainsi qu'une madone en bois de la même époque d'une merveilleuse simplicité.

A partir d'Olette, les Mackintosh poursuivirent leur route vers **Mont-Louis**. Ils voyagèrent en seconde classe et le trajet de Port-Vendres à Mont-Louis leur coûta en tout et pour tout 37 francs et 35 centimes. Mont-Louis allait devenir un de leurs lieux de villégiature favori, car ils y retournèrent en 1926. Après une montée raide au départ d'Olette, la pente s'adoucit en un haut plateau situé à près de 1600 mètres d'altitude.

La Citadelle de Vauban est pratiquement telle qu'au jour où sa construction fut achevée – des remparts entourés de douves, massifs et bas afin d'éviter les tirs d'artillerie, disposés en un polygone de bastions entourant la petite ville. Au milieu se trouve l'église de la garnison, et huit rues s'étendent en un réseau rectangulaire. Les casernes sont

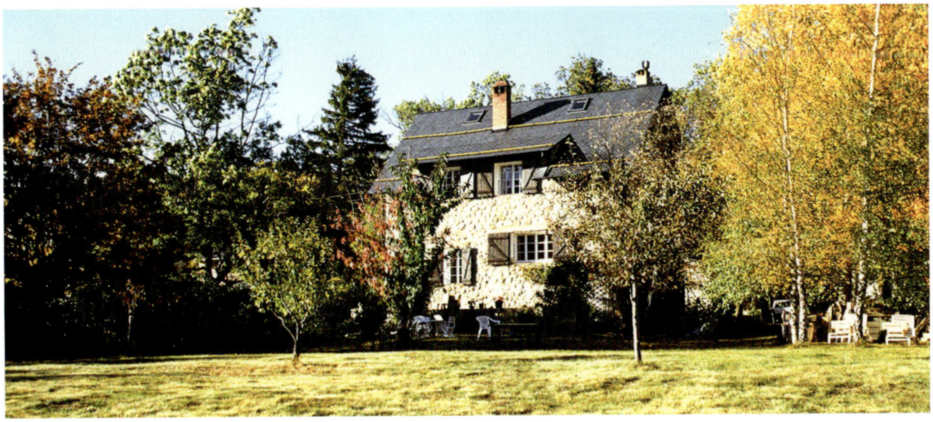

Mont-Louis:
Burty Haviland's house
maison de Burty Haviland

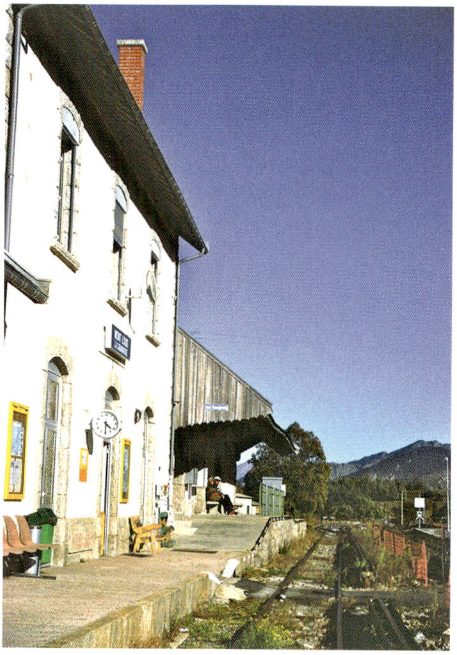

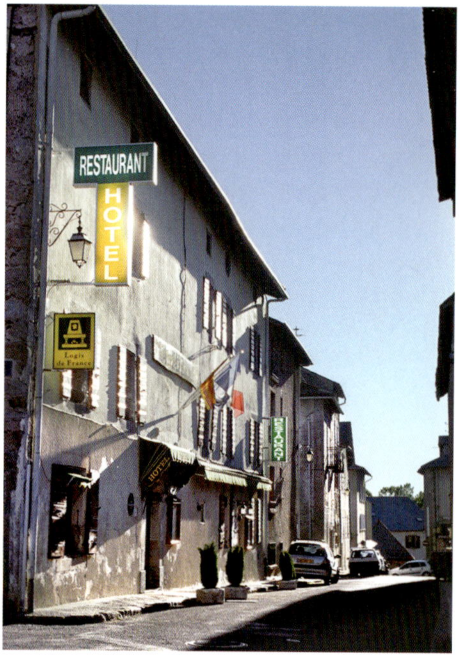

Mont-Louis:
Left: station
Right: Hôtel de la Taverne

Gauche : la gare
Droite : Hôtel de la Taverne

garrison church and the eight streets run on a rectangular grid. The barracks are still occupied by the military as a mountain warfare training base for commandos, and the place has the feel of an army town. The civilian population is only about

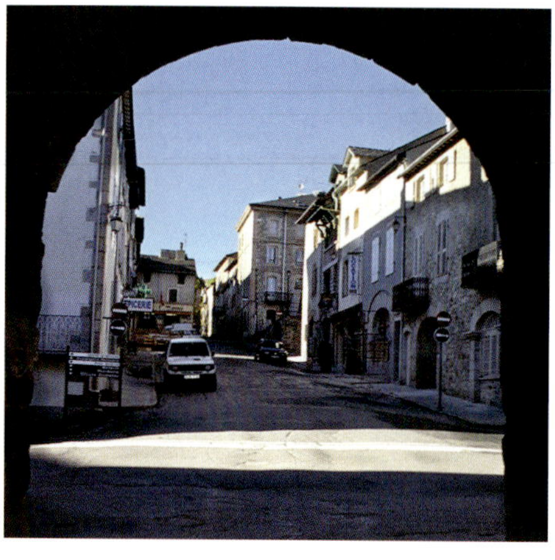

Mont-Louis:
main street (the Hotel Pyrénées was at the far end on the right)

rue principale (l'Hotel Pyrénées était au bout sur la droite)

encore occupées par l'armée et servent de base d'entraînement au combat en montagne, ce qui donne à l'endroit un aspect de ville militaire. La population civile n'est que d'environ 350 habitants. La cité fut construite aux alentours de 1680 pour protéger la Cerdagne de l'envahisseur espagnol, tâche impossible pour une seule garnison postée dans un secteur aussi vaste. Une partie des douves est maintenant occupée par des panneaux solaires. Construits en 1949, ce furent les premiers au monde.

Hors des murs, au sud de la ville, se trouvent quelques villas de standing en pierre. Elles étaient occupées durant l'été par des familles venant de la plaine et l'une d'elles appartenait à Haviland, qui peut très

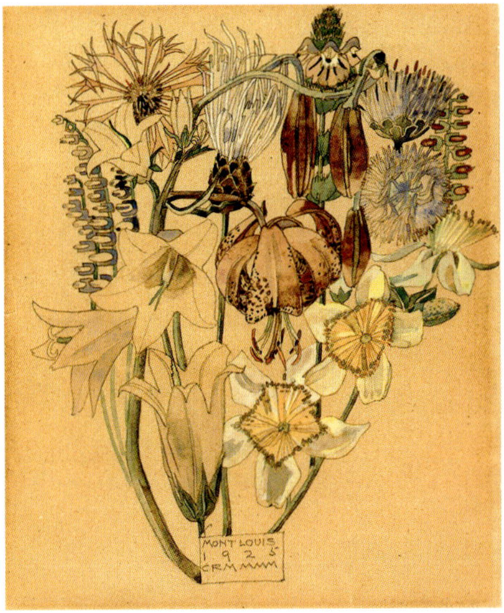

Left / *gauche*
Flower Study 1925
watercolour
aquarelle

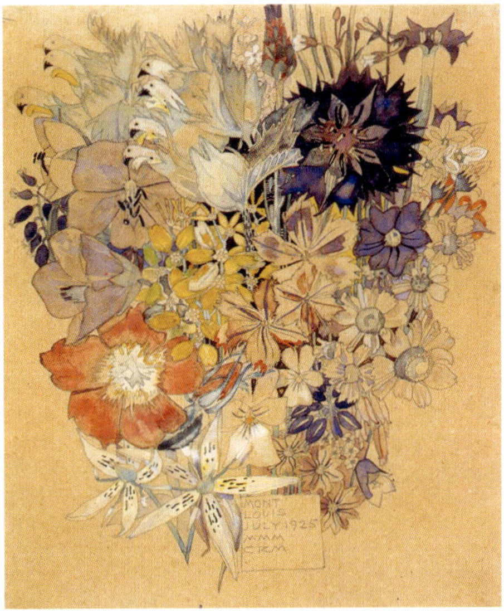

Right / *droite*
Mixed Flowers 1925?
watercolour
aquarelle

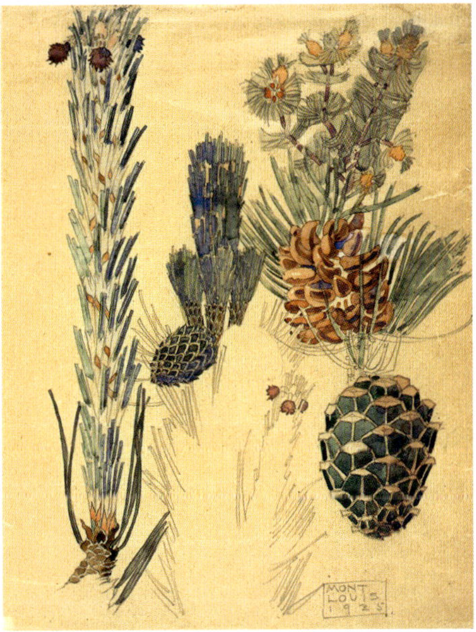

Left / *gauche*
Pine Cones 1925
watercolour
aquarelle

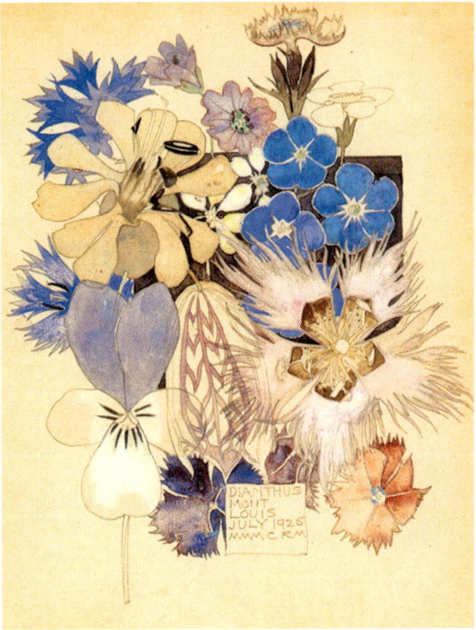

Right / *droite*
Dianthus 1925
watercolour
aquarelle

350 people. It was built around 1680 to guard the Cerdagne against Spanish invasion: an impossible task for one garrison in so large an area. Part of the moat is now occupied by a solar oven. Built in 1949, it was the first in the world.

bien avoir signalé l'endroit à Mackintosh lors de son séjour à Amélie. Il y hébergeait un flot continu d'artistes de passage et les Mackintosh ont sans aucun doute fait partie de sa 'coterie'.

Mont-Louis possédait trois

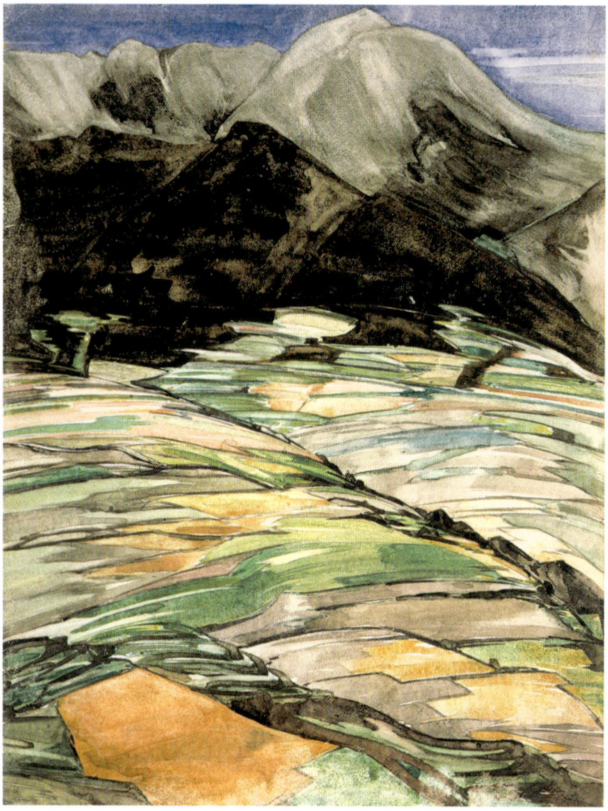

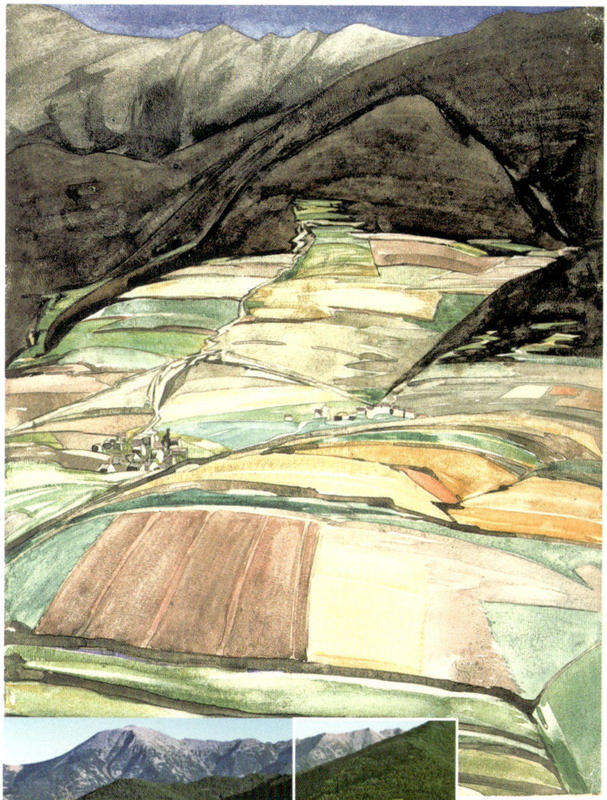

Left: Mont-Louis – *Mountain Landscape* 1925–26
watercolour
aquarelle

Top right: *Village in the Mountains* 1925–26
watercolour
aquarelle

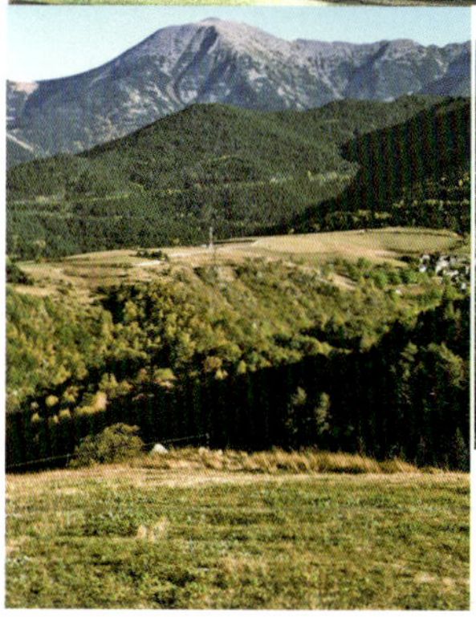

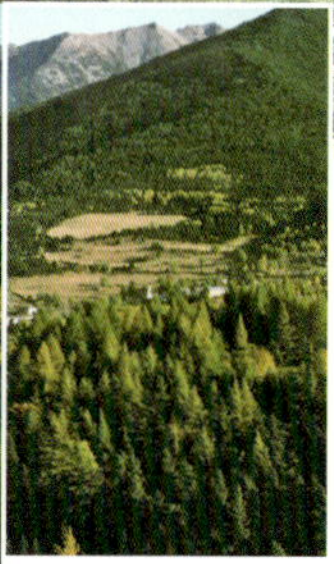

The same views today
Les mêmes vues aujourd'hui

Bottom: The whole panorama – was there a third painting?
En bas : Large panorama – y-avait-il un troisième tableau?

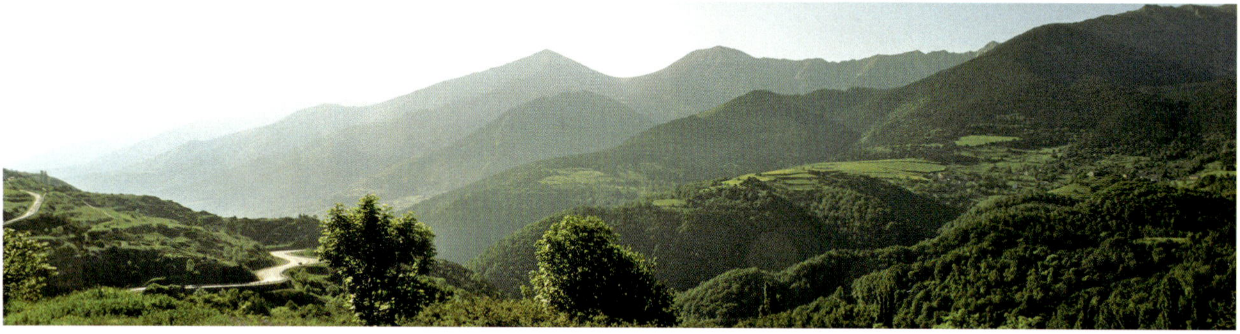

Outside the walls on the south side of the town are a few fashionable stone villas. These were occupied in the summer by families from the plain and one belonged to Haviland, who may well have mentioned the place to Mackintosh when he was in Amélie. He hosted a constant flow of visiting artists at Mont-Louis and the Mackintoshes would undoubtedly have been part of the coterie.

There were three main hotels: the Hotel de France, which is now an army hotel; the Hotel Jambon, now called the Hotel Taverne; and the Hotel Pyrénées in the main street, which no longer exists as a hotel. This latter would seem to have been their favourite. It opened in July and charged them a preferential rate of 30 francs a week (124 francs = £1 i.e. approximately 5 shillings per week) which included a 5 franc discount for a long stay.

Mackintosh called it '*fairyland*.' In the spring, wild mountain flowers carpeted the meadows in colour and he did a number of flower paintings here. Five survive – all studies of

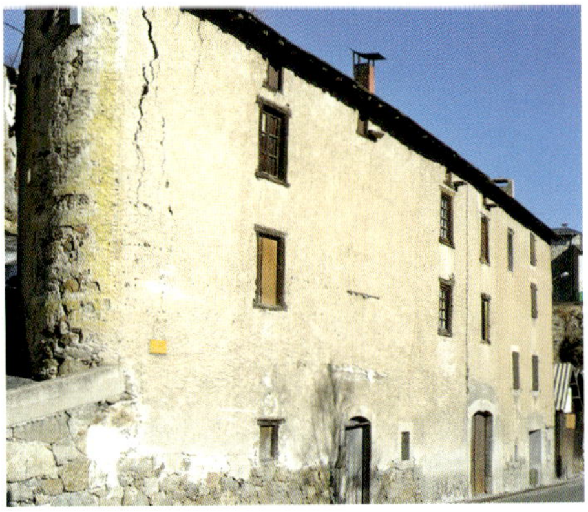

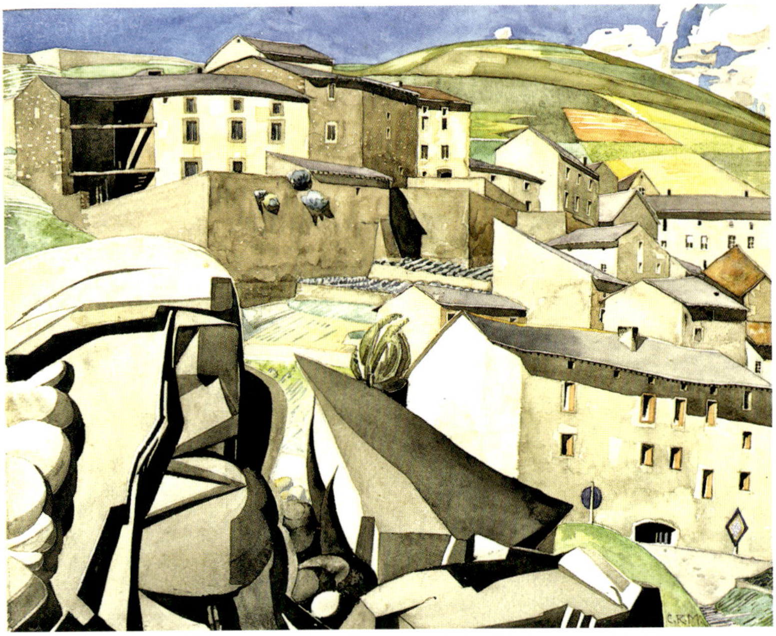

The Boulders 1925–26
watercolour
aquarelle

principaux hôtels, l'Hôtel de France, maintenant réservé à l'armée, l'Hôtel du Jambon aujourd'hui appelé l'Hôtel de la Taverne, et l'Hôtel des Pyrénées, situé dans la rue principale, qui n'existe plus à présent en tant que tel. Ce dernier semblait être leur préféré. Il ouvrait en juillet et leur faisait un prix préférentiel de 30 francs par semaine avec une remise de 5 francs pour les longs séjours.

Mackintosh appelait ce lieu '*le pays des fées*'. Au printemps, les fleurs de montagne tapissaient les prairies de couleurs, et il exécuta là de nombreux tableaux floraux. Cinq ont survécu – tous sont des études de fleurs coupées. Toutes les peintures de Mackintosh, qu'elles représentent des fleurs ou des paysages, sont des images statiques. On y décèle rarement le moindre indice de

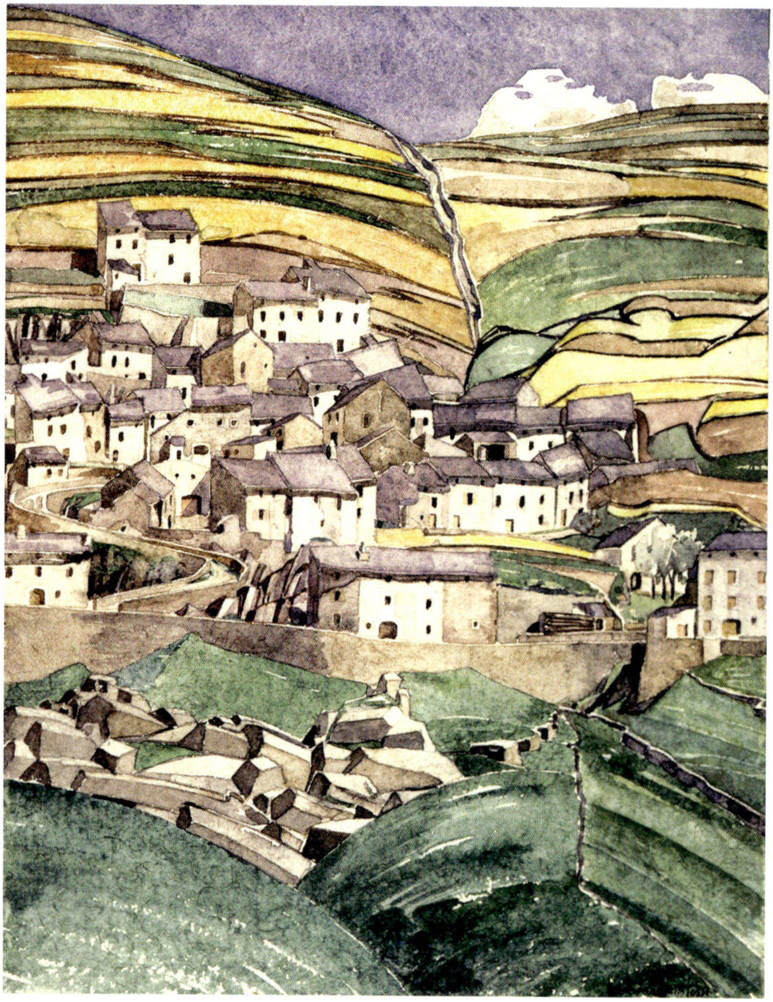

Slate Roofs 1925
watercolour
aquarelle

picked flowers. All Mackintosh's paintings – be they flowers or landscapes – are frozen images. Rarely is there any hint of movement. In addition he completed at least nine landscapes around Mont-Louis. He may first have identified two of his subjects from Haviland's garden, although he actually drew them from a discreet distance further along the roadside – ***Mountain Landscape*** and ***Village in the Mountains (26 & 27).***

mouvement. En plus de ses études de fleurs, il effectua au moins neuf tableaux de paysages des environs de Mont-Louis. Il est possible qu'il ait dans un premier temps repéré deux de ses sujets depuis le jardin de Haviland, bien qu'il les ait en fait dessinés à partir d'endroits plus en retrait et éloignés de la route – ***Mountain Landscape*** et ***Village in the Mountains*** (26 & 27). Il existe une théorie affirmant l'existence d'une troisième aquarelle faite à partir du même endroit – formant ainsi une sorte de triptyque. Peut-être reste-t-elle encore à découvrir?

Juste à l'entrée de Mont-Louis par la route d'Olette se trouve une aire de repos avec un coin pique-nique, en contrebas de laquelle se situe l'endroit à partir duquel Mackintosh peignit deux tableaux de **Fetges**, le premier autour de 1925, l'autre en 1926. Ce village est à environ un kilomètre en dessous de Mont-Louis. Si l'on compare les ***Slate Roofs*** (25) 'à ***Fetges*** (24), on voit qu'ils ont tous deux été exécutés depuis un point de vue similaire, mais le premier plan est totalement différent de ce qu'il est en réalité, car le terrain est bien trop escarpé pour avoir pu être aménagé en terrasses de la façon dont Mackintosh le dépeint. Bien qu'il y ait à présent quelques maisons supplémentaires, le village n'a pas beaucoup changé par rapport au tableau, mais le gros rocher représenté au-dessous de la route est à présent masqué par un arbre. Mackintosh considère 'Fetges', qu'il peignit durant

There is a theory that a third watercolour from the same position might also exist, making a sort of triptych. Is it still to be discovered?

As you enter Mont-Louis by the road from Olette there is an aire (a lay-by) with a picnic spot. It was just below here that Mackintosh painted two pictures of Fetges, one probably in 1925 and the other in 1926. The village is about a kilometre below Mont-Louis. If you compare ***Slate Roofs (25)*** with ***Fetges (24)***, they are both drawn from a similar viewpoint but the foreground is completely different. The actual foreground is far too precipitous to have ever been terraced in the way he depicts it. Although there are a few more houses now, the village has not changed much from the painting but the big rock featured below the road is now obscured by a tree. Mackintosh thought Fetges, which he painted in the summer of 1926, to be one of his best works. Compared with the earlier work, the technique is sharper and tighter, with disciplined draughtsmanship, precisely controlled washes of pure, barely modulated colour and sharp contrasts of light and shade.

For ***The Boulders (23)***, he went closer. There is small track which leads down from the main road to an old mill at the bottom of the ravine, and it was from down here, below the road, that he painted the houses and the village which provide the background to the painting. But again this is a composite picture. You

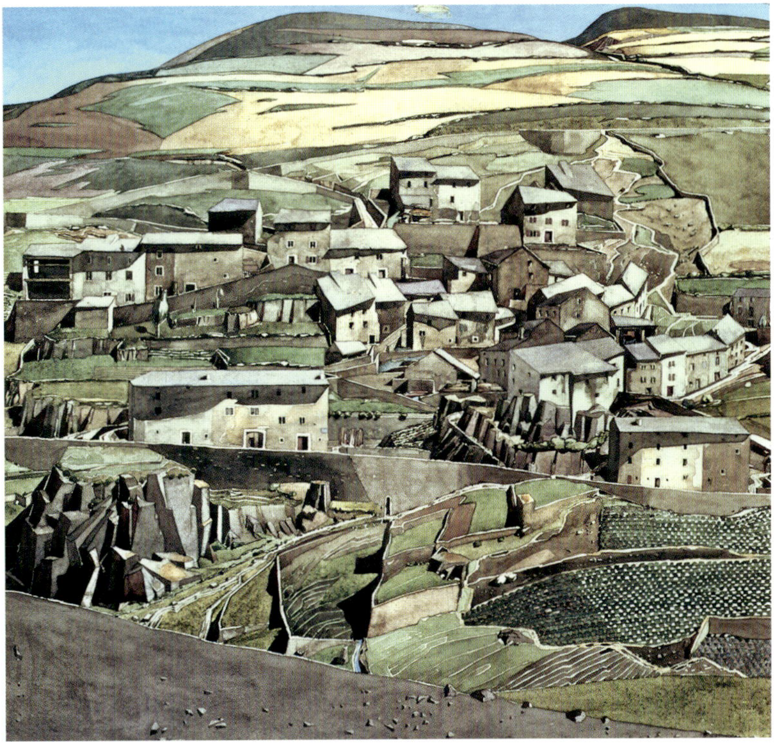

Fetges 1926
watercolour
aquarelle

Fetges

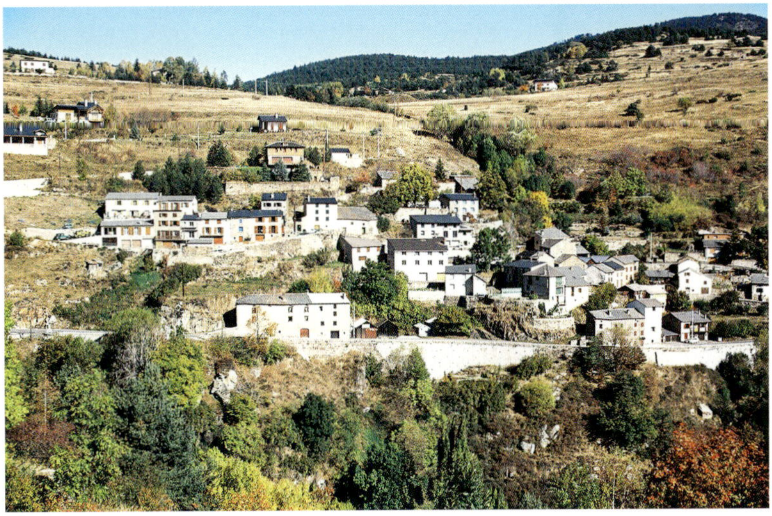

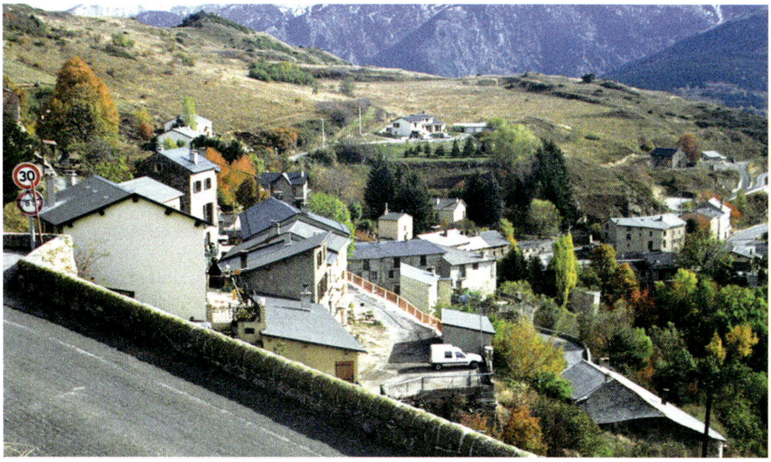

Viewpoint for *Mountain Village*
Poste d'observation pour *Mountain Village*

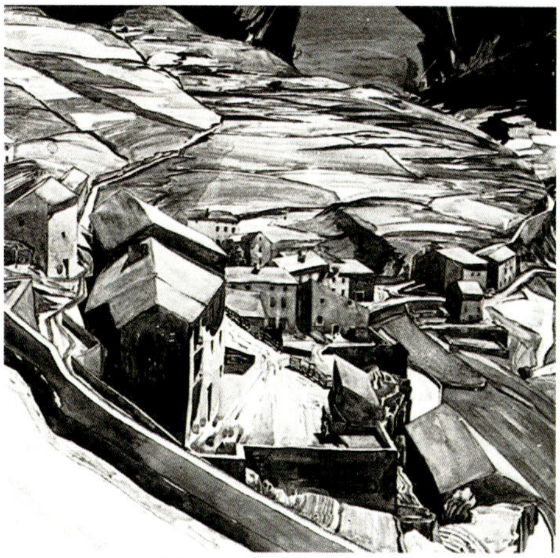

Mountain Village 1925–26 watercolour
aquarelle

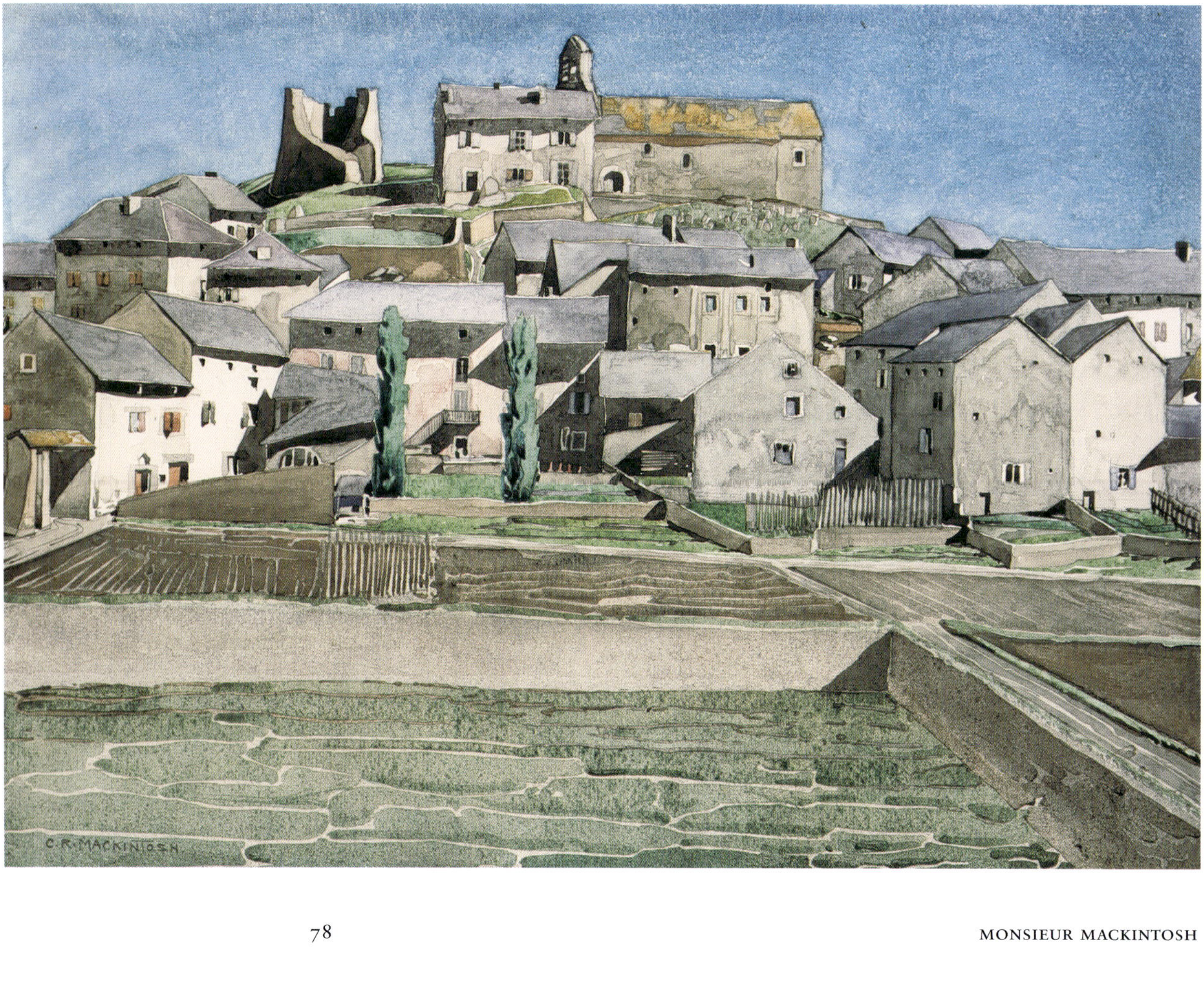

can also find the 'boulder' he has painted in the foreground but, once again, he has cheated it into position.

His other painting of Fetges was ***Mountain Village (22).*** Descending the main road from Mont-Louis, just after the bridge, there is a single track road going up to the left which provides the main access to the houses. Mackintosh obviously sat in the hillside above the second turning to the right. This painting has been lost and all that we have is a black and white photograph of the original.

Fetges and the mountain landscapes were within easy walking distance of the hotel, but there are also three paintings of **La Llagonne**. These would have meant a bus ride and staying a few days at all the old coaching relay – now Hotel Corrieu.

The view entitled ***The Church of La Llagonne (29)*** is from the south side of the village, near the cemetery, and is easily recognisable today. Now there is a modern house in the foreground but the potato patch is still a potato patch. ***The Poor Man's Village (30)*** is from the north side, in a field which can be seen from the hotel dining room but this too has disappeared.

The Village of La Llagonne (28) was painted from the top of the village, beside the church. This seems to be later than the other two. Again he has made a composite, moving in the rocks which in reality are out of picture to the left. At the time of writing, the small cart in the yard is still there but is now stashed away in

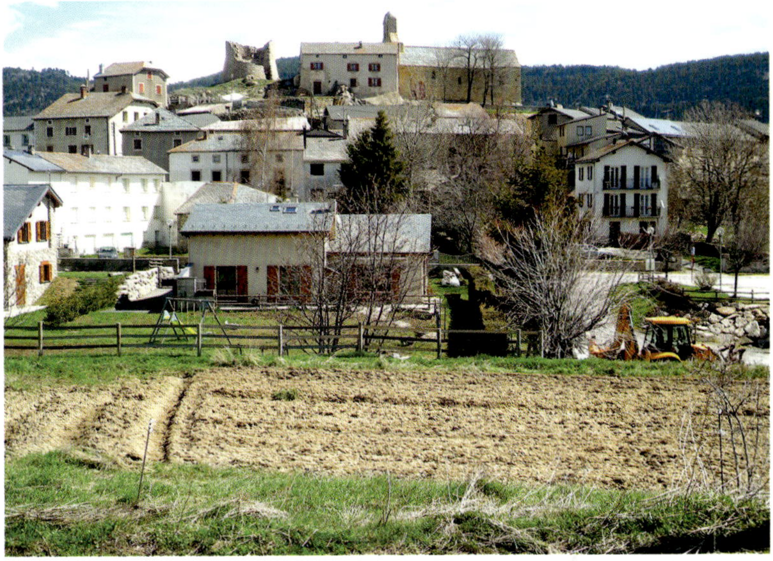

l'été 1926, comme l'une de ses meilleures œuvres. Comparée aux travaux précédents, la technique est plus fine et plus rigoureuse, le coup de crayon plus discipliné, avec des lavis précis de couleurs pures et dépouillées, et des contrastes aigus d'ombres et de lumières.

Pour ***The Boulder*** (23), il s'installa plus près. Il existe un petit sentier qui part de la route principale pour aboutir à un vieux moulin au pied du ravin et c'est de là, en contrebas de la route, qu'il peignit les maisons et le village occupant l'arrière-plan du tableau. Mais là encore, nous nous trouvons face à une œuvre composite. Vous pouvez également voir le 'rocher' que Mackintosh a peint au premier plan, mais à nouveau son positionnement dans le tableau est tronqué.

Son autre tableau de Fetges est ***Mountain Village*** (22). En

Opposite page / *En face*
The Church of La Llagonne
watercolour
Aquarelle

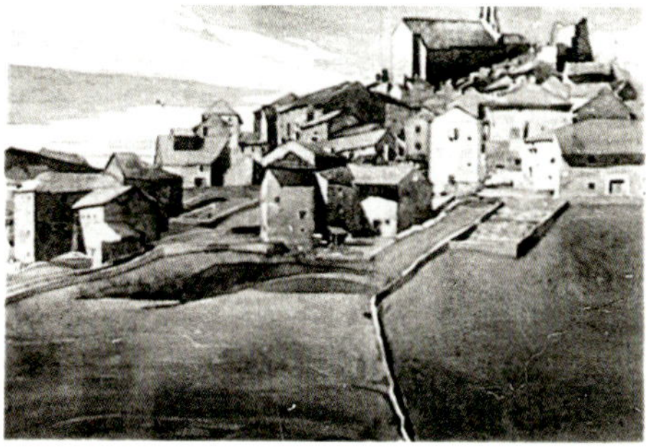

The Poor Man's Village
watercolour
aquarelle

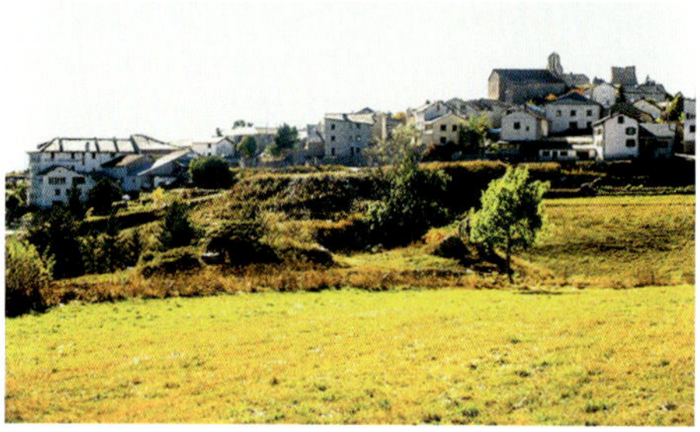

a corner. The roofs, the rocks and the shadows combine nature with man-made shapes in an architecturally designed landscape.

From Mont-Louis the Mackintoshes made a trip to the western end of the Pyrenees and over the border into the Spanish Basque country, probably in July/August. The notes which Margaret made in planning their itinerary survive, taken from a book entitled *Hill Towns of the Pyrenees*, published a few years earlier by a British writer. The train took them as far as Font-Romeu, then they zigzagged their way westwards along the Spanish frontier.

They ventured into the Spanish enclave of Llivia – Spanish apparently through an oversight in the negotiations for the Treaty of the Pyrenees. Or at least French history

descendant la route principale depuis Mont-Louis, juste après le pont, on arrive à un unique sentier qui monte sur la gauche et fournit l'accès principal aux habitations ; de toute évidence, Mackintosh s'installa sur le versant de la montagne au-dessus du second virage à droite. Ce tableau a été perdu et tout ce que nous avons est une photographie en noir et blanc de l'original.

Fetges et les paysages de montagnes étaient tous très proches de l'hôtel et facilement accessibles à pied, ce qui n'est pas le cas pour les trois tableaux de **La Llagonne**. Pour l'atteindre il fallait envisager un voyage en autocar, puis un séjour de quelques nuits à l'ancien relais de coche, devenu à présent l'hôtel Corrieu.

La vue intitulée ***The Church of La Llagonne*** (29), que l'on a à partir du côté sud du village près du cimetière, est aujourd'hui facilement reconnaissable. Il y a à présent une maison moderne au premier plan, mais le carré de pommes de terre est toujours un carré de pommes de terre. ***The Poor Man's Village*** (30) est visible à partir du côté nord, dans un champ que l'on distingue depuis la salle à manger de l'hôtel mais celui-ci a également disparu.

The Village of La Llagonne (28) fut réalisé en haut du village à côté de l'église, et semble plus récent que les deux autres. Une fois de plus, Mackintosh a utilisé une perspective composite, introduisant des rochers qui en réalité se trouvent hors de l'image, sur la gauche. Au moment où

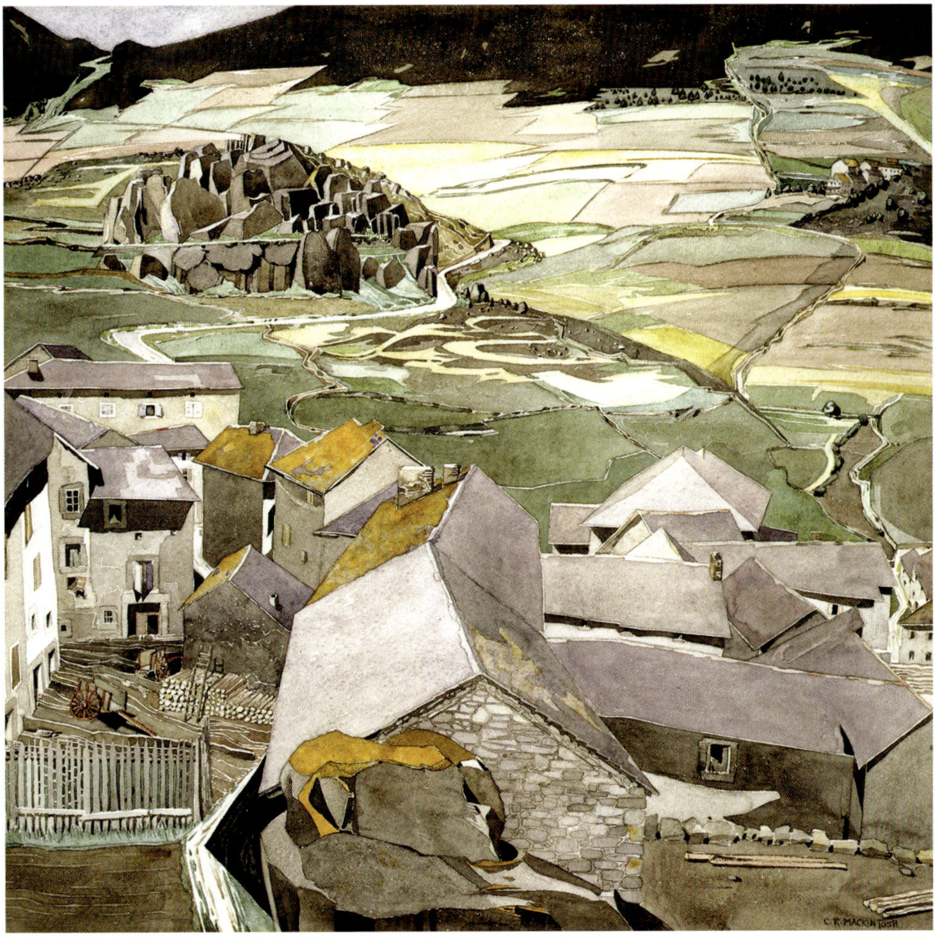

The Village of La Llagonne
watercolour
aquarelle

CRM's vantage point for
The Village of La Llagonne
Poste d'observation pour
The Village of La Llagonne

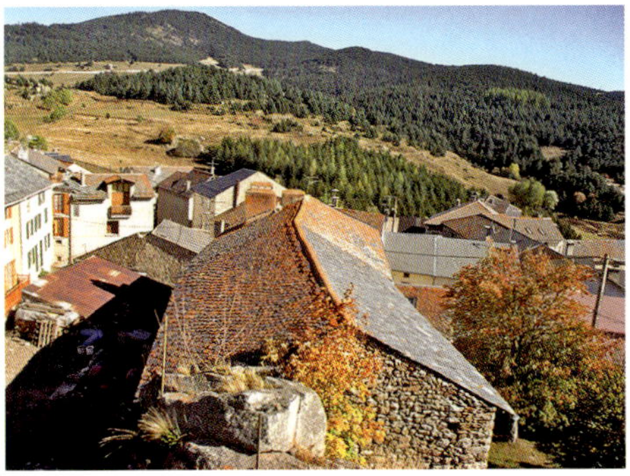

s'écrivent ces quelques lignes, la petite charrette est encore là, bien qu'elle soit reléguée dans un coin de la cour. Les toits, les rochers et les ombres mêlent formes naturelles et artificielles pour former un paysage composé de manière architecturale.

A partir de Mont-Louis, les Mackintosh voyagèrent vers l'extrême ouest des Pyrénées, probablement en juillet-août, traversant la frontière pour se rendre dans le Pays Basque espagnol. Nous avons encore les notes

The rocks which CRM moved into picture from the left

The farm cart in the painting is still in the yard

Les rochers que CRM a déplacés de la gauche

La charrette du tableau existe encore dans la cour

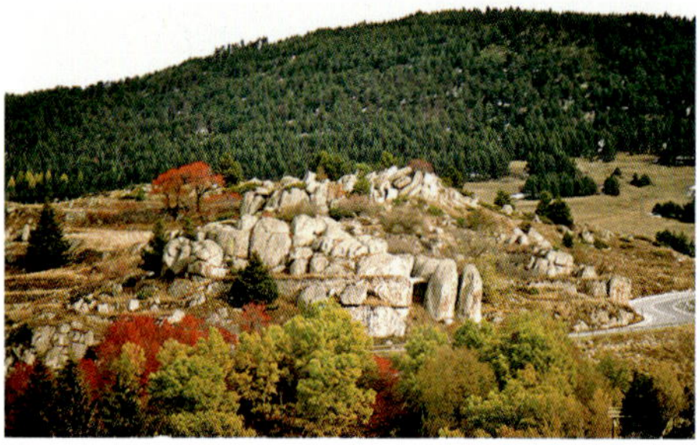

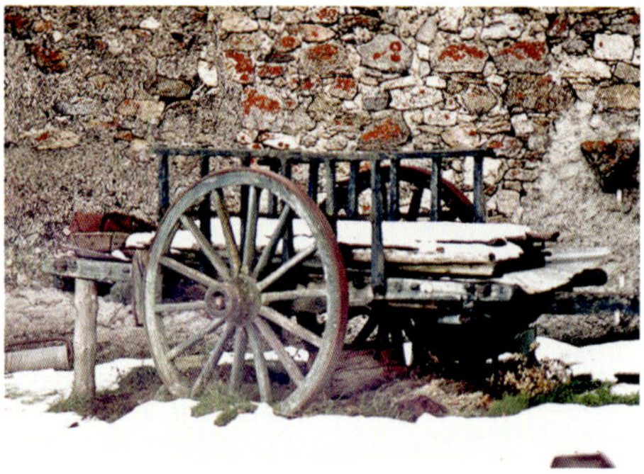

books call it an 'oversight'. The Spanish histories claim it was deliberate. The Treaty ceded all the villages of this region to France but subsequently the Spanish pointed out that Llivia, which up to then had been the regional capital, was not a 'village' but a 'town' and indeed had been a 'town' since Roman times. So as a 'town' and not a 'village' it remained part of Spain, even though it was surrounded on all sides by France.

The 15th century church has a curious nail-reinforced door and a carved stone floor. Mackintosh was particularly struck by the beautiful gilded altarpiece with its delicately carved and painted scenes from the nativity, while Margaret writes of '*silken banners*' and '*Madonnas*.'

They then travelled down to Foix,

de Margaret planifiant leur itinéraire, tirées d'un ouvrage intitulé *Hill Towns of the Pyrenees* qui fut publié il y a quelques années par un écrivain anglais. Le train les emmena jusqu'à Font-Romeu, puis ils poursuivirent vers l'ouest, suivant une route en zigzags le long de la frontière espagnole.

Ils s'aventurèrent dans l'enclave espagnole de Llivia, qui doit selon toute apparence sa nationalité à une omission dans les négociations du Traité des Pyrénées (1659) – c'est du moins ce que racontent les livres d'histoire français ; les historiens espagnols, quant à eux, déclarent que cela n'avait rien d'une erreur. Le traité cédait tous les villages de cette région à la France, mais par la suite les Espagnols signalèrent que Llivia, jusqu'alors la capitale de cette région, n'était pas un village mais une ville et qu'il en était ainsi depuis l'époque romaine. En tant que 'ville' et non 'village', elle demeura donc partie intégrante de l'Espagne, bien qu'elle fut enclavée par la France.

L'église du XVème siècle présente une curieuse porte cloutée et un sol de pierres de taille. Mackintosh fut particulièrement frappé par la beauté de l'autel doré à l'or fin, arborant les scènes de la nativité délicatement ciselées et peintes, tandis que Margaret mentionne les '*bannières de soie*' et les '*madones*'.

Ils se rendirent ensuite à Foix en passant par Tarascon, avec ses anciennes fortifications, son château médiéval et ses maisons pittoresques. De là ils poursuivirent jusqu'au

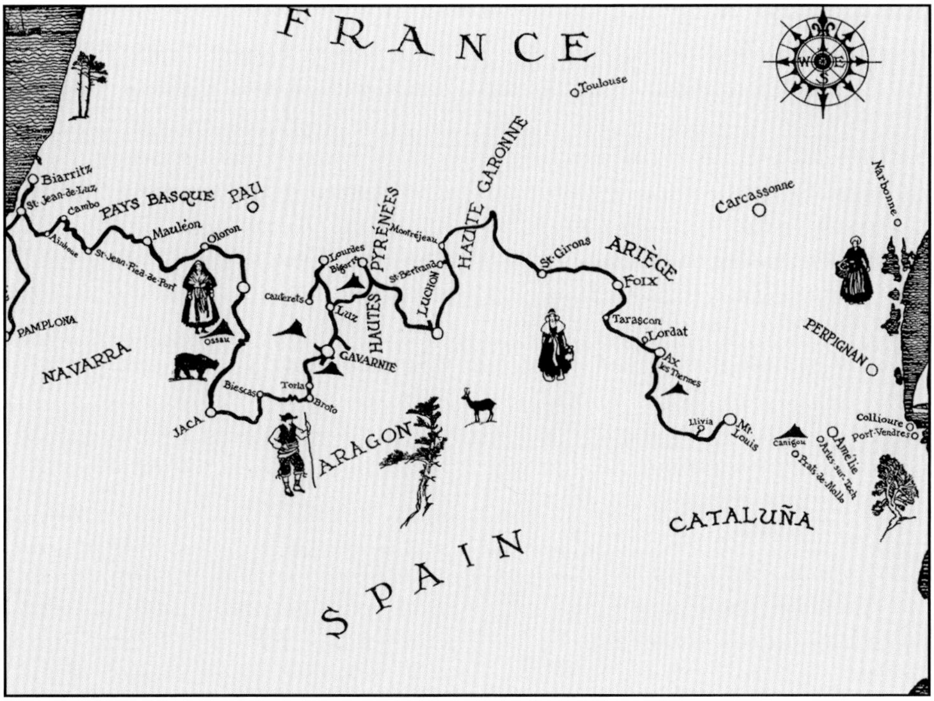

Journey to the Basque country from their guidebook

Voyage au pays Basque d'après leur guide touristique

passing through Tarascon, with its ancient walls, mediaeval chateau and quaint houses. From here they continued on to the Cirque de Gavarnie, one of Europe's most stupendous natural wonders, sculptured by glaciation into an almost perfect semicircle with a huge waterfall cascading vertically down the full 1,400 metre drop. Trapped with his army in this enclave, Roland, the son of Charlemagne, fought his last battle against the Moors and it is said his sword lies buried somewhere in the ice. They stayed at the Hotel des Voyageurs, which has been run by the same family since 1740, and probably rented mules to travel the eight kilometres uphill to visit the glacier. It takes about another hour

cirque de Gavarnie, l'un des sites naturels les plus remarquables d'Europe, sculpté par la glaciation en un demi-cercle quasi parfait d'où s'écoule une immense cascade tombant à la verticale depuis 1400m d'altitude. Ils s'arrêtèrent à l'hôtel des Voyageurs, un établissement tenu par la même famille depuis 1740, et louèrent probablement des mules afin de parcourir les 8 kilomètres les séparant du glacier. Il faut presque une heure à pied pour atteindre les limites du cirque – une belle région de forêts et de torrents. C'était l'une des routes secondaires du pèlerinage de Compostelle, dont les pèlerins faisaient l'ascension pour franchir le col et aboutir en Espagne.

De là ils rebroussèrent chemin et

on foot to enter the confines of the cirque – a beautiful area of streams and forest. This was one of the minor pilgrim routes to Compostella, where pilgrims climbed up to the pass and crossed into Spain.

From here they retraced their steps to cross the border into Aragon and stay at Torla. Then back to France to reach Mauléon, famous for its *espadrilles*. Here they stayed in the Hotel Bidegain in the rue de Navarre. Margaret writes that the courtyard was a scene from *Chantecler*. She tells of the old rose coloured water jugs glistening in the sunlight and of the dining room with an open kitchen at one end from where they looked out on to the Château d'Andurain de Maytie.

They then took the bus to Saint-Jean-Pied-de-Port, '*a charming watering place for a quiet life,*' on the way passing through Cambo-les-bains '*where Rostand had his villa and Sarah Bernhardt never occupied hers.*'

They bought second class train tickets to St Sebastian. It was a '*horrible*' journey with a '*horrid*' *customs post at the border, but looking out of the window they noted that Fuenterrabia and the land-locked harbour of Pasajes 'looked interesting.*'

San Sebastian '*the summer capital of Spain with 50,000 inhabitants was very modern except for the old harbour of fishing boats for San Sebastian was destroyed by the British during the Peninsula War.*'

Finally they took the bus to

Patrick Geddes

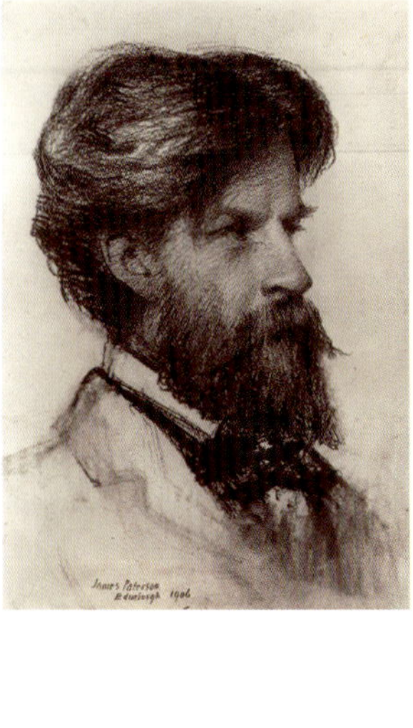

passèrent en Aragon pour séjourner à Torla. De nouveau en France, ils se rendirent à Mauléon, célèbre pour ses espadrilles. Là, ils séjournèrent à l'hôtel Bidegain, rue de Navarre.

La cour de l'hôtel rappelait à Margaret le décor de Chantecler, la pièce de théâtre d'Edmond Rostand. Elle évoque dans ses écrits les carafes de couleur vieux rose scintillant au soleil, ainsi que la salle à manger, dont l'une des extrémités était occupée par une cuisine ouverte d'où ils pouvaient voir le château d'Andurain de Maytie.

Ils prirent ensuite le bus pour Saint-Jean-Pied-de-Port, '*une charmante ville d'eaux où la vie est paisible*', croisant sur leur chemin une autre ville thermale, Cambo-les-Bains, '*où se trouve la villa d'Edmond Rostand, et où Sarah Bernhardt n'occupa jamais la sienne*'.

Ils prirent le train en seconde classe pour San Sébastian. Ce fut un voyage '*épouvantable*' avec un '*horrible*' poste de douane à la frontière, mais en regardant par la fenêtre ils remarquèrent que Fuenterrabia et le port enclavé de Pasajes '*semblaient intéressants*'.

San Sébastian, '*la capitale d'été de l'Espagne avec ses 50 000 habitants, était très moderne, à l'exception du vieux port de pêche car [la ville] fut détruite par les britanniques durant la guerre d'Espagne*'

Pour finir, ils prirent le bus pour se rendre à Pampelune '*en passant par le cœur du Pays Basque espagnol et la pittoresque ville perchée de Sarasa*'.

Pamplona '*through the heart of the Spanish Basque country, passing the picturesque perched town of Sarasa.*' This was the setting of Ernest Hemingway's first novel *Fiesta: The Sun Also Rises* and perhaps they were here at the same time. Its success brought the city to world attention.

Margaret notes that in July Pamplona was the '*scene of a hilarious festival known as The Parade of the Giants* ' They visited the Cathedral, with its fine Gothic nave, and were particularly struck by the beautiful carved tombs of Charles IV of Navarre and his queen.

Finally they seem to have ended their trip in Biarritz: '*resort of English in winter, French and Spaniards in August / September.*'

Returning by train, they would have travelled via Toulouse to Montpellier, and it was probably then that they stayed a few weeks with Professor Patrick Geddes. Patrick Geddes, the Scottish scientist, sociologist, town planner and philosopher, founded the Scots College at Montpellier University in the year that the Mackintoshes arrived in Collioure. They had been close friends in London. Geddes admired Mackintosh as an architect, and during the war had commissioned some architectural designs. But they were never realised.

There were also journeys further afield. In 1926 they visited Italy, where they stayed in Porto Fino on the Gulf of Genoa and visited Florence. Mackintosh had first toured

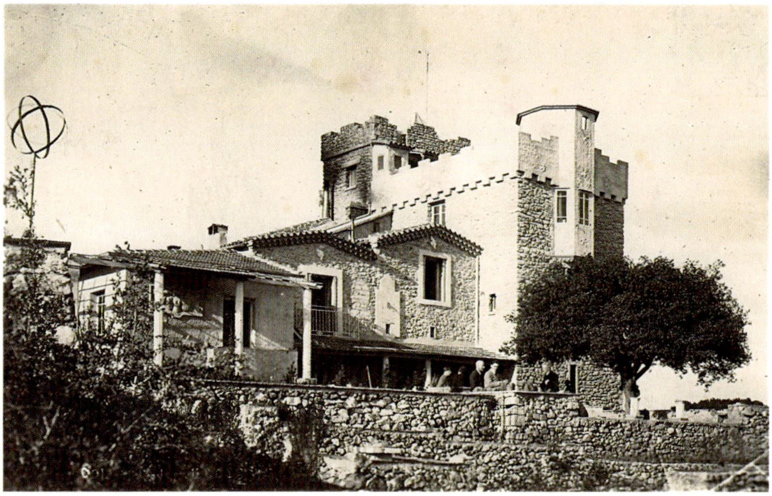

Scots College, Montpellier
Collège des Ecossais, Montpellier

Celle-ci constitue le cadre du premier roman d'Ernest Hemingway, *Le Soleil se Lève aussi*, dont le succès attira sur la ville l'attention du monde entier. Peut-être l'écrivain et les Mackintosh s'y trouvèrent-ils au même moment?

Margaret écrit dans ses notes qu'en juillet Pampelune devenait '*le théâtre d'un festival hilarant, appelé 'La parade des Géants'.*' Ils visitèrent la cathédrale et sa jolie nef gothique, et furent particulièrement frappés par les belles tombes sculptées de Charles IV de Navarre et de sa reine.

Il semble qu'ils aient achevé leur voyage à Biarritz, '*lieu de séjour des Britanniques en hiver, des Français et des Espagnols en août-septembre*'.

De retour en train, ils voyagèrent probablement via Toulouse en direction de Montpellier, et c'est sans doute à cette occasion qu'ils demeurèrent plusieurs semaines en compagnie du professeur Patrick Geddes. Ce scientifique, sociologue, urbaniste et philosophe écossais fonda le Collège

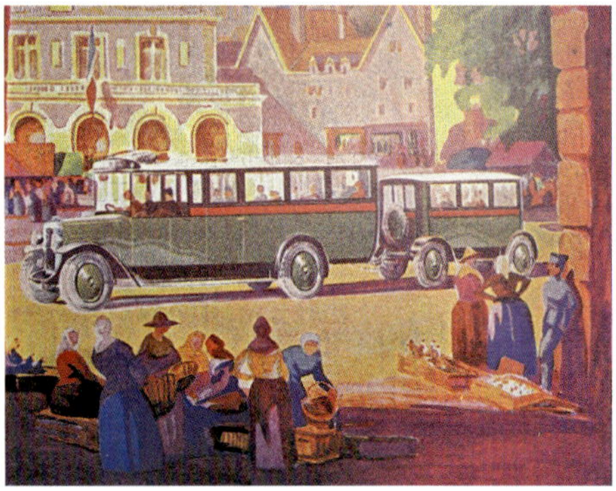

Italy thirty five years earlier as a student on a Travelling Studentship, making architectural sketches and drawings. But his taste was always for the vernacular and the Gothic rather than the great set-pieces of the Renaissance and he commented that: *'I found Florence just as artificial in a stupid way as I did. . . when I went as a small lad.'*

Ecossais à l'Université de Montpellier l'année où les Mackintosh arrivèrent à Collioure. Ils étaient déjà des amis intimes à Londres. Geddes admirait l'architecte Mackintosh, et pendant la guerre il lui avait commandé plusieurs projets, qui malheureusement ne furent jamais réalisés.

Ils firent également quelques voyages dans des régions plus éloignées : en 1926, ils visitèrent l'Italie et séjournèrent à Porto-Fino dans le golfe de Gênes, ainsi qu'à Florence. Trente cinq ans plus tôt, Mackintosh avait effectué un premier voyage en Italie en tant qu'étudiant boursier, pour réaliser des dessins et des croquis de l'architecture italienne. Mais il était toujours plus attiré par le vernaculaire et le gothique que par les chefs-d'œuvre de la Renaissance, et il fit l'observation suivante : *'J'ai trouvé Florence tout aussi bêtement artificielle que lorsque j'y suis allé quand j'étais gosse'*.

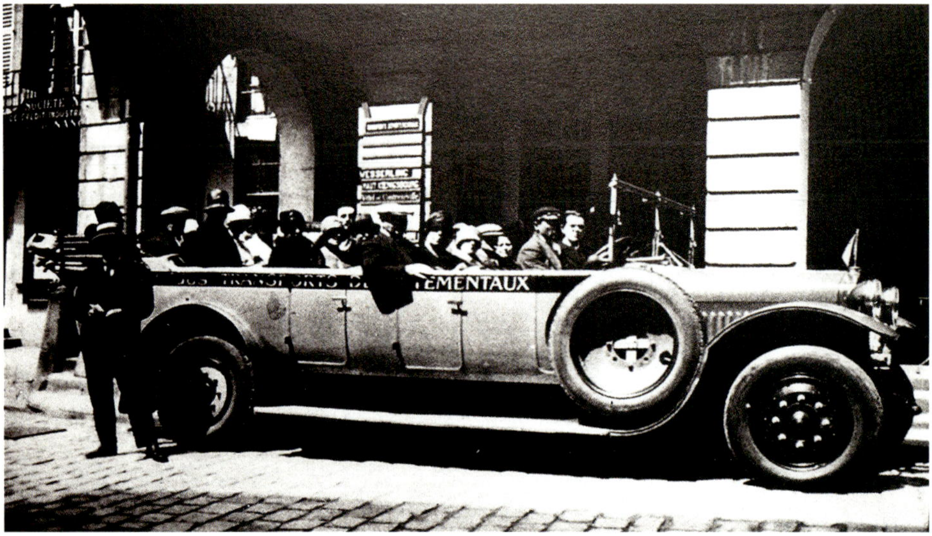

Port-Vendres 1925–27

For the winter of 1925, the Mackintoshes settled on the coast in Port-Vendres. It had separated from Collioure a hundred years earlier and become an independent municipality. In 1925 the population was around 3,500 – about half of what it is today – with about a third of the number of houses. It was a busy place with a lot of people passing through. The Mackintoshes had certainly visited it when they were staying in Collioure the previous summer, and perhaps in London, as they boarded the train for their return to France, they noticed a poster for the Paris-Orleans and Midi Railways advertising 'Algeria via Port-Vendres' by the shortest sea-route.

Port-Vendres 1925–27

Durant l'hiver 1925, les Mackintosh s'installèrent à Port-Vendres, sur la côte. Cette ville s'était séparée de Collioure une centaine d'années plus tôt et était devenue une municipalité indépendante. En 1925, la population avoisinait les 3500 habitants – à peu près la moitié de celle d'aujourd'hui– pour seulement un tiers des maisons actuelles. C'était une ville active et un important lieu de passage. Les Mackintosh l'avaient sans doute visitée durant leur séjour à Collioure l'été précédent, et peut-être ont-ils remarqué à Londres, au moment de prendre le train pour retourner en France, une affiche du Paris-Orléans et des Chemins de Fer du Midi annonçant : *l'Algérie via Port-Vendres*

Port-Vendres

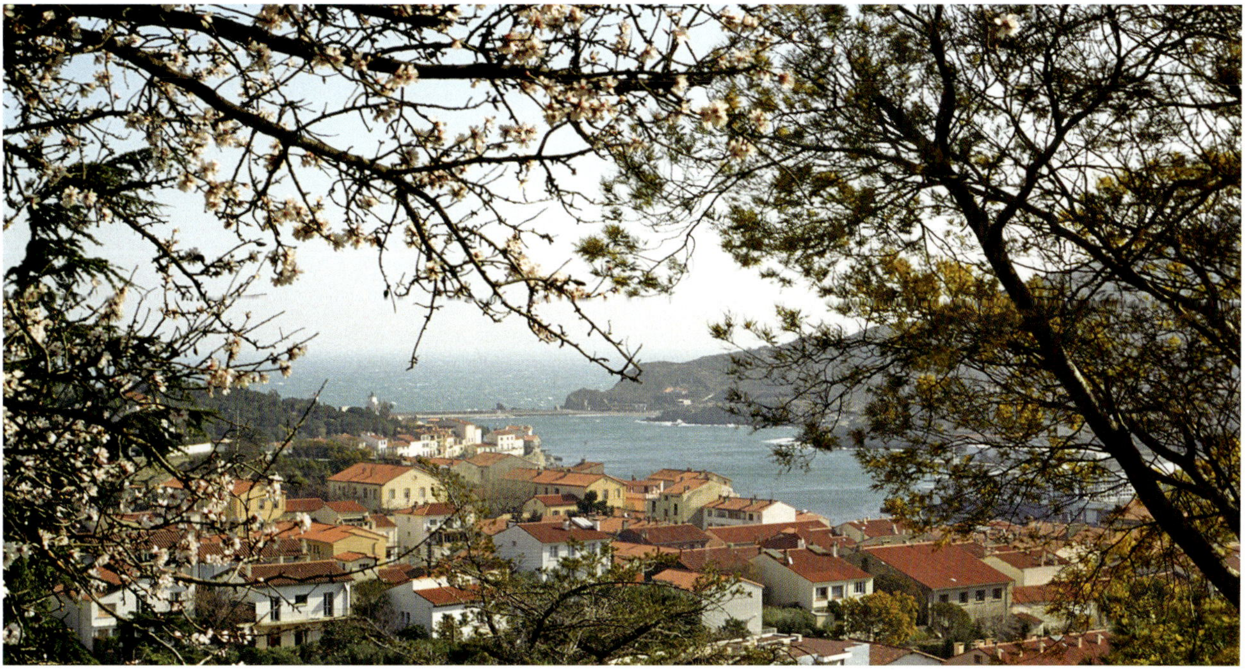

Steamer poster displayed at Victoria Station

Affiche du paquebot à Londres

The ferry service operating to French North Africa was the shortest crossing and avoided the turbulent passage across the Golfe du Lion which the other services from Marseilles and Sète had to negotiate. The ships were advertised as the fastest and best appointed in the Mediterranean and carried about 100,000 people every year. Three ships sailed twice a week to Alger and to Oran and the crossing took 22 hours to the former and 30 hours to the latter – a third less than from the other French ports.

The boat train deposited them on the Quai Joly, alongside the passenger terminal (completely demolished by the Germans during the war and now the Parking du Port). A short distance away on the north side, on the Quai Forgas, the Hotel du Commerce was their hotel. For the rest of their two and a half years, this was the Mackintoshes' base. For bed, breakfast, lunch and dinner – including wine and their two rooms – it cost them eight shillings a day.

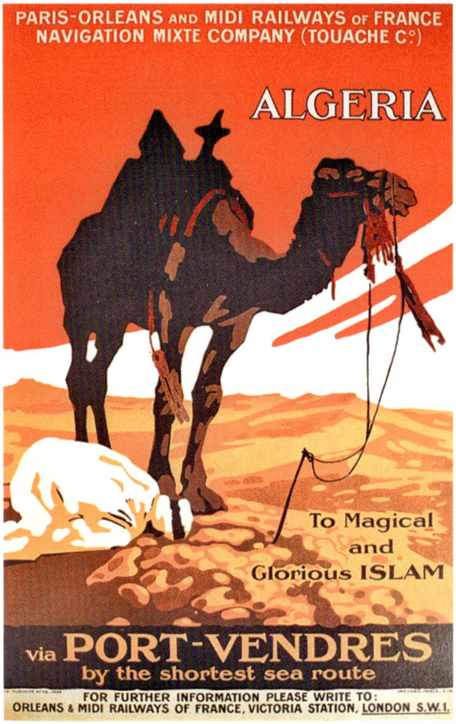

– La route maritime la plus courte'.

La Compagnie de Navigation Mixte offrait la traversée la plus courte vers l'Afrique du Nord française et évitait le passage délicat du Golfe du Lion que les lignes de Marseille et de Sète devaient négocier. Les bateaux étaient présentés comme étant les plus rapides et les mieux adaptés à la navigation en Mer Méditerranée, et transportaient environ 100 000 passagers par an. Trois bateaux partaient deux fois par semaine pour Alger et Oran, la traversée vers chacune des villes durant respectivement 22 heures et 30 heures – un tiers de moins qu'à partir des autres ports français.

Port-Vendres:
the Hotel du Commerce is in line with the bows of the steamer

l'Hôtel du Commerce à côté de la proue d'un bateau

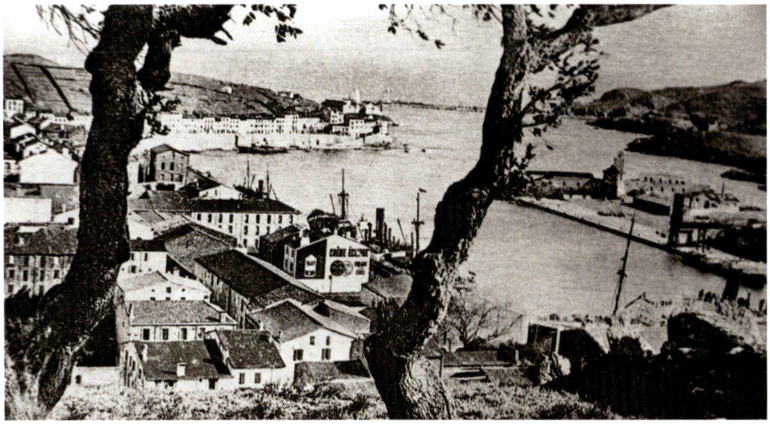

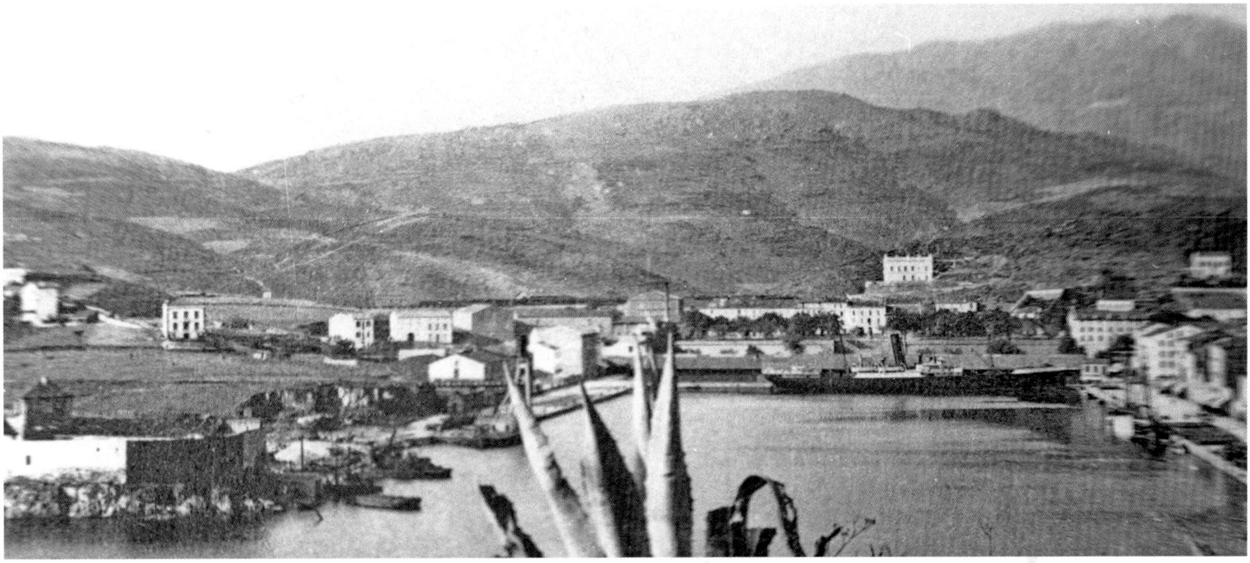

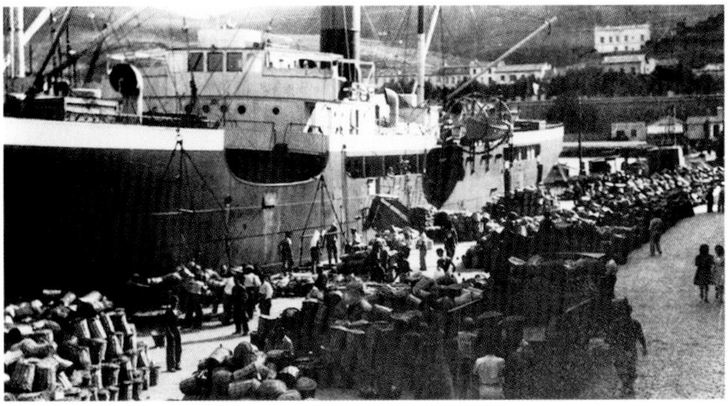

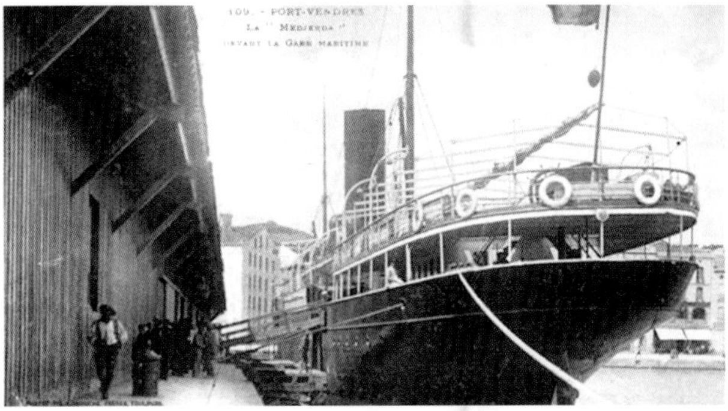

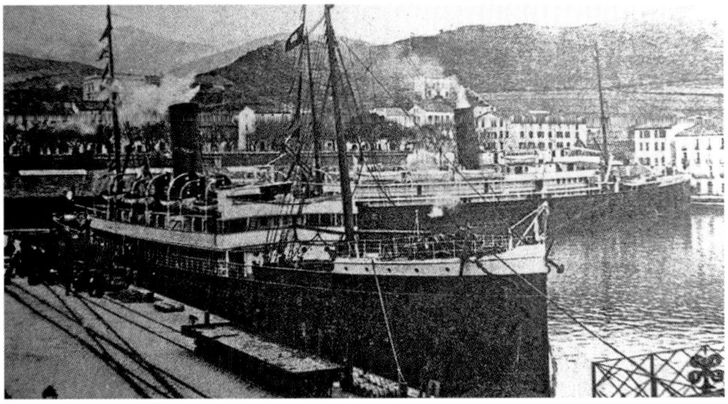

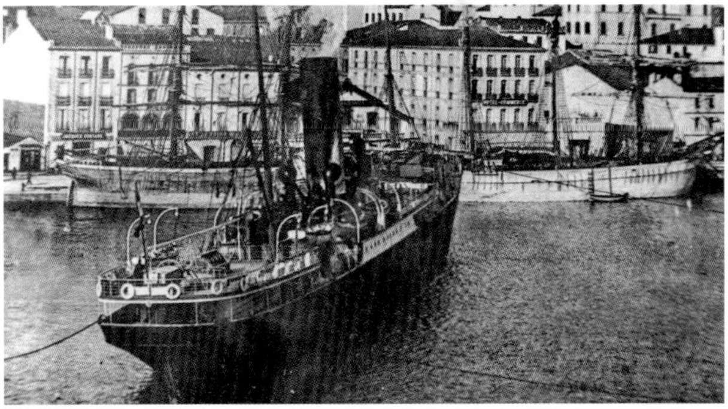

Top: With steamer alongside the passenger terminal
Centre left: Quai Joly – prior to departure
Centre right: Steamer alongisde the passenger terminal
Bottom left: Two steamers at the quay
Bottom right: Casting off

Au dessus : Avec paquebot au terminal des passagers
Au centre à gauche : au moment du départ
Au centre à droite : Paquebot le long du terminal des passagers
Au dessous à gauche : Deux paquebots le long des quais
Au dessous à droite : Départ du paquebot

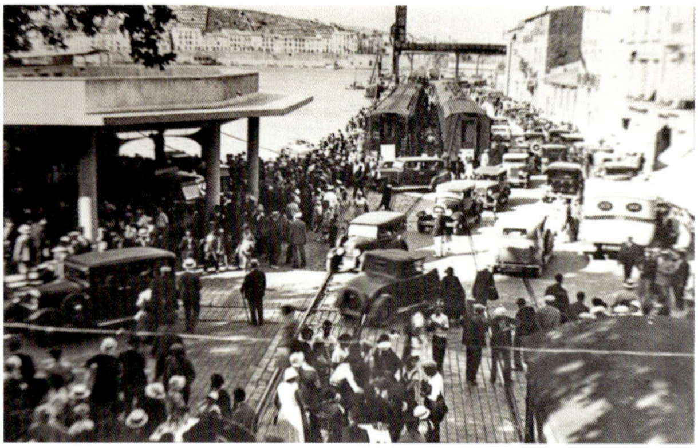

Port-Vendres:
the end of the terminal building on the left with trains and cars on the Quai des Douanes

Port-Vendres:
wagons et voitures sur le Quai des Douanes avec un bout du terminal des passagers à gauche

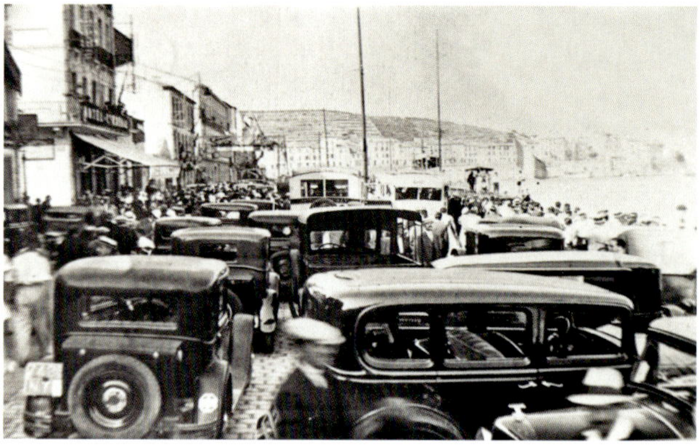

Ferry traffic outside the hotel
Bouchon en face de l'hôtel

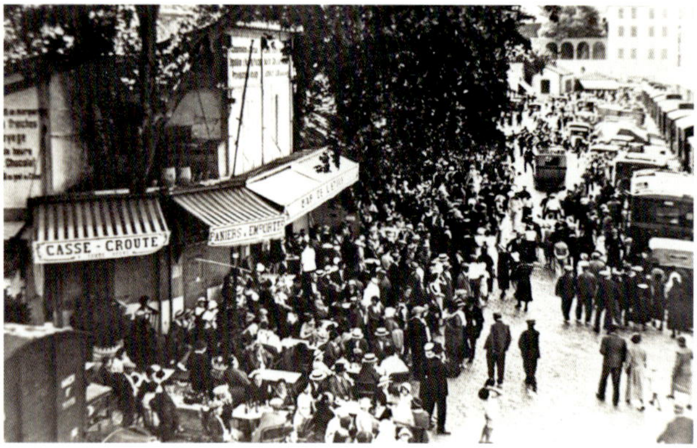

Arrival time on quai Joly

Quai Joly à l'heure d'arrivée des bateaux

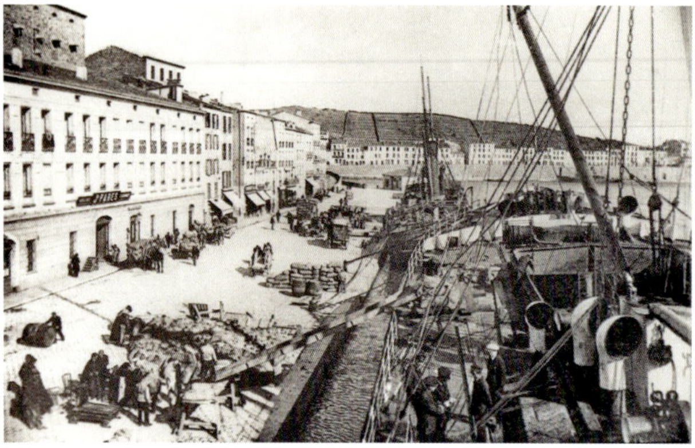

Quai Forgas from on deck

Quai Forgas vu du pont

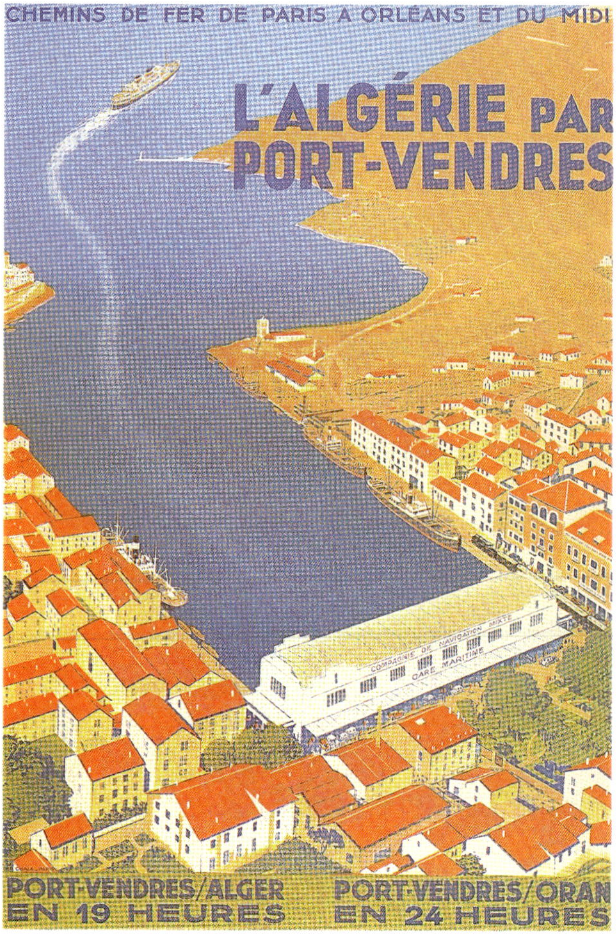

Steamship poster

Affiche du paquebot

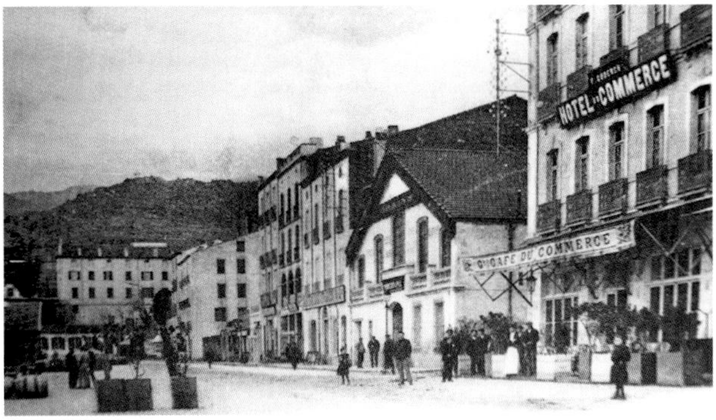

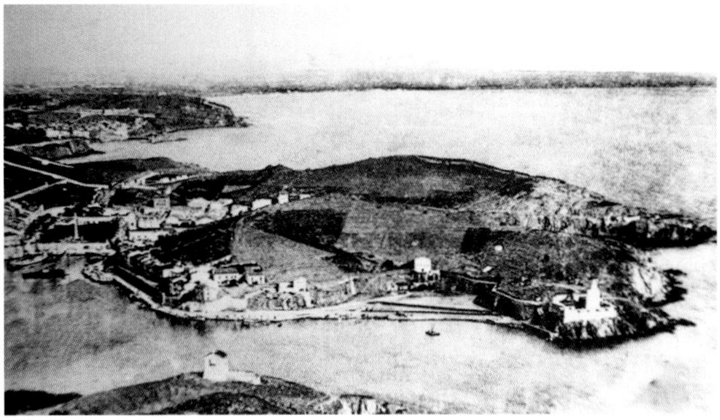

Top left: Quai Forgas with the hotel on the right

Top right: Aerial view of Port-Vendres with Collioure beyond

En haut à gauche : Quai Forgas avec l'hôtel sur la droite

En haut à droite : Vue aérienne de Port-Vendres avec Collioure au fond

In her weakened state Margaret needed the service of a hotel, rather than renting rooms as they had in Collioure.

Collioure was only about a 30 minute walk along the old Route Impériale (the present road was built just after the Mackintoshes left) so they were within easy reach of company when they felt like it. While they found Ihlee and Hereford entertaining and enjoyed their friendship, they may have felt that close proximity was too demanding. Toshie needed tranquillity while Ihlee (or Ely as Mackintosh called him) and Hereford undoubtedly liked to live it up:

'Ely had gone to Perpignan with some of his Collioure friends and after a carouse was coming back about four o'clock in the morning when he ran into the back of a great cart laden with strawberries. Well he broke his mudguard and scraped the paint off one side of his car and was with his friends buried in strawberries that were knocked off the cart. He had to compensate the driver for the loss and now he has had to take the car to be repaired and to get all the

Le train-paquebot les déposa au Quai Joly, près du terminal des passagers, qui fut totalement détruit par les Allemands pendant la guerre et remplacé par le parking du port. Non loin de là, côté nord, sur le quai Forgas, se trouvait l'Hôtel du Commerce qui durant les trois années et demie de leur séjour devint « le point de chute » des Mackintosh. La nuit, le petit déjeuner, le déjeuner et le dîner, vin compris, leur coûtaient pour deux chambres huit shillings par jour ; l'état de faiblesse de Margaret rendait nécessaires les services d'un hôtel, et c'est pourquoi ils ne logèrent pas en chambre d'hôte comme à Collioure.

Collioure n'était qu'à trente minutes de marche de Port-Vendres en longeant l'ancienne Route Impériale (laquelle fut construite juste après le départ des Mackintosh), ils restaient donc à portée de leurs amis quand il leur prenait l'envie de voir du monde. S'ils recevaient avec plaisir Ilhee et Hereford et appréciaient leur compagnie, il est néanmoins possible qu'ils aient trouvé cette proximité immédiate trop contraignante. Toshie

L'Hôtel du Commerce

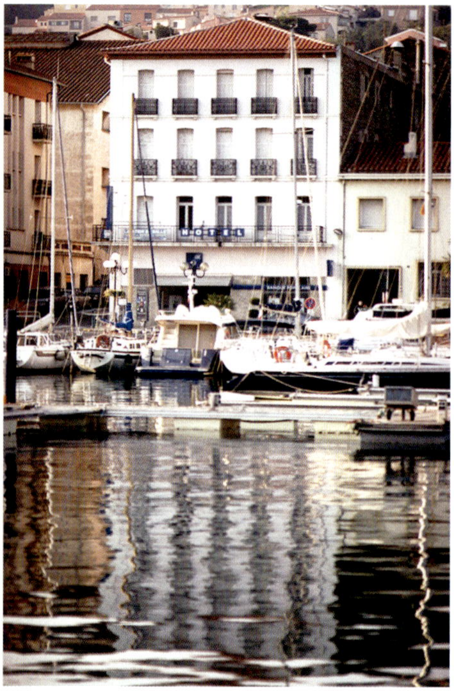

crushed strawberries picked out of every corner of the car. The steering gear and all the machinery was grinding the strawberries into pulp all the way back to Collioure...'

Ihlee and Hereford often motored over and from time to time the Mackintoshes walked over to Collioure to join them for a drink and a meal, to listen to music on Hereford's gramophone, and to collect some old English language newspapers or borrow a book.

Their landlady, whom they referred to as 'Madame,' also cooked their meals and they generally ate with her, but she had her standards and there were times when the Englishmen's excesses with women and drink led to their temporary expulsion. Sometimes Mackintosh was called upon to pour oil on troubled waters and effect a reconciliation.

The Hotel du Commerce was run as a family hotel by Monsieur Dejean and his wife. In the family there were

View from Port-Vendres of Collioure at sunset

Collioure vue de Port-Vendres au coucher du soleil

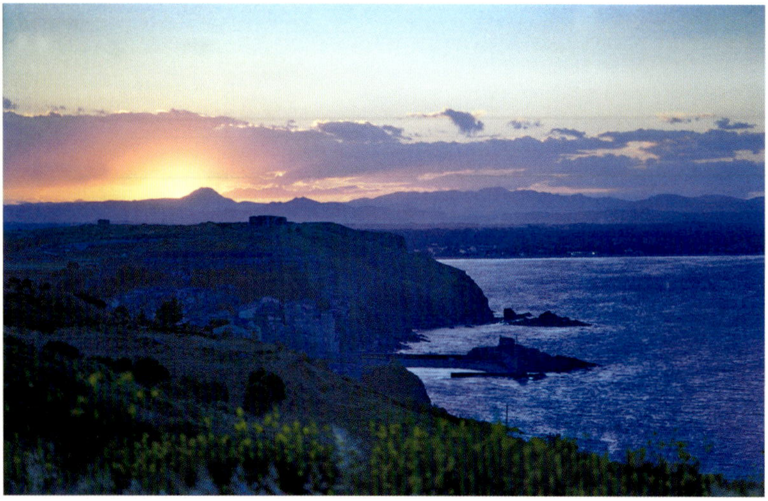

avait besoin de tranquillité alors qu'Ilhee (ou Ely, ainsi que le nommait Mackintosh) et Hereford aimaient indubitablement faire la fête :

'Ely était allé à Perpignan avec quelques amis de Collioure et sur le chemin du retour après une beuverie prolongée jusqu'à quatre heures du matin, il emboutit l'arrière d'une grande charrette chargée de fraises. Il brisa son pare-chocs et érafla la peinture sur tout un côté de l'auto ; lui et ses amis furent ensevelis sous les fraises déversées par la charrette. Il a été obligé de dédommager le conducteur pour les dégâts et à présent il a dû emmener la voiture au garage pour la faire réparer et faire enlever toutes les fraises écrasées aux quatre coins du véhicule. La boîte de

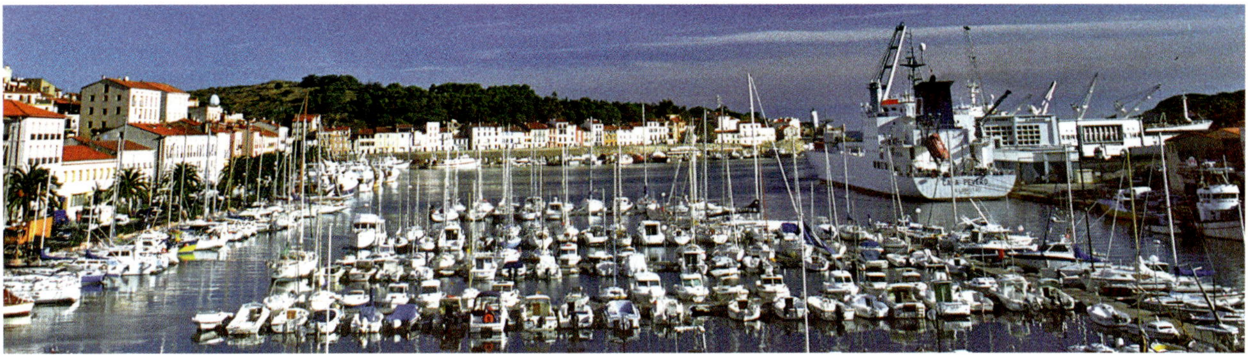

also Granny and Monsieur Dejean's son-in-law and daughter, Monsieur and Madame Marty. Kim, the waiter, tried to learn the English names for the food he served in the dining room. The housekeeper, Rosina, helped by a maid, looked after the guests' needs upstairs and in the kitchen, the cook produced excellent meals twice a day – except when there was one of the periodic rows, which could be heard all over the dining room and usually ended in gastronomic disaster, with Monsieur Dejean in such a filthy temper that no one dared complain. In a very short time the Mackintoshes were accepted as part of the establishment and

direction et l'ensemble de la mécanique avaient réduit les fraises en bouillie durant tout le trajet jusqu'à Collioure...'.

Ilhee et Hereford passaient régulièrement en voiture, et de temps en temps les Mackintosh marchaient à leur rencontre pour se joindre à eux autour d'un verre ou d'un repas, pour écouter de la musique sur le gramophone de Hereford ou même pour récupérer quelques vieux journaux anglais ou leur emprunter un livre.

Leur logeuse, qu'ils désignaient sous le nom de 'Madame', préparait également leurs repas, et la plupart du temps ils mangeaient en sa

Port-Vendres:
the port from the site of the old passenger terminal
le port vu depuis l'ancien terminal des passagers

Port-Vendres:
the port and the rue du Soleil from the south
le port et la rue du Soleil vus du sud

treated with that combination of respect and familiarity which French hoteliers reserve for their regular clients.

There was a steady flow of guests. Weekdays tended to be quiet but weekends were usually busy. This provided an ongoing soap opera as the new arrivals were observed, assessed and occasionally befriended. Quite a number of English-speakers passed through and there were regular commercial travellers like the Cork Man from Spain and the Cinema Man who came to present a film show.

Of course there were the occasional scandals – the middle-aged Frenchman with a young 'Dutch doll' who stayed over a three to four month period and ran up credit which he was unable to pay. And in

compagnie ; mais elle avait ses principes, et il y eut des fois où les excès des deux anglais avec les femmes et la boisson la conduisirent à les expulser temporairement. Ils en appelaient parfois à Mackintosh afin d'aplanir le terrain et procéder aux réconciliations.

L'hôtel du Commerce était régi en pension de famille par monsieur Dejean et sa femme. Y travaillaient également la grand-mère, la fille de Monsieur Dejean ainsi que son beau-fils, Madame et Monsieur Marty. Kim, le serveur, essayait d'apprendre les noms anglais des plats qu'il servait dans la salle de restaurant. Rosine, la gouvernante, aidée par une femme de chambre, s'occupait des étages et pourvoyait aux besoins des occupants, et en cuisine, le chef confectionnait d'excellents plats deux

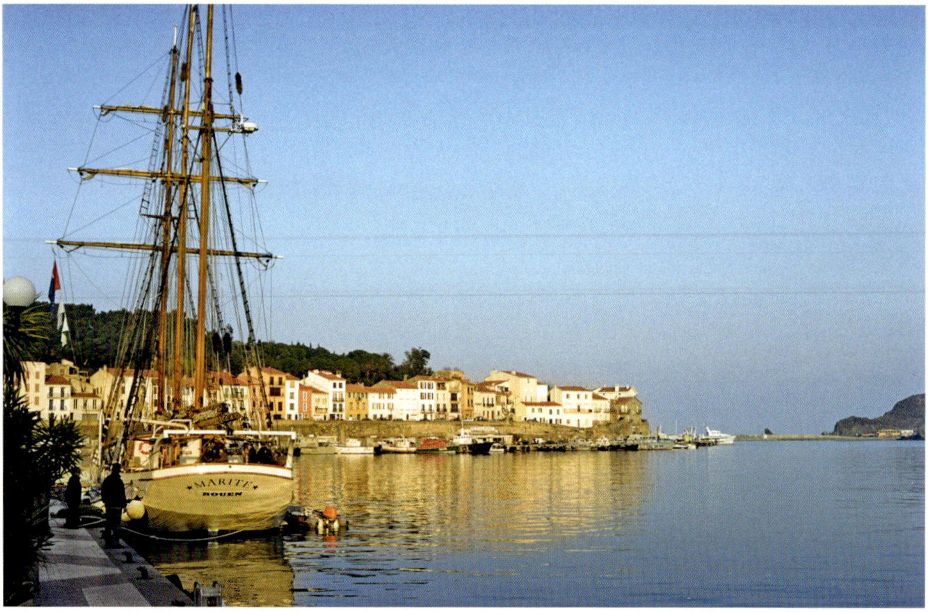

Port-Vendres:
la rue du Soleil

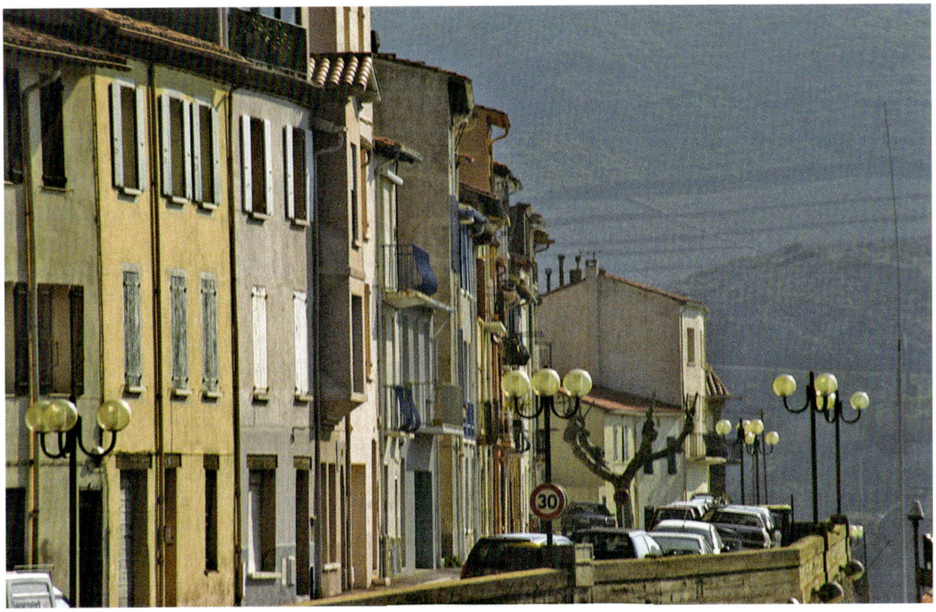

Port-Vendres:
la rue du Soleil

Port-Vendres folklore there is a story that one night Mackintosh was wakened by a woman screaming in a room next door. When he went to investigate, he found she was giving birth to an illegitimate baby.

fois par jour – excepté lors de disputes périodiques qui retentissaient jusque dans la salle et se terminaient immanquablement en désastres gastronomiques, plongeant monsieur Dejean dans une humeur si

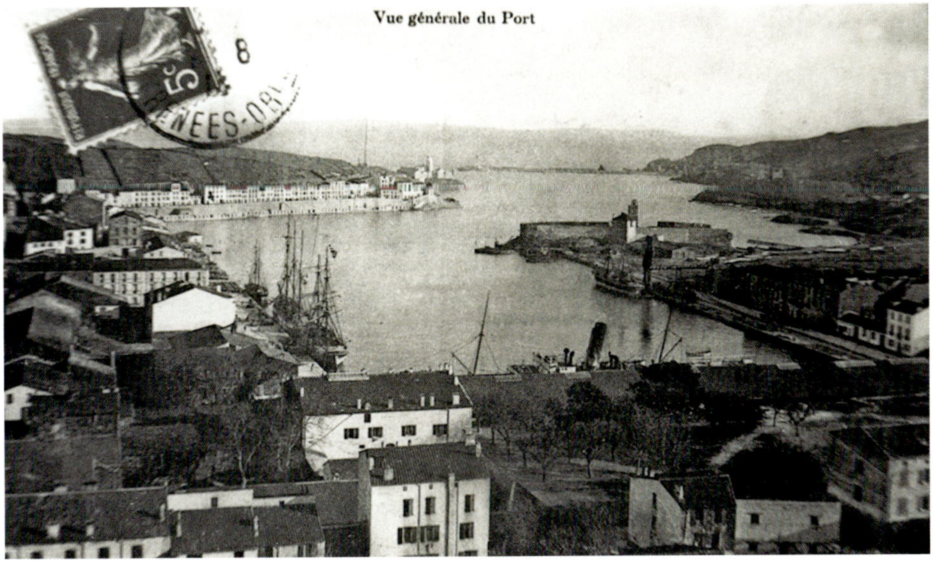

Port-Vendres:
sailing ships moored in front of the hotel
voiliers amarrés en face de l'hôtel

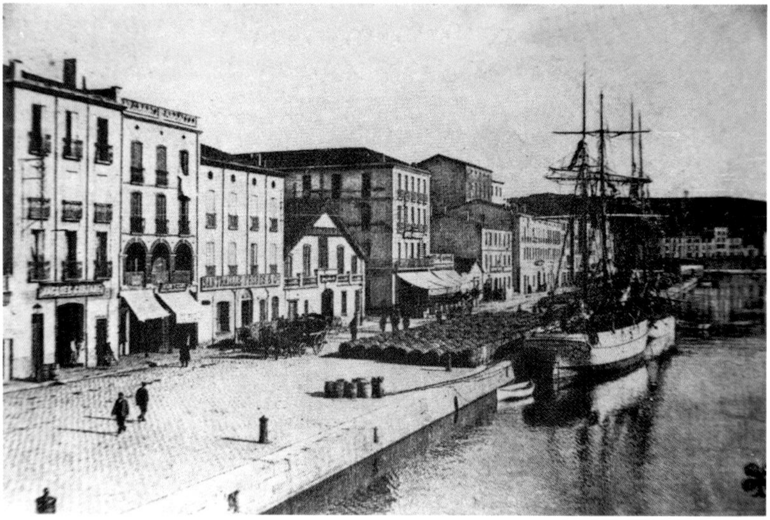

Port-Vendres:
a three master moored outside hotel

un trois-mâts amarré devant l'hôtel

Life here was by no means dull, but Mackintosh had a fairly low opinion of much of the clientele.

'At the weekends here now, there may be 20 people in their bedrooms and only two or three come down to dinner. The others are munching bread and tinned stuff in their bedrooms and the muck that Rosa and the maid have to clear out on Sunday and Monday morning is indescribable. I know that the meals at 15 francs are dear but... in the days of common sense people did not travel unless they could afford to travel... and pay the normal expenses incident to travelling – but evidently not the French man or woman of today.

'A lousy French youth here who heard me helping Kim with his English asked Kim if he would ask me if I would allow him to sit and eat with me and teach him also the name in English of all things. I was

massacrante que nul n'osait se plaindre. En très peu de temps, les Mackintosh furent considérés comme faisant partie de l'établissement et traités avec ce mélange de familiarité et de respect que les hôteliers français réservent à leurs habitués.

Les clients arrivaient en un flots réguliers. En semaine les journées étaient plutôt calmes, mais les week-ends étaient habituellement chargés. Les nouveaux arrivants fournissaient aux habitués un feuilleton continuel tandis qu'ils étaient observés, jugés et parfois pris en amitié. Un bon nombre d'anglophones étaient de passage, et des représentants de commerce s'arrêtaient régulièrement, tels le marchand de bouchons de liège d'Espagne ou le projectionniste ambulant qui venait présenter un spectacle cinématographique.

Bien sûr, il y avait les scandales occasionnels – le Français d'âge mûr accompagné d'une jeune 'poupée hollandaise' qui s'installait pendant trois ou quatre mois et accumulait une ardoise qu'il était incapable de rembourser. Et parmi les anecdotes de Port-Vendres, on raconte aussi qu'une nuit, Mackintosh fut réveillé par les cris d'une femme provenant de la chambre voisine. Lorsqu'il vint s'enquérir de la raison de ces clameurs, il découvrit qu'elle était en train de donner naissance à un enfant illégitime.

La vie à l'hôtel n'était jamais ennuyeuse, mais Mackintosh avait une opinion franchement mauvaise d'une bonne partie de la clientèle.

frightfully angry and told Kim that I desired tranquillity when I was eating. Well this seems to have roused the whole house. Madame, Monsieur, Granny and Rosa are all highly indignant that any man should desire to disturb me when I am eating. Such a how do you do you never heard. They all highly approved of my decision to have tranquillity but Kim was really surprised. He thought that because I told him the name in English of some things, I should be equally pleased to be bored to death by an impossible young French bounder. 'Tranquillité' as a word seems to be my good angle.'

'Durant les week-ends, il doit bien y avoir ici 20 personnes dans les chambres et seulement deux ou trois qui descendent pour dîner. Les autres mâchonnent du pain et des conserves dans leurs chambres ; la corvée de nettoyage du dimanche et du lundi qui attend Rose et la femme de chambre est indescriptible. Je sais que les repas à 15 francs sont chers mais (...) en des temps plus sensés, les gens ne voyageaient que s'ils en avaient les moyens (...) et payaient les surcoûts occasionnels – mais à l'évidence ce n'est pas le cas des Français et des Françaises d'aujourd'hui.

Un jeune Français hirsute qui

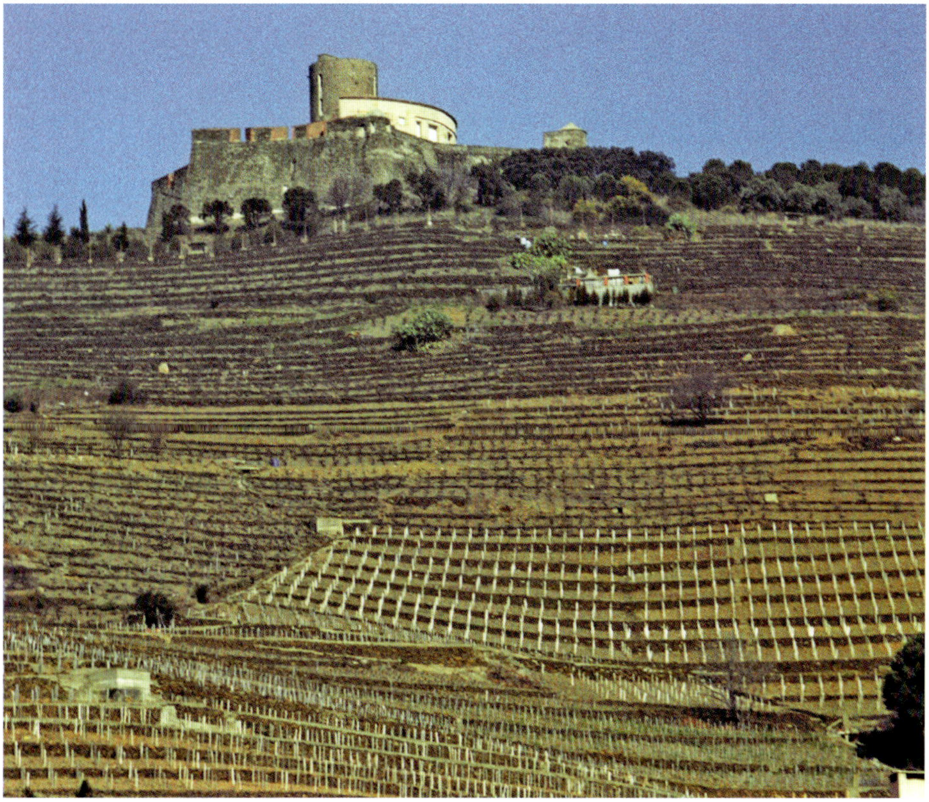

Port-Vendres:
vine terraces below the Fort St-Elme

vignes en terrasses sous le Fort St-Elme

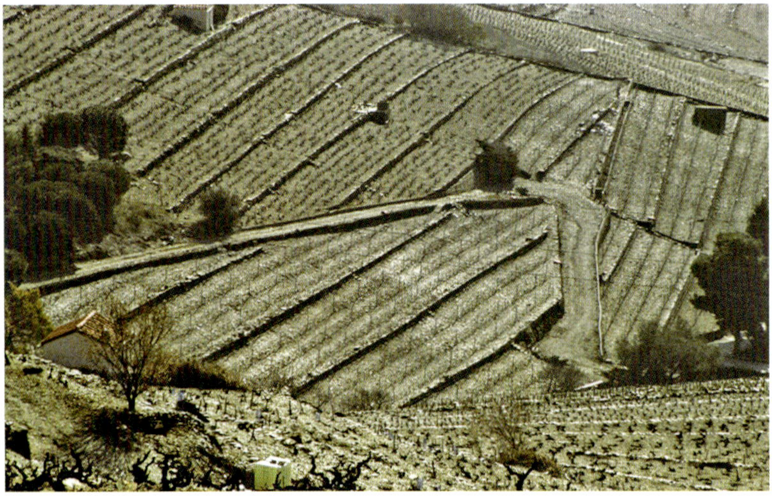

Port-Vendres: vine terracing
vignes en terrasse

The Mackintoshes ate well in the large dining room on the first floor, which looked out over the harbour. Dinner consisted of six courses – a soup, a fish course, a vegetable course, a meat dish and finally fruit and cheese. Included in the price was a bottle of red, which they shared between them. But when Margaret went on a visit to London, the hotel continued to serve Mackintosh a full bottle '*and I have the good and happy idea to drink only about half of it … A glass of Bock at that hour may not be a remedy for one's loneliness but it at least passes the time.*'

The wine was a Collioure red, grown on the narrow hillside terraces above the town. Wine was first cultivated there by the Greeks and the Romans – indeed the name Port-Vendres comes from the Latin *Portus Veneris* (Port of Venus), for there was once a temple to the goddess there. Even in ancient times, the wine was recognised as outstanding and the

m'entendait aider Kim dans son anglais lui demanda s'il pouvait me demander de lui permettre de s'asseoir à ma table et de partager mon repas, afin que je lui apprenne à lui aussi le nom anglais de toutes choses. Je me mis dans une colère effroyable et je dis à Kim que je désirais être tranquille quand je mangeais. L'incident a, semble-t-il, réveillé toute la maison. Madame, Monsieur, Grand-mère et Rose se déclarèrent profondément indignés que quelqu'un puisse désirer me déranger pendant mes repas. On n'avait jamais vu ici un tel remue-ménage. Ils approuvèrent tous au plus haut point mon souhait d'avoir la paix mais Kim fut réellement surpris. Il pensait que, puisque je lui avais appris quelques mots d'anglais, il me serait également agréable d'être ennuyé à en mourir par un insupportable jeune goujat français. Le mot 'tranquillité' semble être celui qui me caractérise le mieux.'

L'on servait aux Mackintosh une nourriture de qualité dans la grande salle de restaurant du premier étage d'où l'on pouvait voir le port. Le dîner était composé de six plats – un potage, un plat de poisson, un plat de légumes, une viande et pour terminer des fruits et du fromage. Une bouteille de vin rouge était comprise dans le prix, et ils se la partageaient ; mais lorsque Margaret rendit visite à une connaissance à Londres, l'hôtel continua à servir à Mackintosh une bouteille entière… '*et j'ai la bonne et heureuse idée de n'en boire que la*

seabed is littered with amphorae from vessels which never made it back to Rome. In Mackintosh's time it claimed '*une place d'honneur sur les tables les plus recherchées.*'

The terraces are too narrow and too steep to allow for mechanisation so even today the process is carried out in the traditional way, entirely by hand, and with the Tramontane wind to blow away the bugs there is no need to spray, so the wine is organic.

At the Hotel du Commerce there is now a commemorative bronze plaque on the wall of the Banque Populaire, which in Mackintosh's time was the Café du Commerce, with tables and chairs spilling out on to the quay. The hotel above has been turned into apartments. The Mackintoshes occupied the two rooms on the corner of the building, each with their own balcony overlooking the harbour, one year on the second floor and another year on the third.

Aside from the passenger ships, there was a steady trade of cargo. The harbour was a constantly changing scene of activity and smells. '*I was wakened this morning by the* Danielito. *He came in and found the* Esperos *occupying his berth and made a noise*

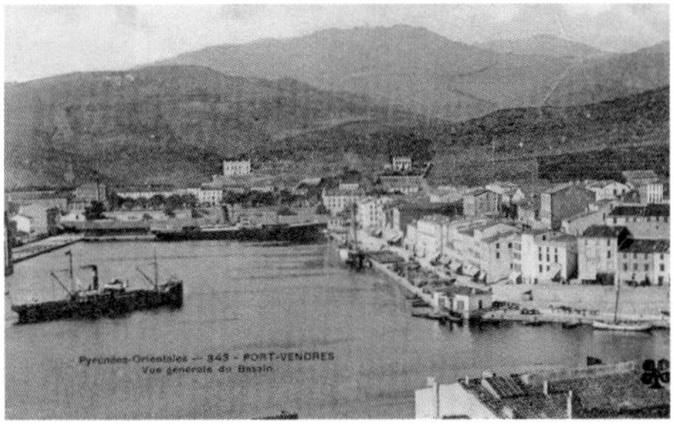

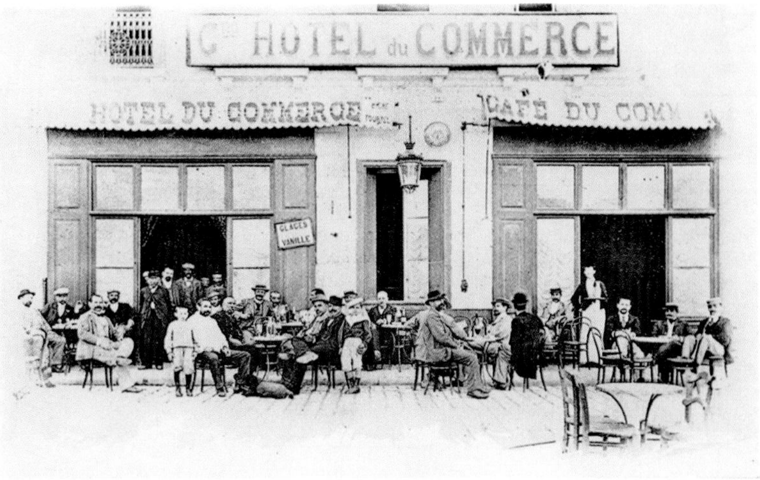

Le Café du Commerce

moitié... Un verre de vin à cette heure ne constitue certes pas un remède à la solitude mais en fin de compte, il fait passer le temps'.

Le vin était un rouge de Collioure, cultivé sur les étroites terrasses dominant la ville à flanc de coteaux. Les Grecs et les Romains furent les premiers ici à faire la culture de la vigne, et y élevèrent un temple dédié à Venus, donnant ainsi son nom à la ville – le nom de Port-Vendres vient en effet du latin 'Portus Veneris' (port de Venus). Même en ces temps reculés, ce vin était réputé excellent, et les fonds marins au large de la Côte Vermeille sont tapissés d'amphores laissées là par des galères qui firent naufrage. A l'époque des Mackintosh on lui réservait '*une place d'honneur sur les tables les plus recherchées.*'

Les parcelles étant trop étroites et trop pentues pour permettre une quelconque mécanisation, les vendanges sont aujourd'hui encore faites manuellement, et avec la

Port-Vendres:
dockers with a cargo of carobs
avec un cargo de caroubes

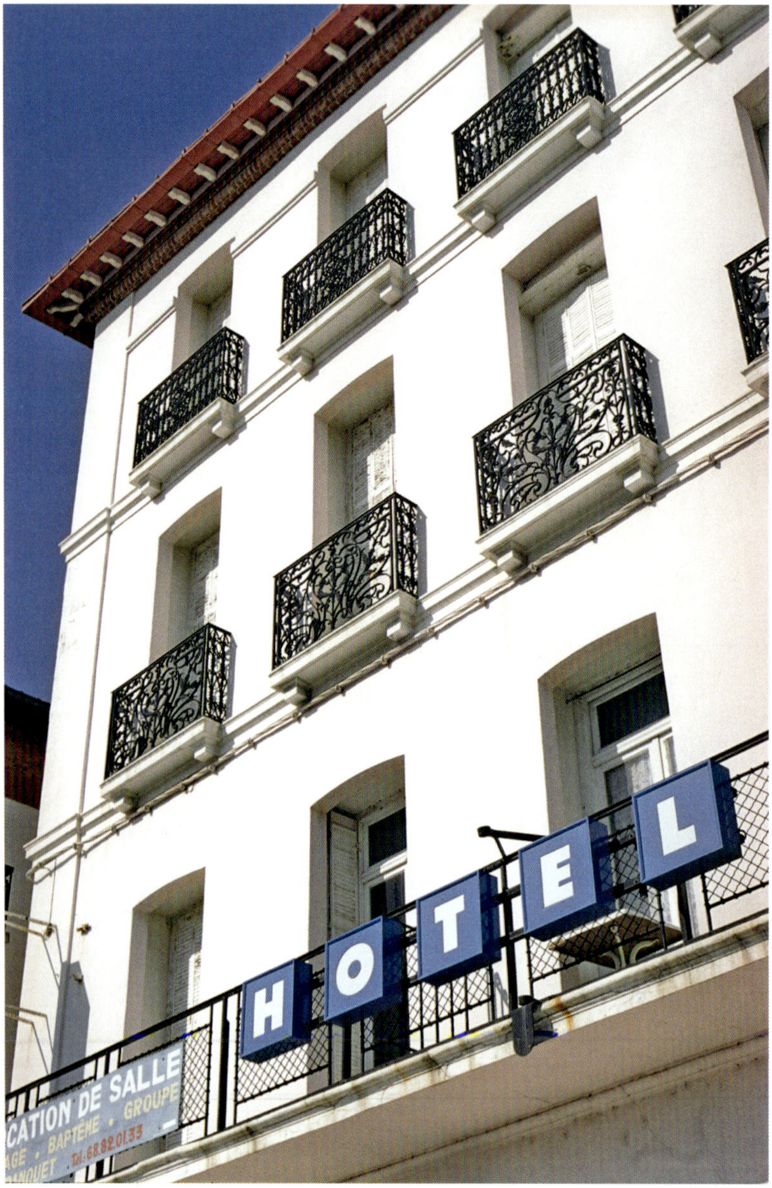

Port-Vendres: l'Hôtel du Commerce. The Mackintoshes occupied the rooms with the two balconies on the left on different floors during different visits

Les Mackintosh occupèrent les chambres avec les deux balcons à gauche au premier et dernier étage lors de différents séjours

only possible by the captain of this frequently seen vessel.' 'The scene of activity on board the Esperos *is beyond description – there must be one hundred men and women working – 6 o'clock till 12 and then 2 till 6.'*

Tramontane pour chasser les insectes, le raisin n'a pas besoin d'être traité : le vin ainsi obtenu est donc entièrement biologique.

A l'endroit où se trouvait l'hôtel du Commerce, se trouve à présent une plaque commémorative en bronze sur le mur de la Banque Populaire qui, à l'époque de Mackintosh, était le 'Café du Commerce', dont les tables et les chaises débordaient sur le trottoir. L'hôtel situé dans les étages a été transformé en appartements. Les Mackintosh occupaient les deux chambres à l'angle du bâtiment, chacune ayant son propre balcon avec vue sur le port ; ils y passèrent une année au second étage, puis une autre au troisième.

En dehors des paquebots, de nombreux cargos allaient et venaient dans le port ; ce dernier était la toile de fond d'activités et d'odeurs dont la nature variait constamment. *'J'ai été réveillé ce matin par le* Danielito. *Il venait d'entrer dans le port et avait trouvé son emplacement habituel occupé par l'*Esperos *; il produisit alors un son que seul le capitaine de ce navire bien connu était capable d'émettre.' 'L'activité à bord de l'*Esperos *est indescriptible ; il doit bien y avoir une centaine d'hommes et de femmes qui y travaillent, de 6 heures du matin à midi, puis de 14 à 18 heures.'*

Les dockers de Port-Vendres étaient réputés pour leur honnêteté et la ville était connue comme *'le port où l'on ne vole pas'*.

'Les travailleurs français sont

The Port-Vendres dockers had a reputation for their honesty and Port-Vendres was known as '*the port where no one steals*'.

'The French working men are amazing. They will argue for ten minutes in the most excited way – instead of giving the fellow one on the jaw. That is a kind of kindly progress.

'Four other ships have come in besides the Esperos. *One is laden with wood (sweet smelling). One with copper ore. One with what looks like gold dust (I suppose it is sulphur), and one has salted sardines . . . on our side we have the* Poupée, *the* Acola, *the* Esperos *and the* Danielito.

'On the other side a Greek ship the Thermes *and two Italians from Messina – names unknown. So you see our harbour is very full – and the*

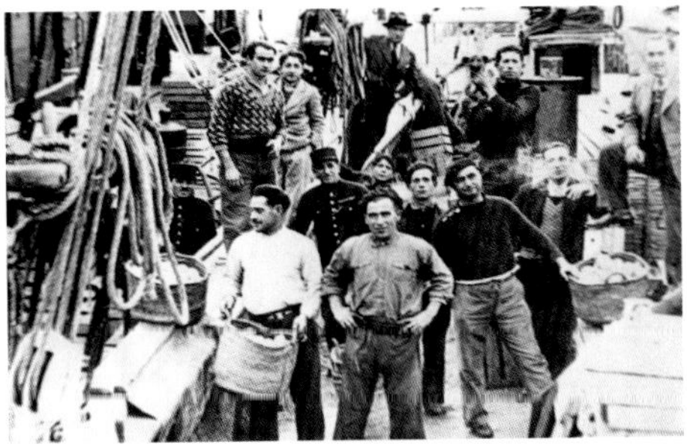

Port-Vendres: dockers
dockers

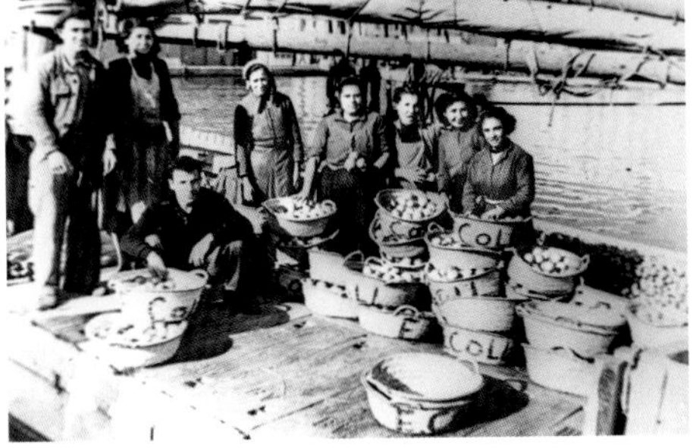

Port-Vendres: women dockers
femmes dockers

étonnants. Ils se lancent pendant dix minutes dans une dispute des plus animées – au lieu d'envoyer un bon crochet du droit dans la figure de leur camarade. C'est une sorte d'aimable progrès…

*Quatre autres bateaux ont accosté en plus de l'*Esperos. *L'un est chargé de bois de santal à l'agréable parfum ; un autre de minerai de cuivre ; un autre de ce qui ressemble à de la poudre d'or (je suppose que c'est du soufre) ; et le dernier de sardines dans leur sel... De notre côté du port on a amarré le* Poupée, l'Acola, l'Esperos *et le* Danielito.

De l'autre côté se trouvent un navire grec, le Thermes, *et deux navires italiens en provenance de Messine, dont j'ignore les noms. Vous voyez que notre port est plein à ras bord, et le travail des hommes, des femmes (ou plutôt seulement des femmes) et des enfants est visible et audible – encore et encore, tout au long de la journée.*

Un magnifique voilier blanc flambant neuf est entré dans le port avec une cargaison de caroubes (les cosses comestibles du caroubier, utilisées pour la fabrication du chocolat, principalement importées de Grèce), ainsi que le Nicolos Nomico, *un voilier à coque de métal également grec, chargé de fèves ; le* Mariuccia, *un voilier italien en bois entièrement sculpté et peint, orné d'une superbe figure de proue, transportant lui aussi des fèves ; et enfin l'* Iturri Ripa *venu d'Espagne et sa cargaison de*

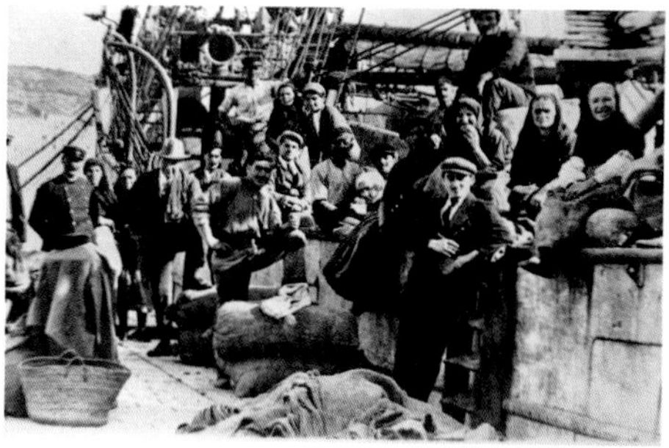

Dockers

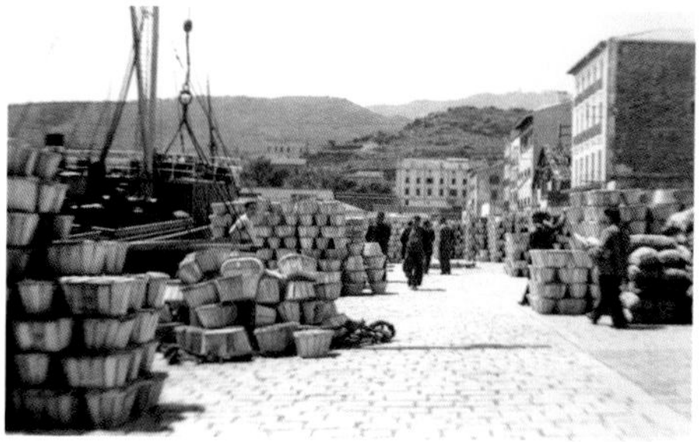

Quai Forgas: unloading
déchargement

activity of man, woman – I should have said women – children and men is visible and audible – audible and visible – all day long.

'A new beautiful white sailing ship has come in with Carobs [edible pods from the locust tree used for making chocolate, mainly imported from Greece] ... *the* Nicolos Nomico, *an iron sailing ship also from Greece with beans, the* Mariuccia *a beautiful old wooden brig from Italy all carved and painted with a superb figure head also with beans and the* Iturri Ripa *from Spain with beautiful yellow barrels of wine . . .'*

There was a regular trade in cattle and sheep to North Africa, as well as cereal and wine, agricultural machinery, timber and dairy products. Sometimes the crews of wooden hulled traders from North Africa and the Levant would come ashore and set up lean-to

magnifiques fûts jaunes remplis de vin ...'

Il y avait à Collioure un commerce régulier de bétail et de moutons avec l'Afrique du Nord, ainsi que de céréales et de vin, de machines agricoles, de bois et de produits laitiers. De temps à autre, les équipages des bateaux de commerce à coque de bois venus d'Afrique du Nord et d'Orient descendaient à terre et installaient sur les quais de petites huttes. Puis le soir ils se promenaient le long des quais et, prêtant l'oreille à leurs différents langages, discutaient de celui qui paraissait le plus exotique... On transportait près de 35.000 tonnes de fruits et de légumes chaque année à Port-Vendres.

'Un autre petit voilier espagnol, le Comercio, *a accosté – plein à craquer de vin, à tel point que Monsieur Marty (le gendre de M. Dejean) dit que jamais on en avait livré une telle quantité au port. La majeure partie de la cargaison est destinée à la ville de Perpignan. Monsieur Marty m'explique que les dockers gagnent 50 francs par jour lorsqu'ils ont du travail, ce qui malheureusement n'est pas toujours le cas. C'est l'équivalent du salaire d'un maçon en Angleterre mais la plupart du temps, ce dernier peut travailler tous les jours. Les femmes employées sur les bateaux qui aident à décharger les haricots et autres denrées gagnent moitié moins, car ce sont habituellement les épouses des dockers !!! Que faut-il donc faire pour obtenir 'A travail égal, salaire égal' ? ...*

Ce port est tout simplement en train

bothies on the quayside. Strolling along the quay in the evening, the Mackintoshes would listen to the different languages and debate which sounded the most exotic. About 35,000 tons of fruit and vegetables were landed annually at Port-Vendres.

'Another little Spanish sailing ship has come in named the Commercio. It is crammed full of wine – as Monsieur Marty [the Dejeans' son-in-law] *says they have never had so much wine coming into the Port. Most of it goes to Perpignan. Monsieur Marty tells me that the stevedores make 50 francs per day when they are working – which is unfortunately not every day. It is equivalent to what a bricklayer gets in England but mostly he can work every day of the week. The women who work on the ships unloading beans &c only get half because they are usually the wives of the men!!! What price equal pay for equal work.*

'This port is getting simply a deposit for Spanish wine. It comes in so many boats they can't clear it away in time for the next arrivals to discharge. And all the wine now, even at the little café is 2 francs per demi litre. What are the French businessmen up to?'

When the French colonies in North Africa gained independence at the beginning of the 1960s the population of Port-Vendres doubled with an influx of colonial repatriates *(les pieds noirs)* and the ferry services stopped. But cruise liners call in and Port-Vendres is now the principle

de devenir un dépôt de vin espagnol. Tant de bateaux en font livraison qu'on ne peut pas les décharger à temps avant l'arrivée des suivants. Et maintenant le vin, quelle qu'en soit la variété, coûte 2 francs le demi-litre, même au café. Que trament donc les hommes d'affaires français?'

Lorsque les colonies françaises d'Afrique du Nord obtinrent leur indépendance en 1962, la population de Port-Vendres doubla suite à un afflux massif de rapatriés (les Pieds Noirs), et le trafic des ferry-boats cessa. Mais des bateaux accostent régulièrement et Port-Vendres est à présent le principal port fruitier de France. Mais de nos jours, la mécanisation a remplacé le travail à la main et le transport ne se fait pratiquement plus par voie ferrée, mais par camions. Le bassin intérieur est devenu une marina pour yachts, et là où s'entassaient les barriques de poissons et les caisses en bois, se trouvent maintenant des palmiers bordant une promenade, ainsi qu'une voie principale sans le moindre cheval en vue.

'Agitation générale : un cheval blanc est tombé à l'eau et on ne peut

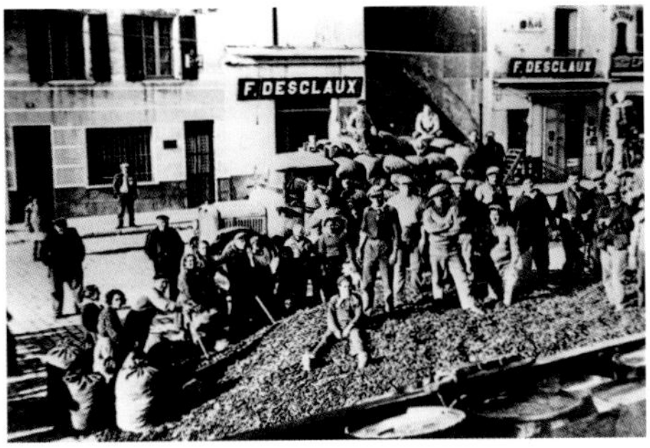

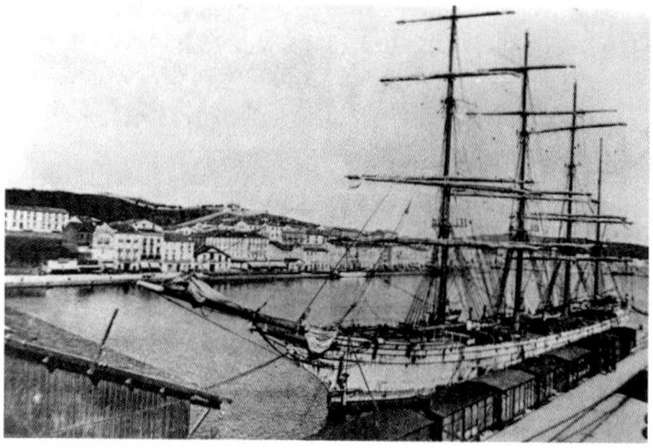

Port-Vendres:
a windjammer with a cargo of nitrate from Chile
un grand voilier chargé de nitrate du Chili

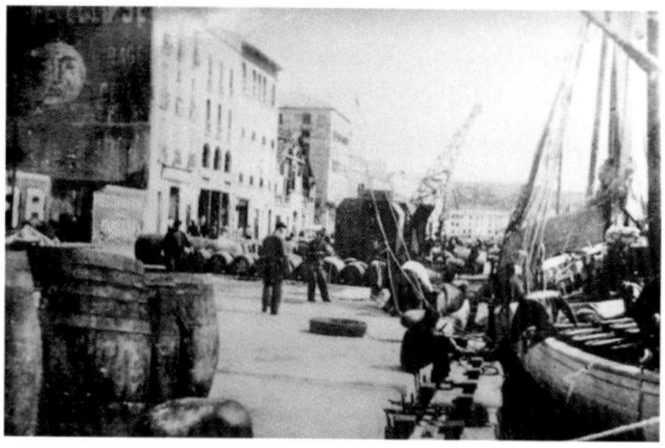

Unloading cheap Spanish wine
Déchargement de vin espagnol bon marché

fruit port for France. But nowadays cargo handling is mechanised rather than manual and container lorries have replaced the railway. The inner basin has become a yacht marina and where the fish barrels and wooden crates were once piled high, there are now palm trees on a promenade and a main road with not a horse in sight.

'*Great excitement, a white horse has tumbled into the water and they can't get it out – the high dock wall makes it impossible to climb out. They say it must swim about till it dies if they can't guide it to the shore somewhere...*

'*The white horse ... was eventually guided round to the shore by the Settlers Bungalow and so walked to land again none the worse – but fancy a horse swimming all that distance – it is working again under my window*

l'en sortir – il est impossible de le hisser hors de l'eau en raison du mur élevé du dock. On dit qu'il va devoir nager jusqu'à épuisement si on ne peut le guider jusqu'à la rive...

Le cheval blanc a en fin de compte été guidé jusqu'au rivage et a pu retrouver la terre ferme sans s'en porter plus mal – peut-on imaginer un cheval nageant sur une pareille distance ! Il a repris le travail sous mes fenêtres, tirant les barriques de vin hors des wagons, et à présent il semble même qu'il ait envie de renouveler l'expérience, car les hommes sont constamment obligés de le menacer du fouet afin de l'éloigner des bords du dock – drôle de bête ! Comme l'ivrogne, il ne peut se résoudre à oublier ce à quoi il a goûté et qu'il a plus ou moins réussi à surmonter...

J'ai entendu à l'instant un tapage effrayant, et regardant au-dehors, j'ai vu trois hommes retenant l'animal de toute leur force pour l'empêcher de faire le grand saut. La première fois, c'était un accident. Mais cette fois, il le fait intentionnellement. Ils ont monté un mur de tonneaux le long du quai mais je suppose que d'ici une demi-heure, dans un moment d'enthousiasme insouciant il sautera l'obstacle pour s'offrir une autre longue séance de natation. Personne n'aurait pensé ce matin que le cheval s'en sortirait vivant, mais d'une façon ou d'une autre, il en savait plus long, et il est prêt à retenter l'expérience...

Port-Vendres avait bien entendu été construit comme un port militaire, et

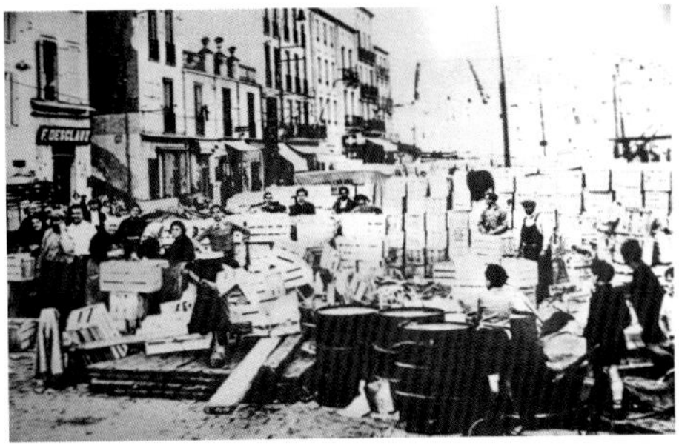

Port-Vendres:
unloading on Quai Forgas
déchargement au Quai Forgas

hauling wine barrels out of wagons and even now it seems eager to reenact the experiment as the men are constantly lashing it to keep it away from the edge of the dock – funny beast – it is like a drunkard– it can't keep away from what it once tried and more or less successfully surmounted. . .

'I heard a fearful row just now and on looking out I saw three men pulling at it for all they were worth to keep it from taking the final leap. The first time it was an accident. Now it is trying to do it on purpose. They have now arranged a wall of barrels along the quayside but I suppose in another half hour in a moment of reckless enthusiasm it will jump this and have another long swim. Nobody thought it would get out alive this morning but somehow it knew better and is willing to risk it again.'

Port-Vendres was of course primarily built as a naval port – and from time to time, the navy called in:

'A Squadron has arrived today about 11 o'clock quite unexpectedly – 3 big battleships outside the mole – and torpedo boats and other craft in the harbour . . . the young sailor lads – hundreds and hundreds of them –

de temps en temps la marine y faisait appel :

'Un escadron est arrivé aujourd'hui inopinément vers les 11 heures : trois gros navires de guerre de l'autre côté du môle ; des torpilleurs et d'autres bateaux du même genre dans le port... Les jeunes gens des équipages, des centaines et des centaines de marins, ont fait un faible effort de patriotisme pour peindre la ville en bleu, blanc, rouge... Pour autant que je sache, il n'y eut que trois jeunes marins à être extirpés des tavernes et des maisons de passe pour être ramenés de force à bord par la patrouille de police navale, malgré leurs luttes et leurs protestations. Tous les autres regagnèrent le bord tout juste gris, ce qui me rappela des scènes auxquelles j'ai assisté à Plymouth ou Falmouth, lorsque mes visites de ces anciens ports coïncidaient avec l'arrivée de quelque bateau de guerre de la Marine britannique...'

Pour les Mackintosh, le balcon de l'hôtel était une fenêtre ouverte sur le monde, et c'est de là que plusieurs tableaux semblent avoir été réalisés. Il existe une série de toiles représentant un bateau à vapeur en

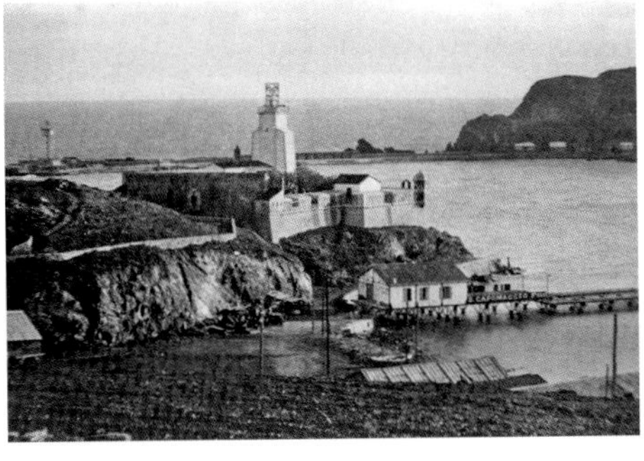

The Lighthouse and the Little Bay
La Petite Baie et le Phare

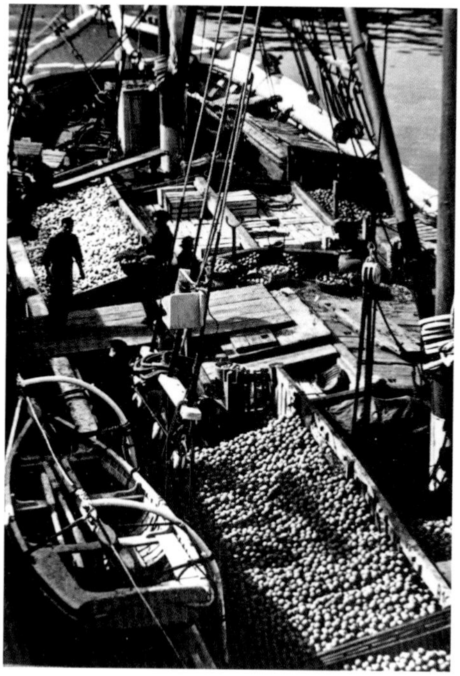

Port-Vendres:
oranges from Spain
oranges d'Espagne

have made a feeble hearted French effort to paint the town red, white and blue ... and I think as far as I saw there were only three young sailors – routed out of brothels and pubs – who had to be carried on board struggling and protesting by the naval police patrol. There were hundreds of others who just managed to get on board in a jolly state that reminded me of scenes I have seen at Plymouth or Falmouth when my visits to these ancient sea ports coincided with a visit by some battleship of the British navy...'

Their hotel balcony was the Mackintoshes' window on the world and several paintings seem to have been done from here. There is a series of paintings of a steamer unloading – ***Steamer Moored at Quayside (10).***

train de décharger sa cargaison – ***Steamer Moored at Quayside*** (10). Ce fut l'une des rares fois où Mackintosh représenta des figures humaines. Ce détail, ainsi que le style beaucoup plus brut que celui de ses paysages précautionneusement dessinés, ont engendré plusieurs discussions quant à savoir s'il est réellement l'auteur de ces tableaux. Il est clair que le bateau à vapeur était amarré juste sous sa fenêtre vers la gauche, mais les toiles ne sont pas signées et ont un rendu différent de celui de ses autres paysages qui sont pour l'essentiel des natures mortes : des compositions architecturales. Mackintosh comprenait les formes, les plans et les structures mais rarement les gens. C'était un marginal dans la vie de tous les jours comme dans le monde artistique. Il ne s'est jamais intégré à la communauté. Il existe aussi une vue sur ***Port-Vendres*** (9) (***Quai des Douanes***), juste en face de leur balcon, de l'autre côté du port. On y voit quatre bâtiments. Le bâtiment à un étage, sur la droite de l'image, était et est toujours un poste de douane, bien qu'un second étage y ait été ajouté depuis. Les bâtiments sur la gauche étaient tous des entrepôts de marchandises en transit – le premier pour le bétail, celui du milieu pour le bois et le troisième pour le vin. On devine dans le tableau le nom de Pams Frères. Il s'agissait d'une importante compagnie de transports en gros qui pourvoyait aux besoins des colonies, de la marine, des hôpitaux militaires et de la Croix

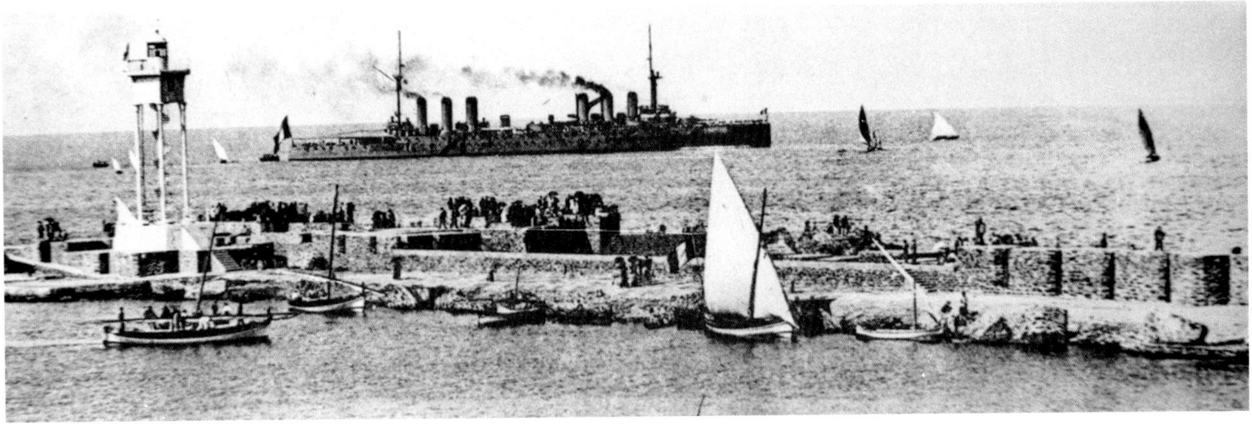

Port-Vendres:
a visit by the fleet
visite de la flotte de la marine

This was one of the few times Mackintosh ever included any human figures. These and the style – which is much rougher than his carefully drawn landscapes – have caused some debate as to whether they are actually his. The steamer was clearly moored beneath and to the left of his window but the paintings are unsigned and have a different feel to his other

Rouge. L'influence de cette famille était considérable et Joseph Louis Pams, qui fit construire l'actuel Hôtel de Ville, était à la fois sénateur et ministre.

Le français de Mackintosh était limité et restreignait donc ses contacts avec des interlocuteurs non-anglophones. Il raconte qu'il passa une soirée entière, debout sur son

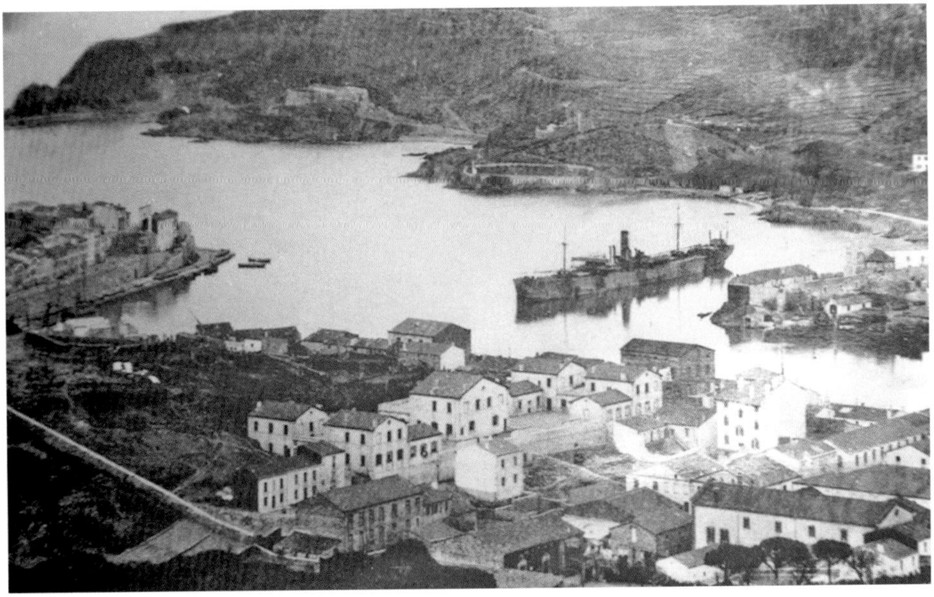

Warship at anchor in the port
Bateau de guerre ancré dans le port

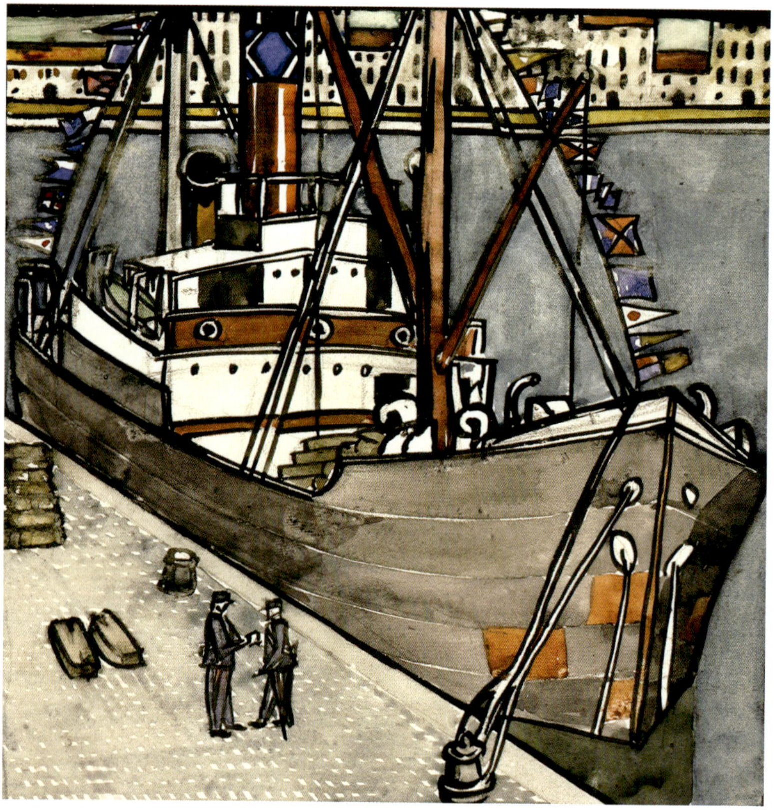

Steamer Moored at Quayside
1925–26
watercolour
aquarelle

landscapes, which are essentially still lifes – architectural compositions. Mackintosh related to forms and planes and structures but never much to people. He was an outsider in daily life just as he was an outsider in his painting. He never integrated with the community. There is also a view looking across the harbour to the ***Port-Vendres (Quai des Douanes)* (9)** opposite. There are four buildings in the picture. The single storey building on the right was and still is the customs house, although a second storey has since been added. The buildings to the left of it were all warehouses for goods in transit – the

balcon, à essayer de converser avec Monsieur et Madame Dejean. Ceux-ci étaient à un autre balcon et furent grandement amusés par son français maladroit – et ce après qu'il ait passé trois années en France! Non pas que Mackintosh fut extrêmement communicatif, même dans ses meilleurs moments. C'était d'ordinaire Margaret qui se chargeait de mener la conversation. Quand elle partit en 1927, elle envoya une lettre à Monsieur et Madame Dejean, et Mackintosh rapporta que, '*selon eux, elle était écrite dans un français parfait.*'

C'est sans doute durant leur premier voyage de l'été 1924 que Mackintosh réalisa ce qui est probablement sa première œuvre port-vendraise, ***A Southern Port*** (8). A cette époque, le quai Forgas n'était qu'un terrain vague où l'on empilait les caisses ou les cargaisons et souvent les barriques de poisson salé qui dégageaient une horrible odeur, à laquelle cependant on s'habituait vite. Les bateaux de pêche – des tartanes de Majorque à deux mâts – étaient habituellement amarrés par deux,

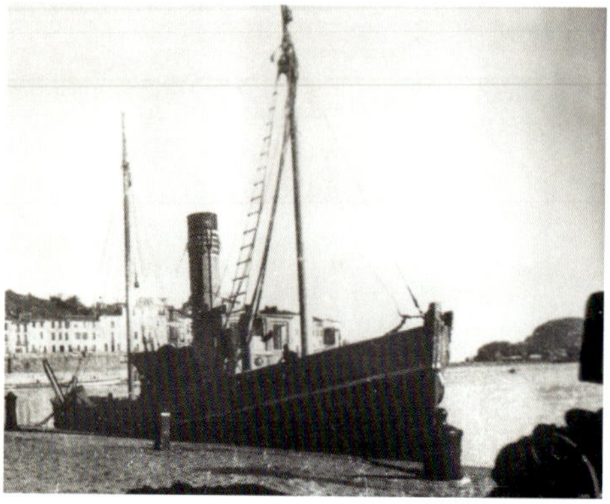

first for cattle, the middle one for timber and the third for wine. In the painting you can make out the name 'Pams Frères.' This was a big company with bulk orders to supply the colonies, the navy, the military hospitals and the Red Cross. It was a family of considerable influence and Joseph Louis Pams, who built what is now the Hotel de Ville, was both a Senator and a Minister.

Mackintosh's French was limited so his contact with non-English-speakers was restricted. He recounts how he spent one evening standing on his balcony and trying to converse with Monsieur and Madame Dejean. They were on another balcony and he caused them much amusement with his broken French – and this was after three years in France! Not that Mackintosh was very talkative at the best of times. It was usually Margaret who took the lead. When she was away in 1927, she sent a letter to Monsieur and Madame Dejean – and Mackintosh reported back that '*They said it was written in perfect French.*'

Mackintosh's earliest picture in Port-Vendres was probably ***A Southern Port (8),*** possibly painted

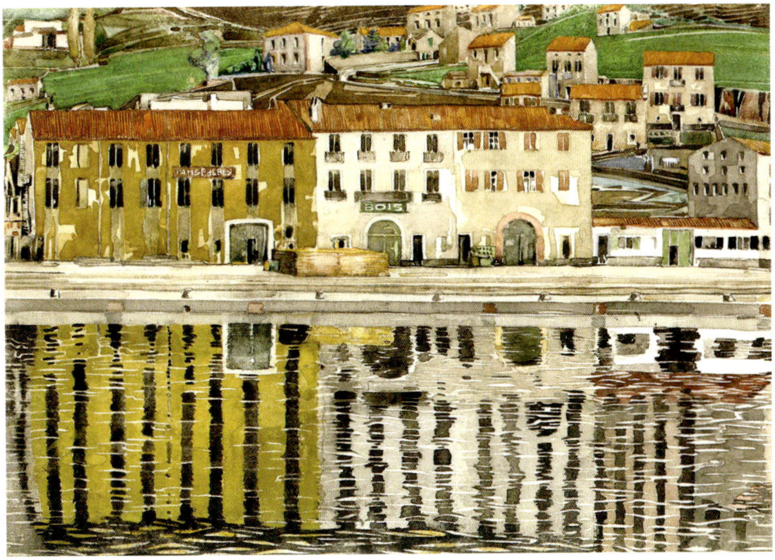

Port-Vendres (Quai des Douanes)
1925-26
watercolour
aquarelle

flanc à flanc, le long du quai. Port-Vendres possède encore des chalutiers et un marché aux poissons réputé. L'été, les thoniers partent en campagne de pêche au large des Baléares vers les bancs de thons, qu'ils ramènent en grandes quantités.

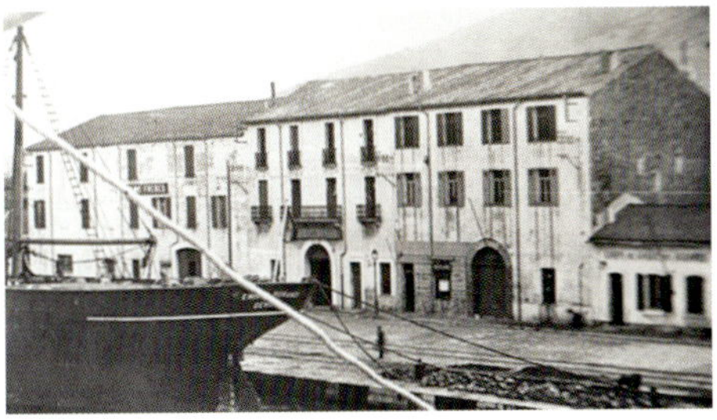

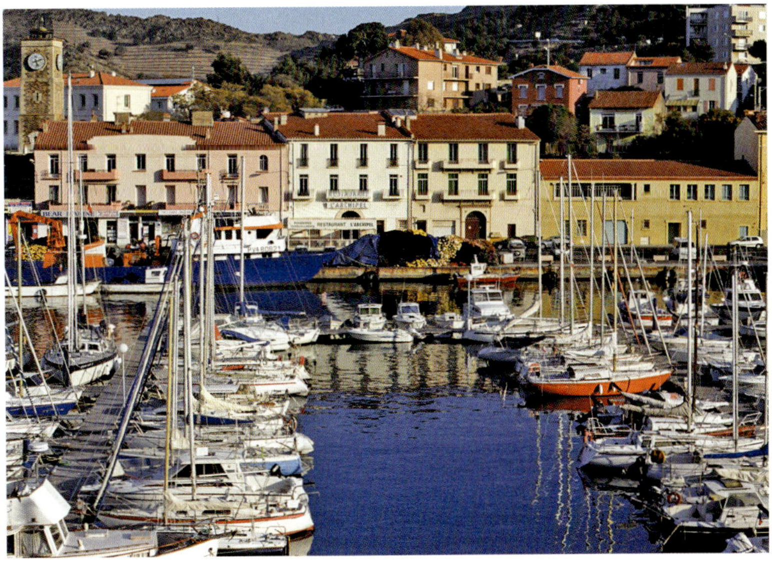

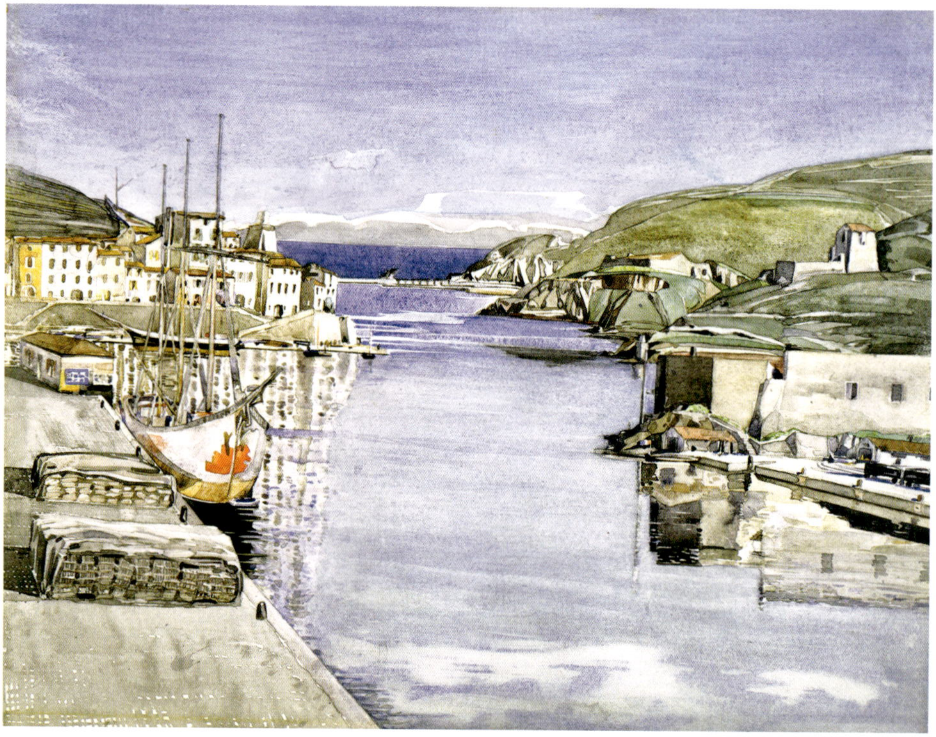

A Southern Port 1925–26
watercolour
aquarelle

during their first visit in the summer of '24. At that time the Quai Forgas was just an open space, stacked with crates or cargo and often with barrels

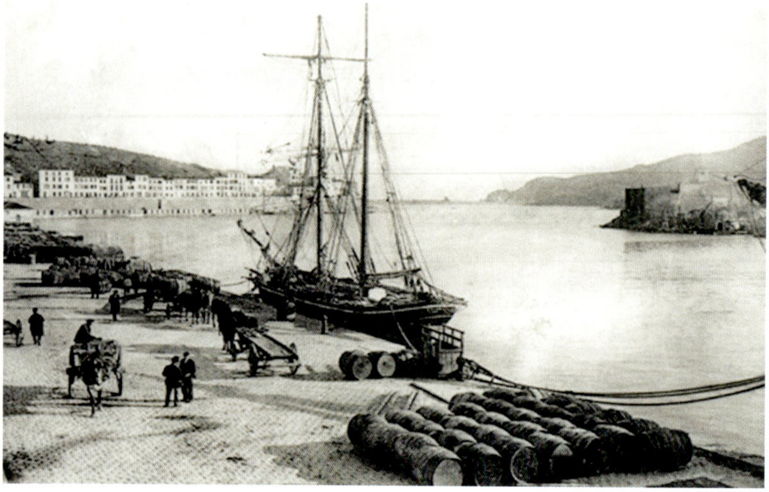

Quai Forgas in front of the hotel
Quai Forgas en face de l'hôtel

Sur la partie droite du tableau, on peut voir les fortifications d'origine de la Presqu'île, datant du 18ème siècle. Elles ont depuis été remplacées par la Gare Maritime, de construction moderne. L'horloge qui faisait alors partie de ce groupement de bâtiments fut démantelée puis reconstruite derrière le quai, mais tout le reste a disparu, à l'exception des rails de chemin de fer encore enchâssés dans les pavés. Quand les Allemands se retirèrent en 1944, ils dynamitèrent les quais et la majeure partie des fortifications en plaçant des tonneaux d'une contenance de 200 litres remplis d'explosifs tous les 20 mètres le long des quais. Le port fut réduit à l'état de gravats, tout comme

of salted fish, which smelled terrible but to which one quickly became accustomed. Fishing boats would be moored two abreast alongside the quay – twin masted Majorcan '*tartanes*.' Port-Vendres still has a sizeable fishing fleet and a famous fish-market. In summer, the boats follow tradition and head for the tuna grounds to work out of the Balearics.

On the right hand side of the painting, you can see the original 18th century fortifications of the Presqu'île, which have now been replaced by the modern Gare Maritime. The clock tower which once formed part of this group of buildings was dismantled and re-erected behind the quay, but the rest has disappeared, apart from the sections of railway line still embedded in the cobbles. When the Germans retreated in 1944, they dynamited the quays and most of the fortifications. 200 litre barrels of melinite were placed every 20 metres along the quays. The whole port was reduced to rubble, as were the Louis XVI buildings in the Place de l'Obélisque and the two forts at the harbour mouth.

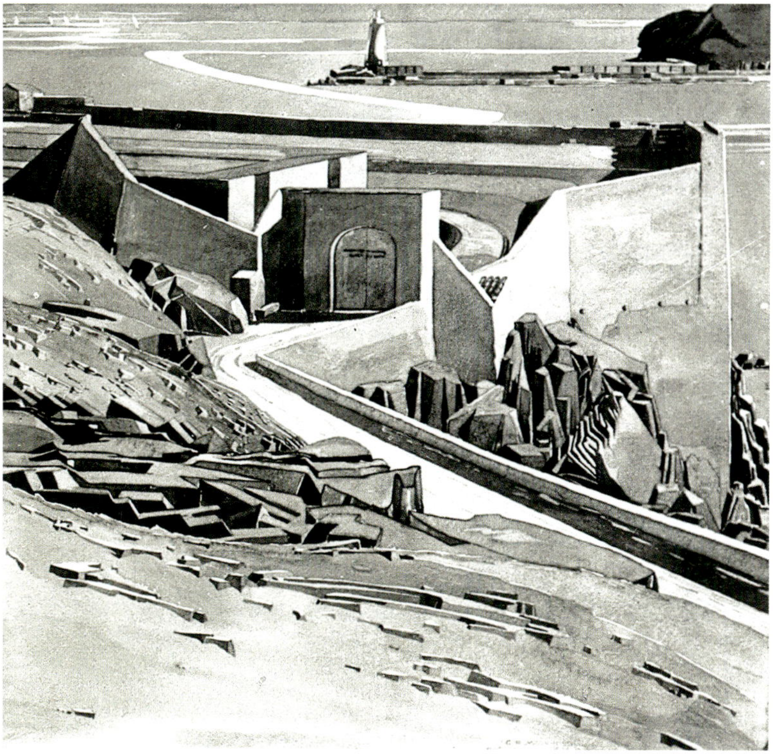

Fort Mauresque 1925–26
watercolour
aquarelle

les bâtiments datant de Louis XVI place de l'Obélisque, et les deux forts à l'entrée du port.

Le ***Fort Mauresque*** (13) du côté nord de l'entrée du port n'est plus signalé que par quelques emplacements de canons. La toile de Mackintosh qui le représente figura à l'Exposition Commémorative de 1933, mais sa trace a depuis été perdue. Le Fort Mailly, situé au sud, est également en ruine mais la porte d'entrée et quelques murs sont demeurés intacts. La Redoute Béar, à l'extrême droite du tableau, a été restaurée et son aspect est à présent le même que lorsqu'elle a été peinte. Elle abrite aujourd'hui un musée

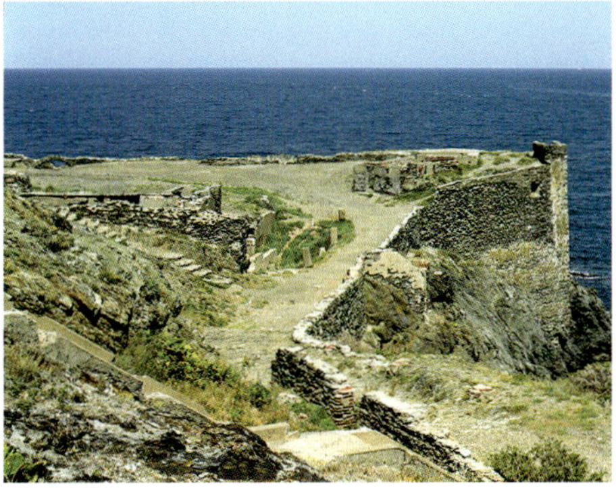

Remains of Fort de la Mauresque
Ruines du Fort de la Mauresque

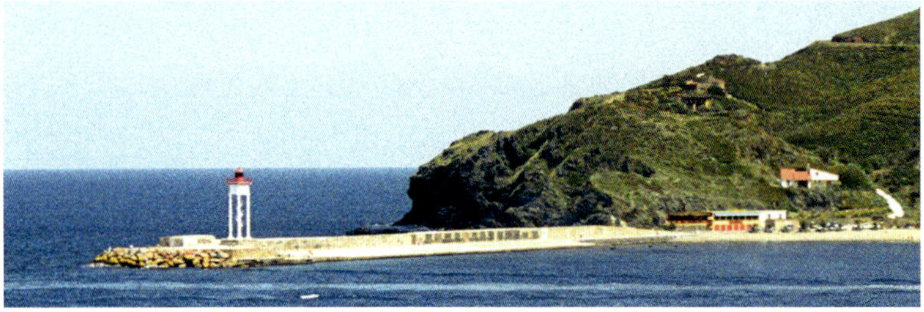

The Mole from Fort de la Mauresque, which CRM moved into picture from the right

Le Môle du point de vue du Fort de la Mauresque que CRM a fait apparaître en le déplaçant sur la droite

***Fort Mauresque** (13)* on the north side of the harbour entrance is now only marked by the base of a few gun emplacements. Mackintosh's painting of it was exhibited in the 1933 Memorial Exhibition, but since then its whereabouts are unknown. Fort Mailly is on the south side of the harbour and can be seen in *A Southern Port*. It is also a war ruin but the gateway and some of the walls remain. The Redoute Béar on the extreme right of the picture has been restored and is as it appears in Mackintosh's painting. It now houses a museum to French colonial Algeria.

The Lighthouse 1925–26
watercolour
aquarelle

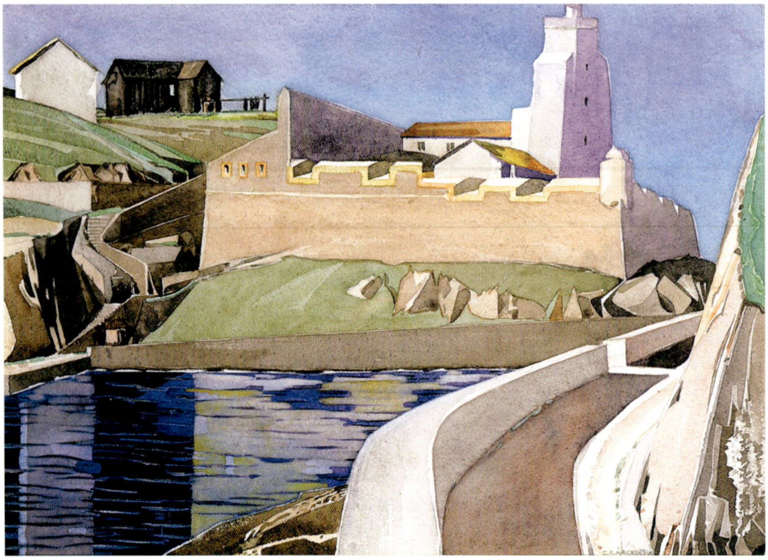

consacré à l'Algérie au temps de sa colonisation par la France.

Hors de vue, du côté gauche du port, derrière la rue du Soleil, se situe la Redoute du Fanal. Elle aussi avait été construite par Vauban à la fin du 17ème siècle pour défendre le port. Le phare, visible à près de 8 km des côtes, indique l'entrée tribord du port et apparaît dans deux peintures de Mackintosh, l'une appelée ***The Lighthouse*** (6) et l'autre ***The Fort*** (5), dans lesquelles il déplaça géographiquement le phare pour l'inclure dans ses compositions. Il était assez méprisant à l'égard de ***The Lighthouse*** … Il écrivit : '*N'est-il pas amusant de voir à quel point les gens qui n'y connaissent rien peuvent aimer The Lighthouse ? Je vous assure que c'est…de l'assez mauvais travail*'.

Il nous reste aujourd'hui trente-huit de ses aquarelles, mais d'autres existent peut-être encore. Avec les années, son style évolua rapidement. Il réorganisait la nature afin d'obtenir une composition structurée et équilibrée, où les lignes et la lumière créaient quelque chose d'unique – un style sans le moindre rapport avec le fauvisme ou l'impressionnisme, ni même avec le cubisme ou quelque autre phénomène extérieur que ce soit. Il admirait tout particulièrement le travail de Klimt, un sécessionniste viennois. Mackintosh était entouré de nombreux artistes reconnus, en activité dans la région ou simplement de passage, mais il travaillait essentiellement en-dehors de leur influence, et chérissait son isolement.

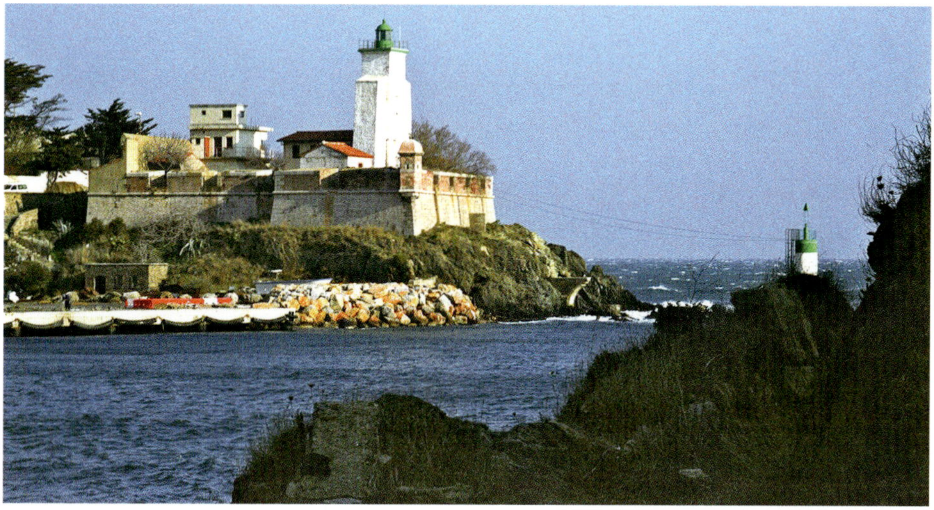

The Lighthouse
Le Phare

On the north side of the harbour entrance is the Redoute du Fanal. This too was built by Vauban in the late seventeenth century to defend the harbour. The lighthouse, visible from about 8 km out to sea, marks the starboard entry to the harbour and appears in two of the Mackintosh paintings – one called ***The Lighthouse* *(6)*** and the other ***The Fort* *(5)***, in which he geographically moved the lighthouse to include it in his composition. He was fairly dismissive of *The Lighthouse*. He wrote '*Isn't it funny how much unknowing people like* The Lighthouse? *I assure you it is… fairly bad art.*'

Thirty-eight of his watercolours survive, but there may be more. And over the years his style evolved rapidly. He redesigned nature to produce a structured and balanced composition where line and light created something unique – a style with no relationship to the fauves or impressionists or even the cubists or

'*Je ne suis pas près de me faire arracher à ma plaisante réclusion*', écrivit-il en 1927. Peintre, il demeurait le même que lorsqu'il était architecte – un solitaire. Il développa un style de peinture architecturale extrêmement personnel, s'appuyant fortement sur ses compétences de graphiste. Ses sujets sont des compositions de plans, de strates et de surfaces, réarrangés si nécessaire

German destruction of the quays 1944
Démolition des quais par les allemands 1944

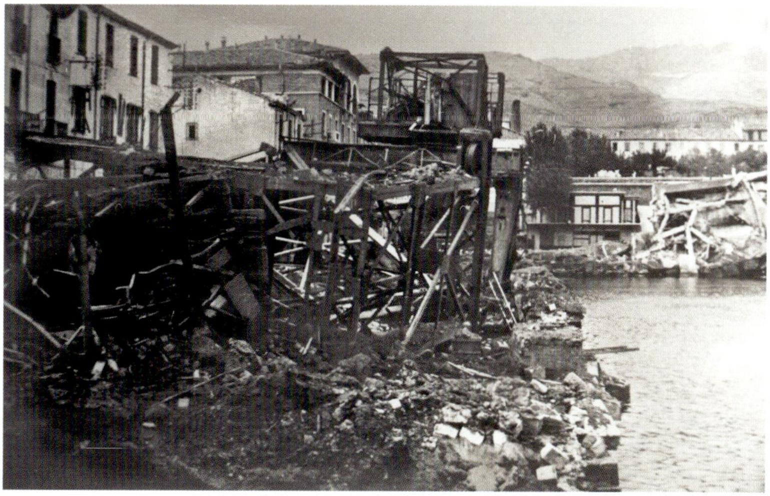

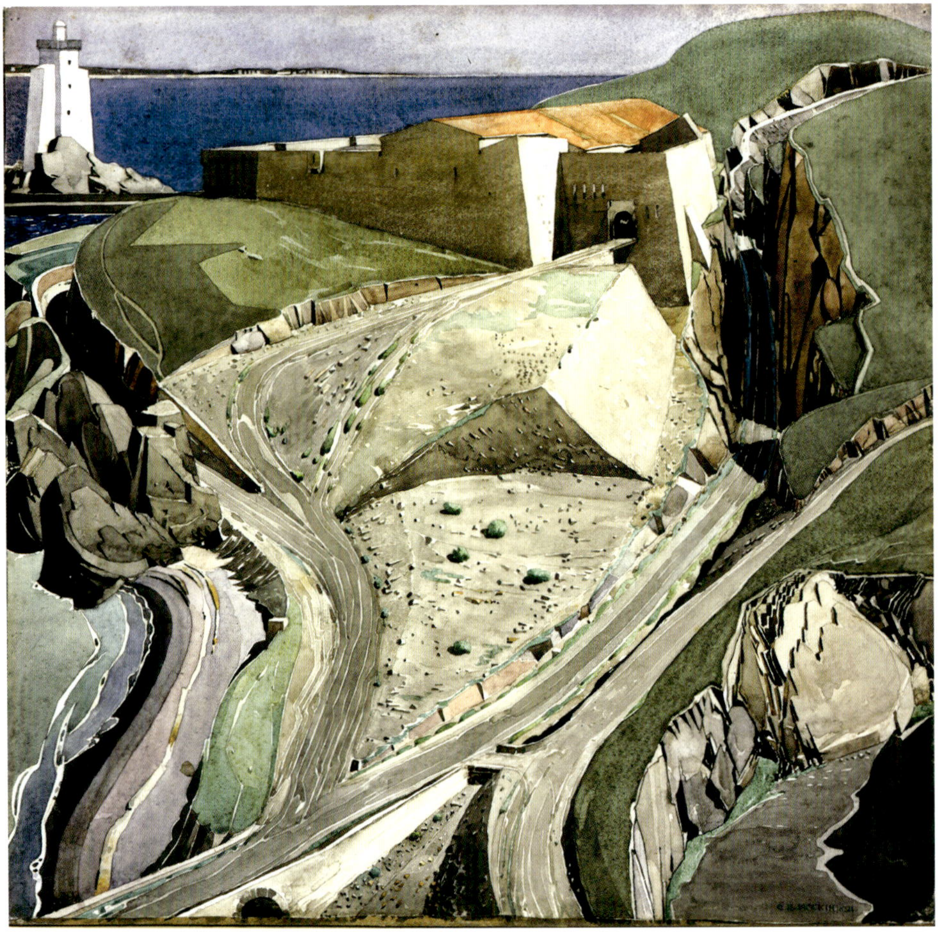

The Fort 1925–26
watercolour
aquarelle

anything else that was going on around him. He admired in particular the work of Klimt, a Vienna Secessionist. He was surrounded by many leading artists who worked in or passed through the area but essentially he worked outside the influence of other painters, and valued his isolation. '*I am not going to be drawn out of my charming seclusion,*' Mackintosh wrote in 1927. In his painting he was just as he had been when he was as an

afin de retravailler les éléments naturels en les améliorant.

Des surfaces distinctes sont dans un premier temps esquissées au pinceau puis travaillées à l'aquarelle. Bien que possédant une mémoire photographique, il travaillait toujours *in situ*, transformant et recomposant ce qu'il voyait. Il était fasciné par les volumes et les formes, par les structures organiques des formes géologiques et botaniques se figeant sur la toile, statiques et intemporelles.

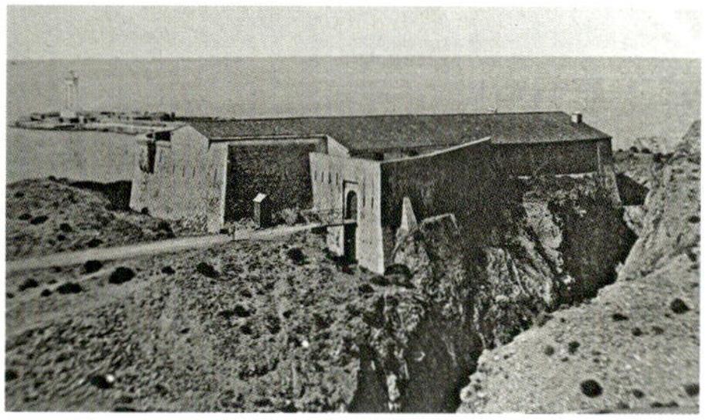

architect – a loner. He developed a highly individual style of architectural painting, drawing heavily on his skill as a draughtsman. His subjects are compositions of planes, layers and surfaces which he rearranged when necessary to improve on nature.

Distinct areas are first worked out in pencil and then worked up with washes of colour. Although he had a photographic memory, he always worked *in situ*, transforming and recomposing what he saw. He was fascinated by mass and form, and by the organic structures of geology and botany, which become frozen. They are static and timeless. There is no element of movement, no life – human or animal – and so there is

Il n'y a ni mouvement, ni vie – humaine ou animale – ce qui parfois peut créer une impression de surréalisme clinique.

Alors que la carrière de Mackintosh touchait à sa fin, un jeune peintre espagnol émergeait à quelques kilomètres au sud de la côte ; son nom était Salvador Dali. Lui aussi était un solitaire, vivant quelque peu à l'écart des autres artistes ; et il développait également un style à nul autre semblable. Il admirait Mackintosh, dont il disait qu'il était meilleur peintre que Cézanne. Dali fut inspiré par les rochers du Cap Creus, Mackintosh par ceux de Port-Vendres... et si on les compare, il semble qu'ils aient quelque chose en commun.

Ainsi que Roger Billcliffe en fit le commentaire : '*Ces aquarelles constituent des œuvres originales et 'à part' au sein de la peinture britannique, et même de la peinture européenne des années vingt'*.

Les sujets de Mackintosh ne sont pas des compositions attirant l'œil du

Fort Mailly:
then and now
d'antan et aujourd'hui

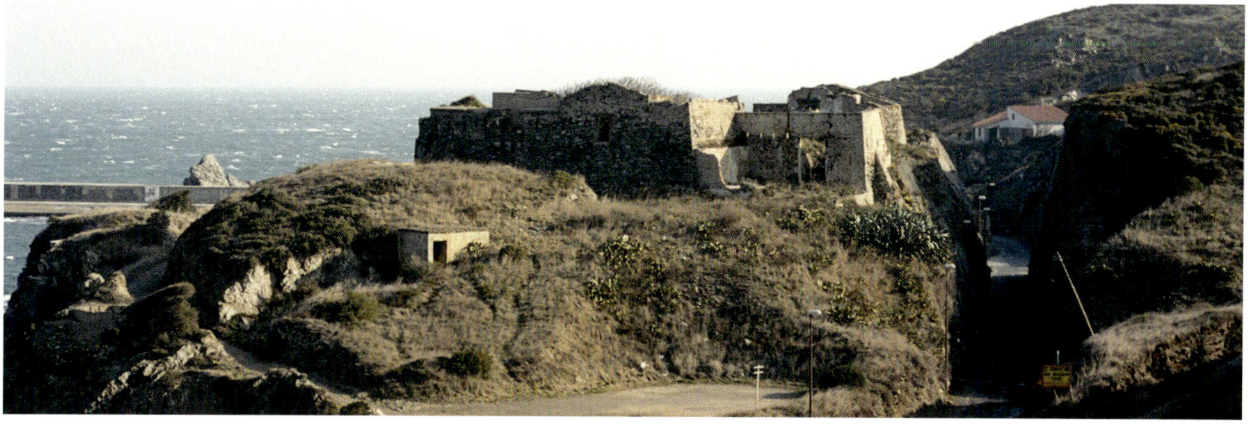

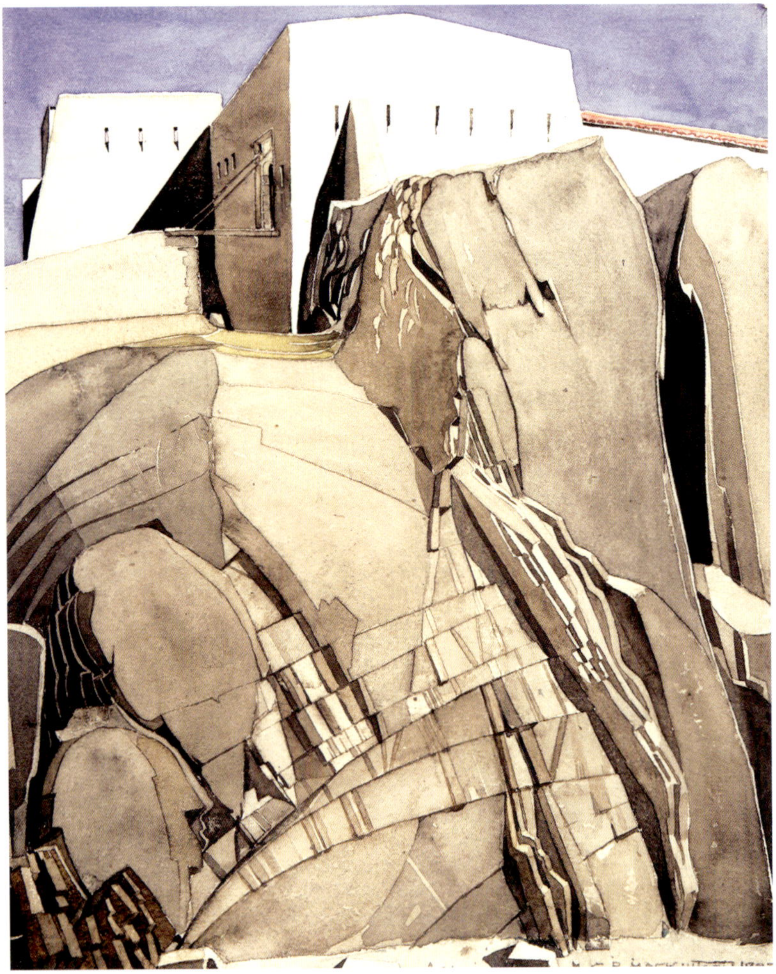

Fort Mailly 1927
watercolour
aquarelle

Right: Fort Mailly:
CRM's point of view of the rock
Droite: poste d'observation de
CRM du rocher

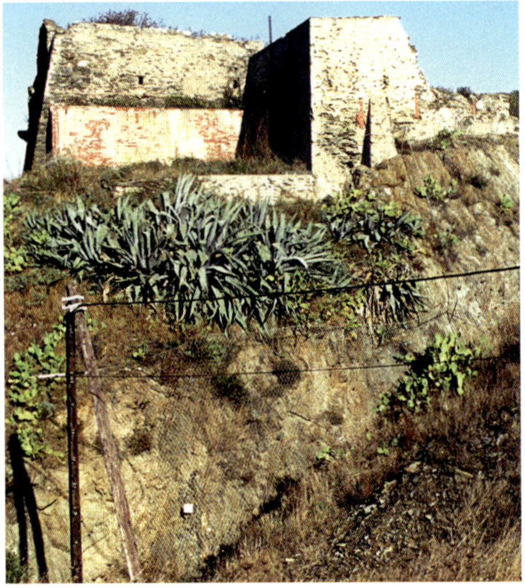

sometimes a feeling of clinical surreality.

While Mackintosh's career was drawing to an end, a few miles down the coast a young Spanish painter's was burgeoning – that of Salvador Dali. He too was a loner, living slightly apart from other artists, and also developing a unique style. He admired Mackintosh, whom he thought was a better painter than Cezanne. Dali was inspired by the

photographe ; au moment de la journée qu'il choisissait pour leur exécution, la lumière naturelle était souvent plate et inintéressante. Et pourtant, comme l'écrit Pamela Robertson, '*loin de la représentation d'une réalité banale, Mackintosh créait des motifs à l'aide d'ombres, de rochers, de terrasses, de champs et de reflets qui transformaient le sujet sans sacrifier son identité*'. Ceci est la clé de son art.

Fort Mailly était l'un de ses sujets favoris : en plus du ***Fort***, il figure dans ***The Fort Mailly, The Road Through the Rocks*** et ***Port-Vendres***. La route proprement dite est en partie à ciel ouvert, puis creusée en tunnel. Lorsque Mackintosh y montait pour travailler, Margaret avait l'habitude de venir le retrouver à l'autre bout ; et si vous traversez le tunnel par un jour ensoleillé, une silhouette en jupe trois quarts et chapeau de paille se projetant contre la lumière peut

rocks of Cabo Creus, Mackintosh by the rocks of Port-Vendres… and if you compare them they seem to share something in common.

As Roger Billcliffe commented: *'these watercolours are original and isolated works in the context of British – even European – painting in the 1920s.'*

Mackintosh's subjects are not compositions which appeal to a photographic eye, and at the time of day when he was painting the natural light was often flat and uninteresting. Yet, as Pamela Robertson writes: '*out of mundane reality, Mackintosh formulated patterns from shadows, rocks, terraces, fields and reflections that transformed the subject without sacrificing its identity*.' This is the key to his art.

Fort Mailly was one of his favourite subjects. Apart from *The Fort*, it also features in ***Le Fort Mailly (2)***, ***The Road Through The Rocks (4)***, and ***Port-Vendres (1)***. The actual road through the rocks is partly an open cutting and partly a tunnel. When he was working up there Margaret would go and meet him at the other end, and if you walk through the tunnel on a sunny day, a figure in a three quarter skirt and a straw hat silhouetted against the light can be eerily *déja vu*.

He had bought a pair of corduroy trousers and these were '*splendid stuff for going working in and I must say I find them more comfortable and more suitable than any other kind of trousers … for all situations – rock,*

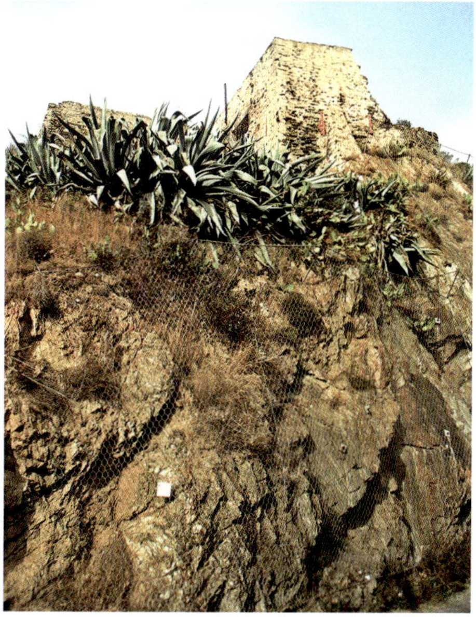

Fort Mailly:
CRM's point of view of the now ruined buildings
poste d'observation de CRM
des bâtiments aujourd'hui ruinés

donner une impression inquiétante de 'déjà vu'…

Il s'était acheté un pantalon en velours et trouvait que c'était '*un excellent habit de travail, et je dois dire que je le trouve bien plus confortable et plus seyant que n'importe quelle autre sorte de pantalon … Pour toutes les situations – rochers, graviers, pierres, gazon vert et moussu, qu'on me donne mon pantalon en velours!*'

Ce fut au pied du Fort, tout près de l'actuel restaurant 'le Poisson

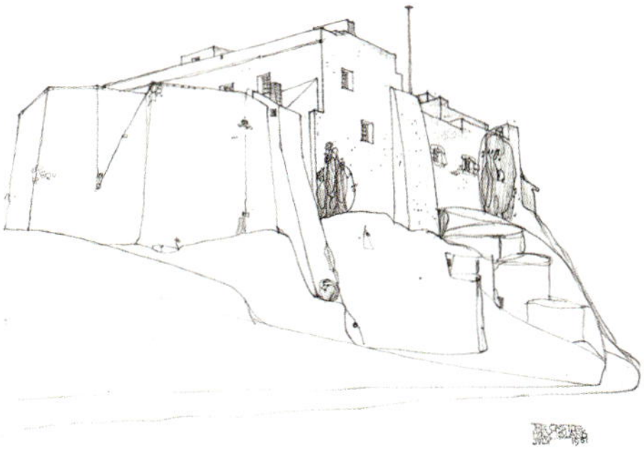

The castle at Holy Island drawn during his honeymoon in 1901
Le château de Holy Island dessiné durant son voyage de noces en 1901

The Road Through the Rocks
1925–26
watercolour
aquarelle

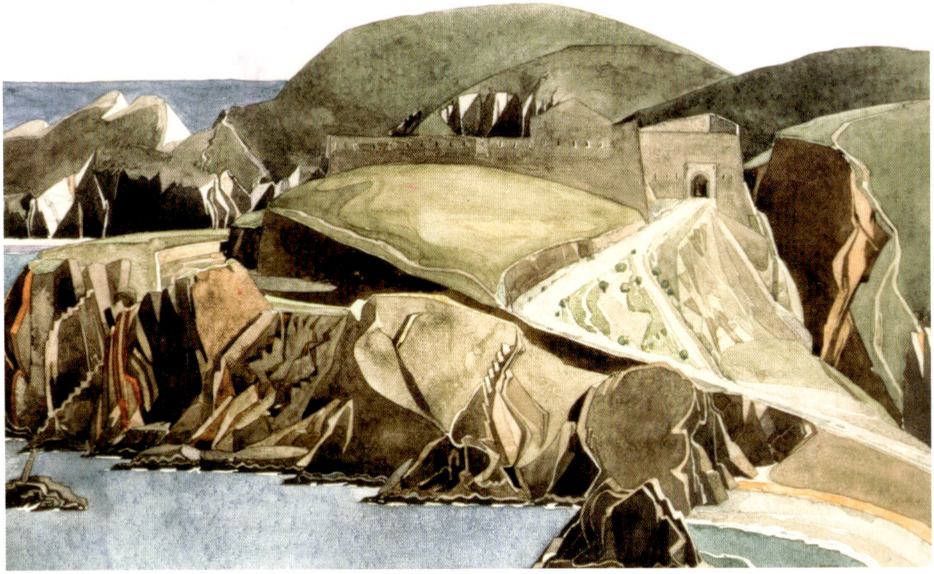

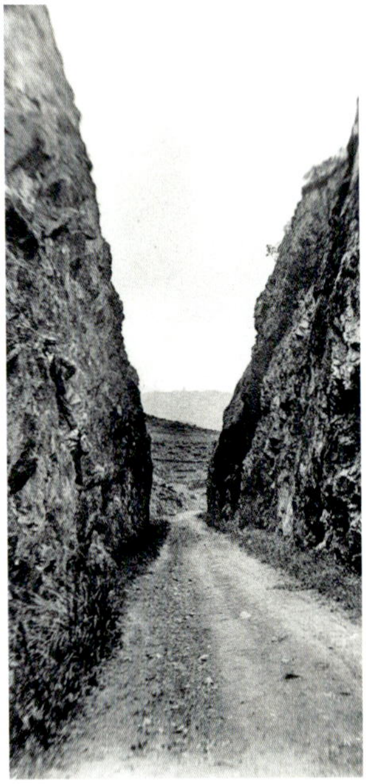

Road through the rocks
Route entre les rochers

gravel, stones or mossy green turf give me the corduroys...'

It was from just below the fort, close to the present-day restaurant Le Poisson Rouge, that Mackintosh painted ***The Rock*** *(3)*. The style and technique used in this compared with his earlier *A Southern Port* are markedly different. This was one of his last paintings. The rocks are exaggerated and decorative, almost abstract, and contrast sharply with

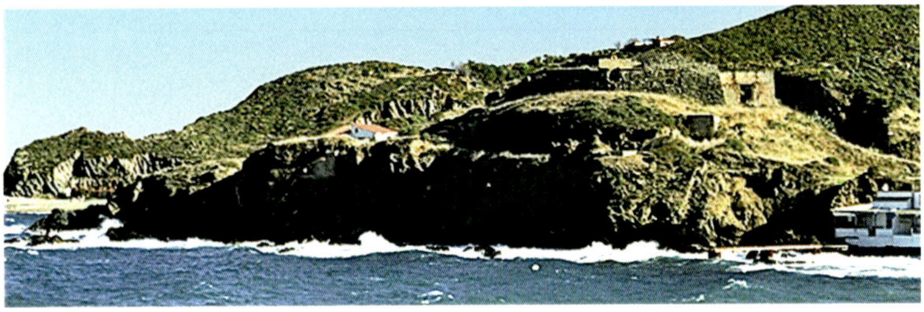

Rouge', que Mackintosh peignit ***The Rock***. Le style et la technique employés pour cette œuvre comparés à son précédent tableau ***A Southern Port*** sont sensiblement différents. Ce fut l'un de ses derniers tableaux. Les rochers sont démesurés et décoratifs, presque abstraits, et contrastent de manière aiguë avec la représentation de la ville à l'arrière-plan. Mackintosh commença le tableau au début du mois de mai 1927 et le termina au milieu du mois de juin. On l'imagine aisément, assis près du rivage avec son papier fixé à un carton, dans son pantalon en velours tout usé, espérant que le vent n'enfle pas et ne rende pas son travail plus difficile.

Le 28 mai, '*Je me suis levé à 6h30*

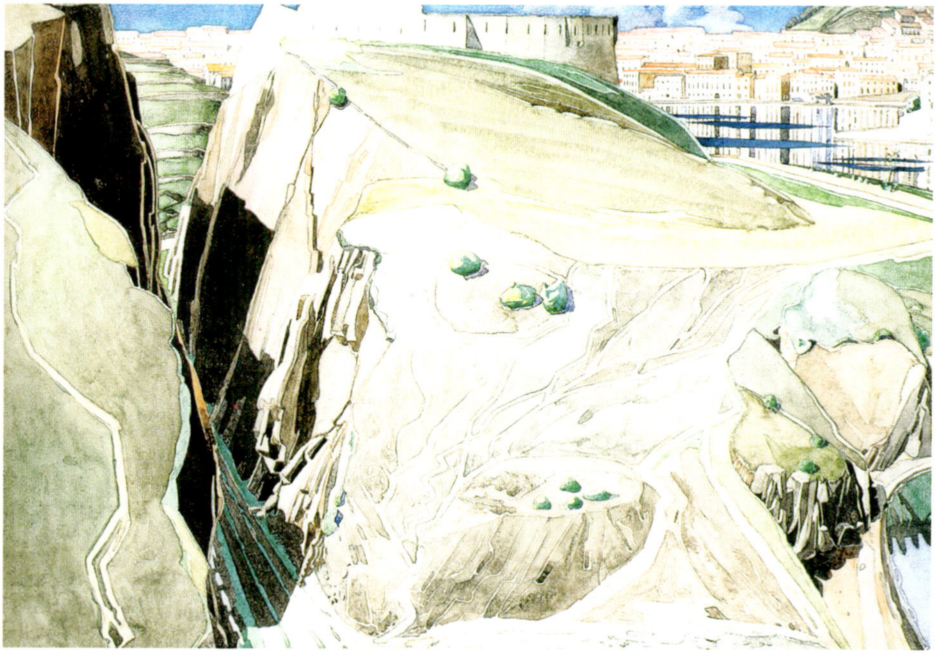

Port-Vendres 1925–26
watercolour
aquarelle

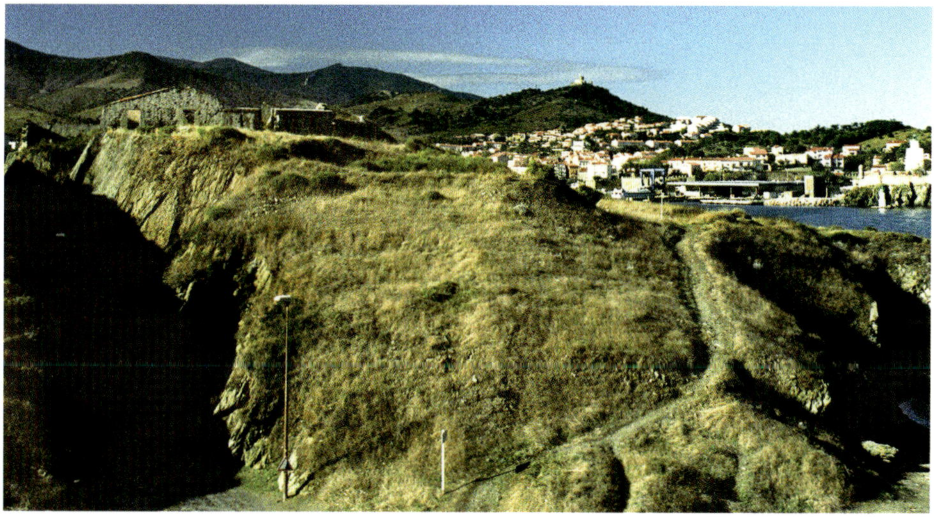

the depiction of the town in the background. He started it at the beginning of May 1927 and finished it in the middle of June. It is not hard to imagine him with his paper clipped to a piece of cardboard, sitting by the

et je descendis peu après 7 heures. L'atmosphère était claire et parfaite, avec à peine un peu de vent ; je me mis à travailler bien avant 8 heures sur notre château (Fort Mailly), pas sur **The Rock**. *Il semble que c'était là*

shore in his well worn corduroy trousers, hoping that the wind would not strengthen and make painting difficult.

On 28 May '*I got up at 6.30 and was down soon after 7.00. The air was clear and perfect and hardly any wind – I was at work well before 8 o'clock at our castle* [Fort Mailly], *not at the 'Rock.' It seemed to be the thing I was ready to do – I got on very well and worked till 12 o'clock. This drawing is now practically finished and I think it is very good of its kind – I shall give it another short morning as there are one or two things that might still be done – little points of closer observation – I find*

ce que j'étais prêt à faire ; la toile avançait fort bien et je continuai jusqu'à midi. Ce dessin est maintenant pratiquement achevé et je pense qu'il est très bon dans son genre ; je lui consacrerai une autre petite matinée, car il y a un ou deux points qui demandent encore à être travaillés, quelques détails nécessitant une observation plus précise... Je trouve que chacun de mes dessins a quelque chose, mais qu'aucun ne possède tout. Il faut y remédier – il n'y a pas de vert dans mon dernier dessin, et c'est une suppression que désormais je recherche constamment – tu connais mes difficultés : j'ai, comme tu le sais, une propension

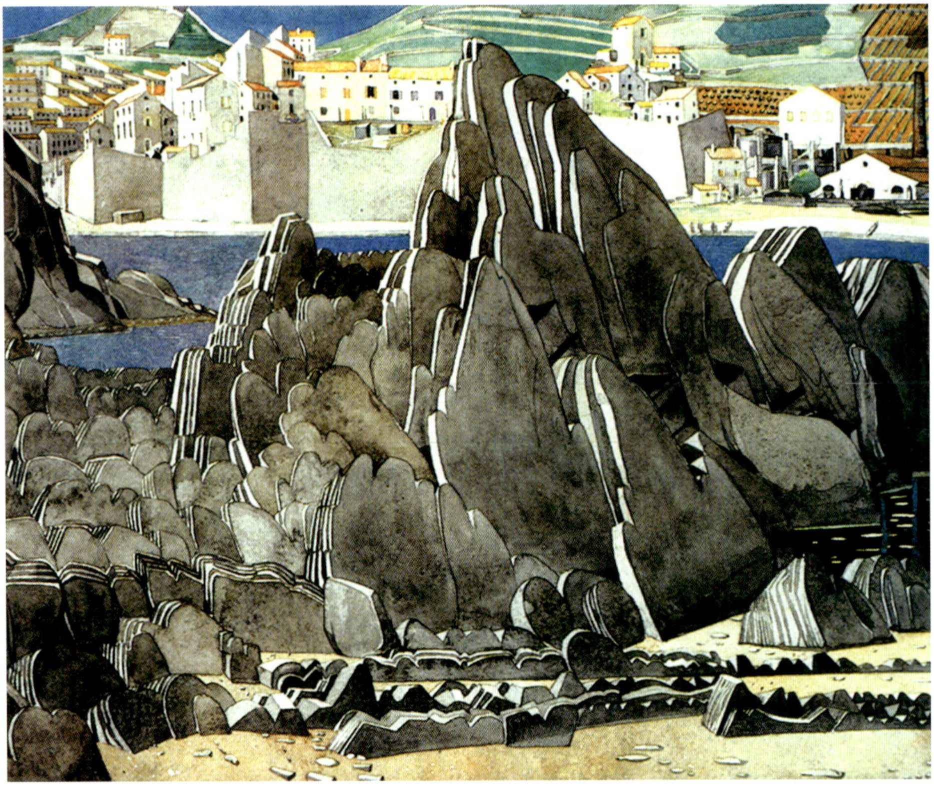

The Rock 1927
watercolour
aquarelle

that each of my drawings has something *but none of them have* everything. *This must be remedied – the last drawing has no green and that is one elimination that I am now always striving for – you will understand my difficulty knowing as you do my insane aptitude for seeing green and putting it down here, there and everywhere the very first thing – this habit complicates every colour scheme I am aiming at so I must get over this vicious habit. The 'Rock' has some green and now I see that instead of painting this first, I should have painted the great grey rock first then I probably would have had no real green. But that's one of my minor curses – green – green, green – if I leave it off my palette – I find my hands – when my mind is searching for some shape or form – squeezing green out of a tube – and so it begins again.'*

There is a delicate balance in our vision between red and green, and every individual sees colour slightly differently. Mackintosh's propensity for green perhaps blinded him slightly to the subtleties at the red end of the spectrum. The coast from Collioure to the Spanish frontier is known as the Vermilion coast. But although Margaret referred to '*this lovely rose coloured land*,' it is not a colour that comes through much in his paintings. There are yellows and greens and red roofs but the rosy tint in the rocks and the earth and of the autumn vines hardly features. Even the pantiles in his paintings are generally red or bluey red.

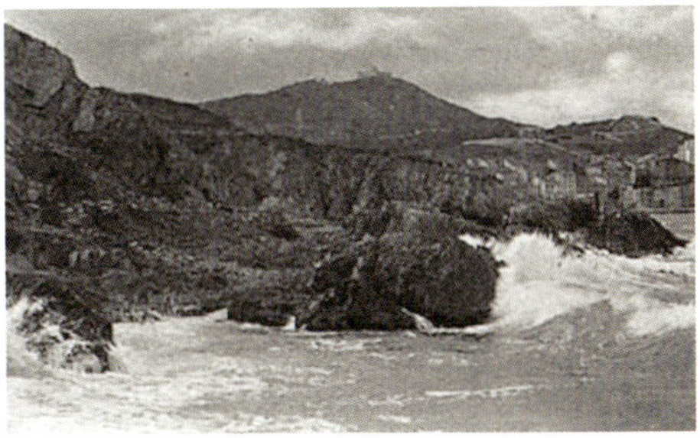

The Rock

maladive à voir et mettre du vert ici, là et partout, avant toute autre chose ; cette odieuse habitude complique chaque combinaison de couleurs que j'essaie d'obtenir, aussi je dois absolument m'en débarrasser. ***The Rock*** *comprend quelques touches de vert, et à présent je vois bien qu'au lieu de peindre ceci en premier, j'aurais dû d'abord représenter le grand rocher – je n'aurais alors probablement pas utilisé de véritable vert. Mais c'est l'une de mes petites malédictions – du vert, du vert, du vert ! – si je l'élimine de ma palette, alors ma main – tandis que mon*

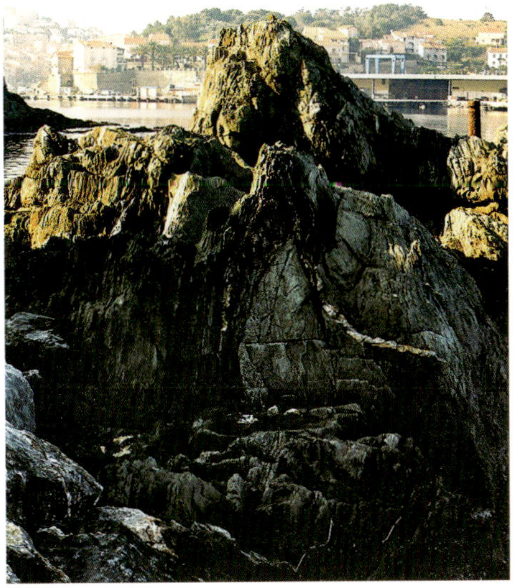

The closest he gets is perhaps in ***La Ville*** *(11)*, painted from the hillside above the Rue du Soleil, looking back at the Quai Forgas and the Rue Jules Pams. It is a careful balance between the man-made and the natural landscape. In the picture, halfway down the Quai you can see the Hotel du Commerce, with the large canvas awning belonging to the Café.

The building which is now the Hotel de Ville was in Mackintosh's time the home of Joseph Louis Pams of the wine merchant family, a

esprit recherche une forme quelconque – se saisit d'un tube et le presse pour en faire jaillir du vert – et ainsi tout recommence'.

Il existe dans notre vision un équilibre délicat entre le rouge et le vert, chacun ayant une perception des couleurs légèrement différente. La tendance de Mackintosh à percevoir la couleur vert l'empêchait peut-être légèrement de percevoir les subtilités du rouge, à l'autre bout du spectre. La côte qui s'étend de Collioure à la frontière espagnole est également

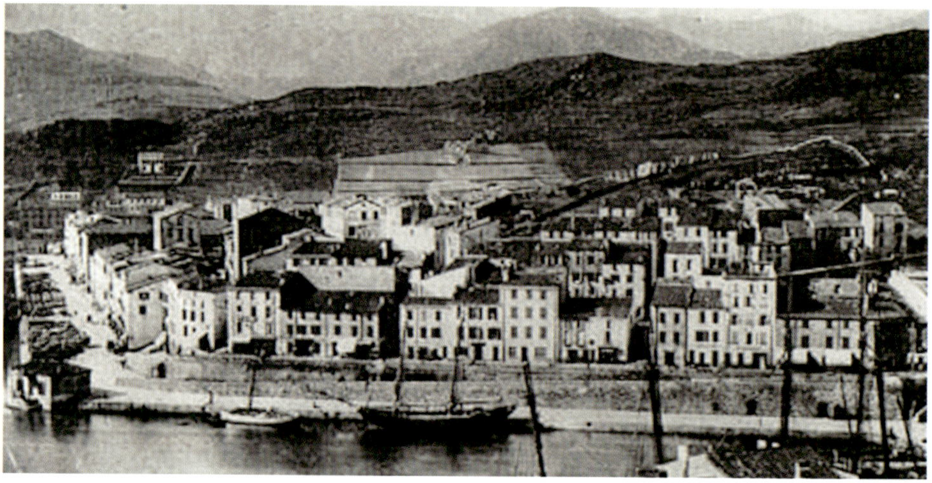

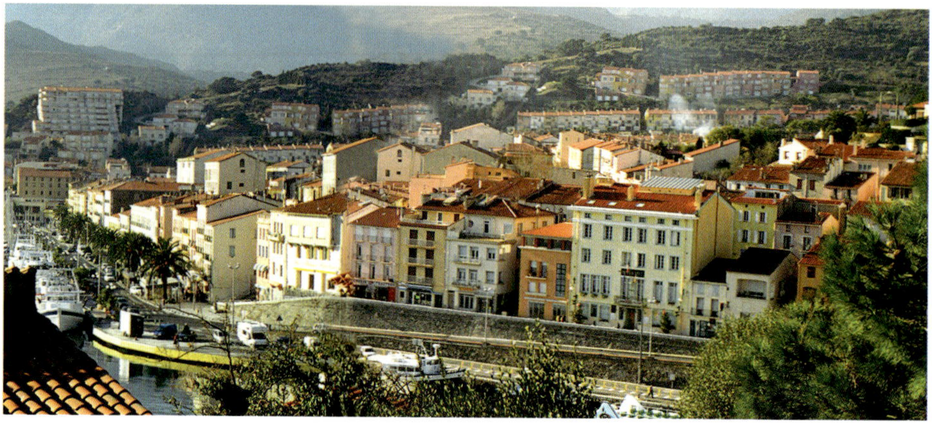

The Quays:
then and now
Les quais d'antan et d'aujourd'hui

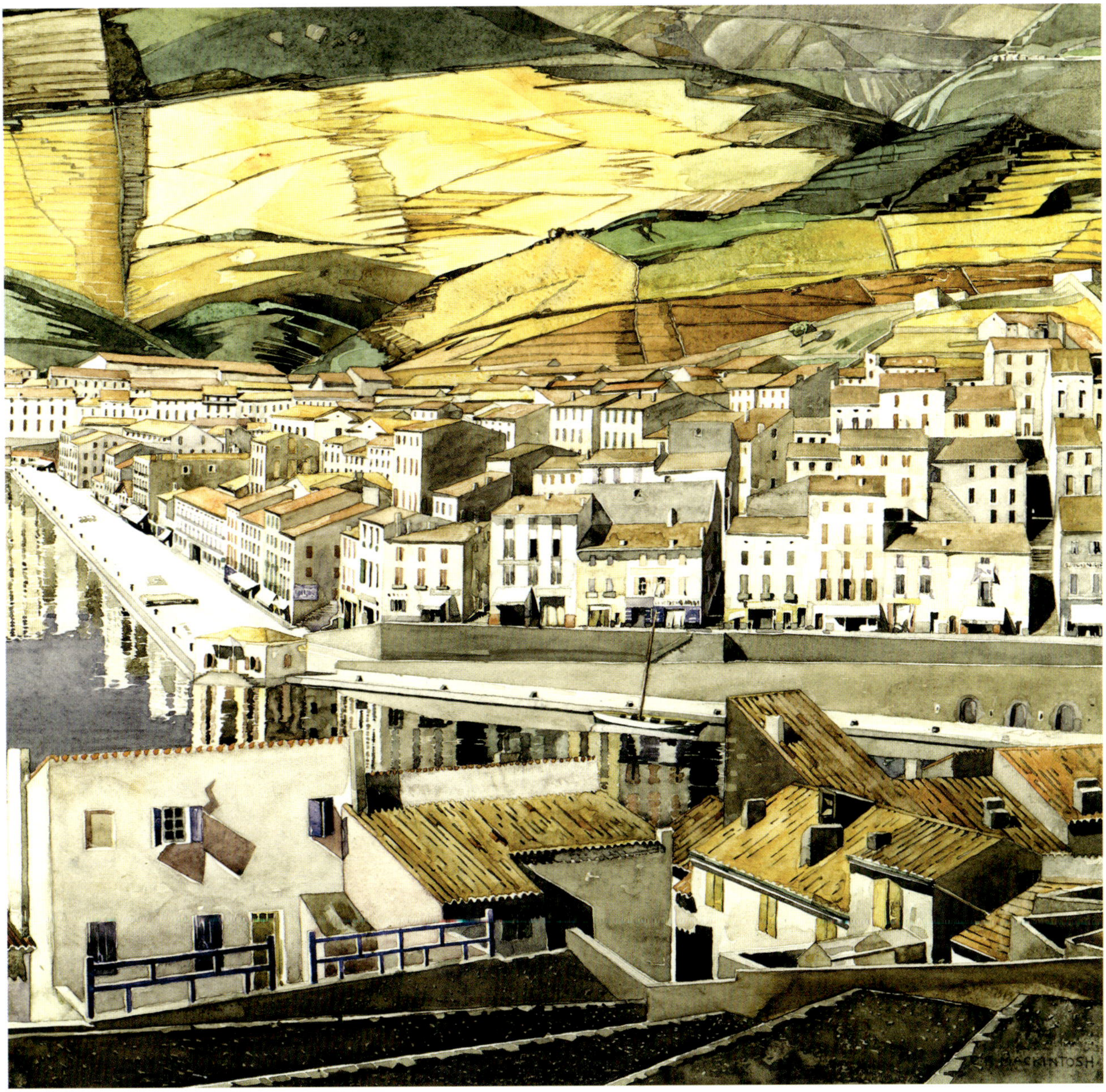

La Ville 1926
watercolour
aquarelle

senator and former minister whose widow donated the house to the town. The wooden panelled dining room with its 1913 murals now serves as the council chamber and is

connue sous le nom de Côte Vermeille. Bien que Margaret fasse allusion à '*ce magnifique pays teinté de rose*', ce n'est pas une couleur que l'on voit souvent dans les peintures

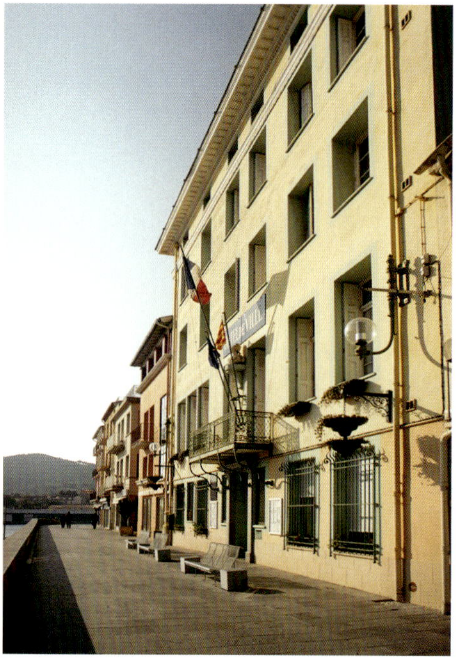

L'Hôtel de Ville

used for weddings. Interestingly the house was designed by a Danish architect, Viggo Dorph-Petersen, who was living in the Pyrénées-Orientales at exactly the same time that Mackintosh was standing the architectural world on its head in Glasgow and Vienna. The difference between Dorph-Petersen's contemporary style and Mackintosh's modernism is even more remarkable when you compare, say, Mackintosh's design for The House For An Art Lover with Chateau Valmy just outside Collioure, which was also designed by Dorph-Petersen at much the same time.

Just out of picture to the right is the Place de l'Obélisque. This was the military HQ of the naval port, and is an architectural ensemble of buildings

de son époux. Il y a des jaunes, des verts et des toits rouges, mais la nuance rose des rochers, de la terre et des vignes d'automne est à peine suggérée. Même les tuiles sont dans ses tableaux généralement rouges ou rouge bleuté.

La Ville (11) est peut-être le tableau dans lequel il s'approche le plus de cette nuance ; il le peignit depuis le flanc de la colline dominant la rue du Soleil, et donnant sur le quai Forgas et la rue Jules Pams. Il y règne un équilibre soigneusement élaboré entre le paysage naturel et celui issu de la main de l'homme. Dans le tableau, à mi-chemin du quai, vous pouvez voir l'hôtel du Commerce et le grand auvent de toile du Café.

Le bâtiment de l'actuel Hôtel de Ville était du temps de Mackintosh la demeure de Joseph Louis Pams, fils d'une grande famille de marchands de vin, sénateur et ancien ministre dont la veuve a légué la maison à la ville. La salle à manger recouverte de panneaux de bois et décorée de fresques datant de 1913 sert aujourd'hui de salle de conseil et des mariages peuvent s'y dérouler. Il est intéressant de remarquer que cette maison fut dessinée par un architecte danois, Viggo Dorph-Petersen, lequel vivait dans les Pyrénées-Orientales exactement au même moment où Mackintosh révolutionnait le monde architectural à Glasgow et Vienne. La différence entre le style contemporain de Dorph-Petersen et le modernisme de Mackintosh devient encore plus

erected to the glory of Louis XVI which escaped destruction during the French Revolution. The royal coat of arms can still be seen on the gable of the left hand wing. In the 1920s the complex was still complete but in 1944 the wings both suffered damage from the Germans and the right hand one was almost completely destroyed.

The Governor's house, with its pink dome, remained intact and is now used as the town's art gallery. It is known as The Dôme and is the site of the 2nd Mackintosh Interpretation Centre, which is reached through the garden and tells the story of the Mackintoshes' life and discovery of the coast. There are plans to restore the whole complex and each year, little by little, it is gradually re-emerging from the wartime ruins.

In the square itself stands the

remarquable si l'on compare la Maison d'un Connaisseur d'Art avec le Château de Valmy, également réalisé par l'architecte danois à peu près à la même époque.

Juste au-delà des limites du tableau, vers la droite, se trouve la Place de l'Obélisque. Cette place, qui fut le quartier général du port militaire, constitue un ensemble architectural érigé à la gloire de Louis XVI, et échappa aux destructions de la Révolution Française. On peut encore voir le blason royal sur le pignon de l'aile gauche. En 1920, l'ensemble était encore complet, mais en 1944 les deux ailes subirent de graves dommages sous les assauts des Allemands, et celle de droite fut totalement détruite.

La maison du Gouverneur, avec son dôme, est restée intacte. C'est à

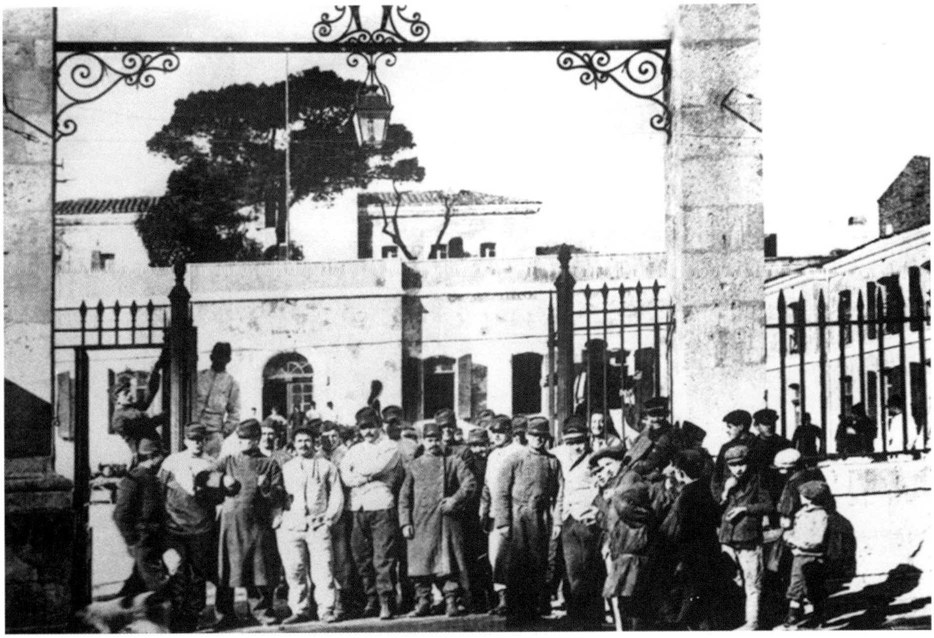

The garrison
La garrison

Obélisque. The bronze reliefs which replaced the originals – which were destroyed during the Revolution – honour the French navy, free trade, the abolition of slavery and, uniquely in France, American independence. The four corner statues represent the four continents known at the time. Facing the port, the War Memorial is surmounted by Venus bestowing the palms of victory. This was erected just two years before Mackintosh's arrival and was created by Aristide Maillol, who was born in Banyuls and was working there in the 1920s. His house is now a museum.

Further along the north shore, just before you reach the lighthouse, is the Criée, Port-Vendres' amazing fish market and a major centre of the fish trade. To get there you walk through the boatyard where fishing boats are hauled out of the water for maintenance. In a large modern building, you can buy virtually any kind of fish. If it has not been caught

Place de l'Obélisque: barracks on the right
les casernes à droite

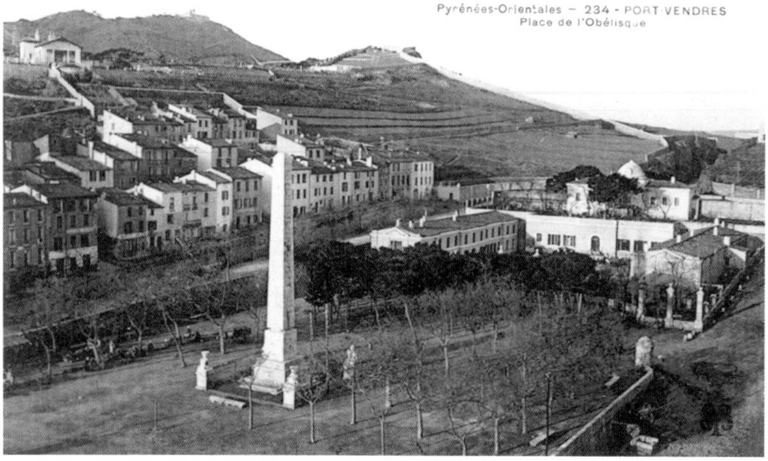

présent la galerie d'Art de la ville. Connue sous le nom de 'Dôme', c'est le site du second Centre d'Interprétation Mackintosh, dont l'entrée se trouve côté jardin, et qui raconte comment les Mackintosh ont vécu et découvert la côte. Il est prévu de réhabiliter l'ensemble de ce complexe et chaque année, petit à petit, il renaît graduellement des ruines datant de la guerre.

Au centre du square proprement dit se trouve l'Obélisque. Les bas-reliefs en bronze remplacent les originaux qui furent détruits pendant la Révolution. Ils rendent honneur à la Marine française, au libre commerce, à l'abolition de l'esclavage et, cas unique en France, à l'indépendance des Etats-Unis. Des statues disposées aux quatre coins de l'Obélisque représentent les quatre continents connus à l'époque. Faisant face au port, le mémorial de guerre est surmonté par une Vénus accordant les palmes de la victoire. Il fut érigé deux ans avant l'arrivée des Mackintosh, et fut conçu en 1920 par Aristide Maillol (1861–1944), né à Banyuls-sur-Mer où il vécut et travailla. Sa maison est aujourd'hui devenue un musée.

En allant plus loin sur le rivage, juste avant d'arriver au phare, se trouve la Criée, l'incroyable marché aux poissons de Port-Vendres et principal centre du commerce de poissons. Pour l'atteindre, on traverse la zone de chantier portuaire, où l'on hisse les bateaux hors de l'eau pour leur entretien. Dans un grand

locally it has been shipped in – lobsters from the Hebrides, scallops from the Solway, oysters from Barcarès. There are tanks of live crabs and lobsters as well as fish. But in Mackintosh's day, this was ***The Little Bay (12),*** with fishing boats drawn up on a shore lined with huts. His painting of it is unpeopled – a geometric pattern of shadows, buildings and frozen ripples in the water. It is full of colour and light and was later signed by Mackintosh when he was dying. He often forgot to sign his paintings at the time of their creation. Now La Petite Baie is partly a boatyard and partly the fishmarket but the staircase on the right of the picture, with its knob and rail, is still there. The bollard is an old cannon reutilised, one of many round the quay.

Mackintosh sought solitude when he was painting but he did not always get it. '*Last Thursday was perfect Hell. All the schoolboys discovered me at the 'Rock' and I had a crowd of kids sprawling round me near and far that suggested a Red Indian encampment – once they had seen what I was doing they were content to sit and lie in groups all round – I don't know if this was a tribute to the magnetism of my personality or a manifestation of a traditional sense of communal well being in the youth of Port-Vendres. Anyway they were content to give up all their games, fishing, paddling, bathing, swimming &c, &c, &c and sprawl round my*

bâtiment moderne, il est possible d'acheter pratiquement toutes les sortes de poissons existantes. S'ils n'ont pas été pêchés localement, ils ont été transportés par bateau jusqu'ici : langoustines des Hébrides, coquilles Saint-Jacques du Solway, huîtres du Barcarès... On y voit des bassins de crabes, de langoustines et de homards et même de poissons encore vivants. Mais à l'époque des Mackintosh, c'était encore ***The Little Bay*** (12), avec des bateaux de pêche remontés sur un rivage bordé de cabanes. Le tableau qui la représente est totalement dépourvu de vie humaine – c'est un modèle géométrique d'ombres, de bâtiments et de vaguelettes figées. Il déborde de couleurs et de lumière, et fut signé plus tard par Mackintosh sur son lit de mort : il oubliait souvent de signer ses tableaux au moment de leur création. La Petite Baie est désormais partagée entre la zone de chantier et le marché aux poissons, mais les escaliers sur la droite du tableau avec leur pommeau et leur rampe sont toujours là. La bitte d'amarrage est en fait à l'origine un vieux canon. Il y en a un grand nombre de ce type le long des quais.

Mackintosh recherchait la solitude afin de peindre, mais il ne la trouvait pas toujours. '*Jeudi dernier fut un véritable enfer. Tous les écoliers me découvrirent alors que je travaillais à The Rock et j'eu bientôt une nuée de gosses s'étalant de toutes parts et me rappelant un campement d'Indiens – après avoir constaté la nature de mon*

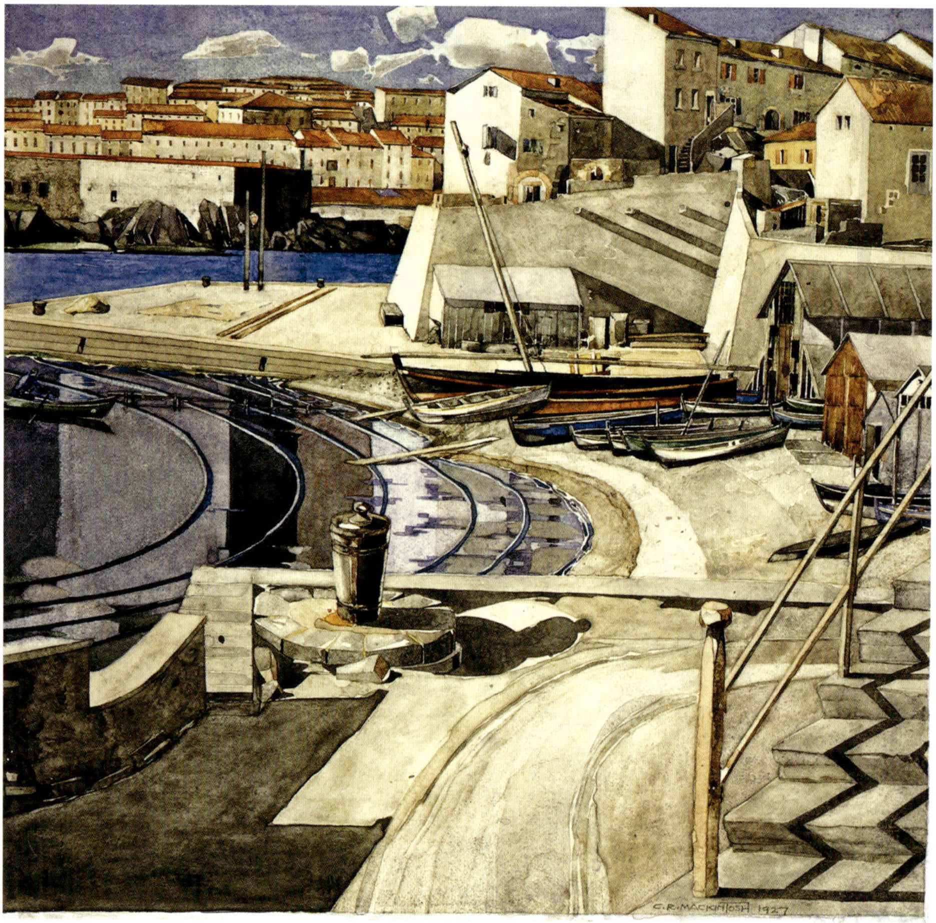

The Little Bay 1927
watercolour
aquarelle

perch like a lot of chattering monkeys.'

There were other nuisances too. '*The number of insects of every description that one meets if you are working on a sheet of white paper either indoors or out of doors is incredible – I am shooing them aside on this sheet now and it was the same this morning when I was painting – a crowd of insects of every shape, size and colour follow your pen, pencil or brush as you go over the page... I*

occupation, ils se contentèrent de s'asseoir ou de s'allonger en groupes tout autour de moi. Je ne sais pas si je dois l'attribuer au magnétisme de ma personnalité ou à une manifestation du bien-être villageois de la jeunesse port-vendraise... En tout cas, ils abandonnèrent sans regret tous leurs jeux : pêche, barque, baignade, natation, etc., etc., etc., et s'installèrent autour de mon chevalet tel une bande de singes bavards.'

Mais ce n'était pas là sa seule

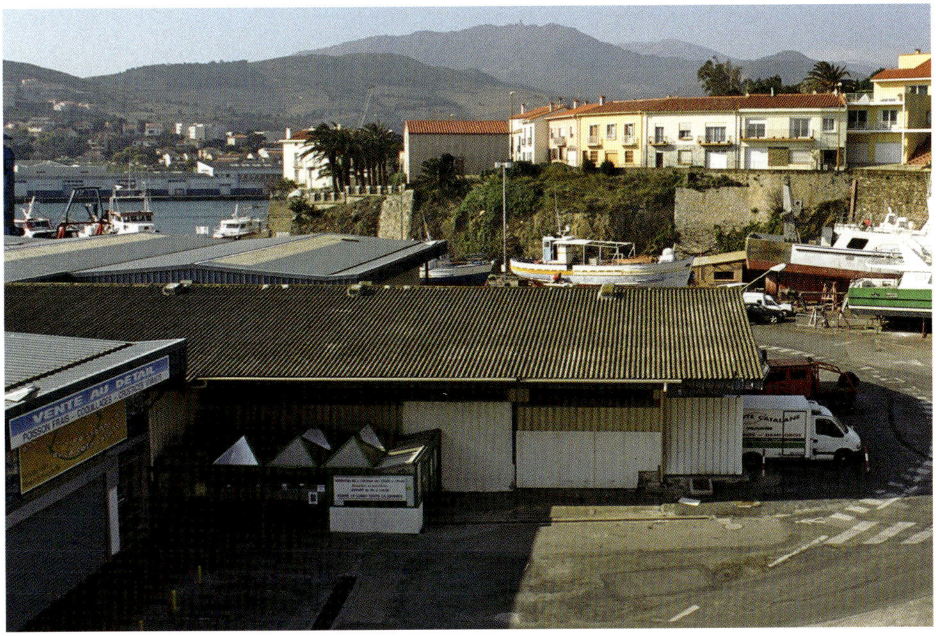

The Little Bay then and now
D'antan et aujourd'hui

don't mind most of these small fry but I object to ants especially when they get venturesome and get imprisoned under your clothing – then they can and do bite – I had to strip the other day when I returned. I thought there must be one hundred but I only found two – but they are masters at giving an impression of a crowd. One or two usually walk off me when I am at lunch much to Kim's [the waiter] *amusement.'*

And again:

'The last three mornings my drawing has been covered with all sorts of insects that I have to brush aside – the ones I don't hurt are innumerable small red spiders – they are all over my drawing and have to be gently brushed aside because I am still hoping they indicate luck although I know they can't bring luck

source de désagréments : '*Le nombre d'insectes de tous genres que l'on peut rencontrer lorsqu'on travaille sur une feuille de papier blanc, que ce soit à l'intérieur ou à l'extérieur, est incroyable – je dois les chasser de ce papier alors même que j'écris, comme je l'ai fait ce matin pendant que je peignais – une foule d'insectes de*

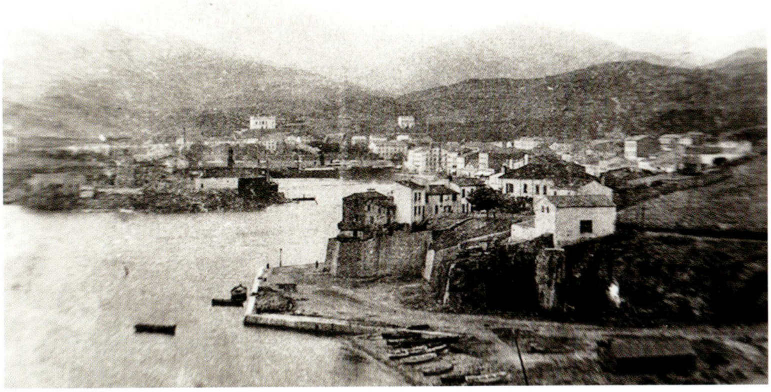

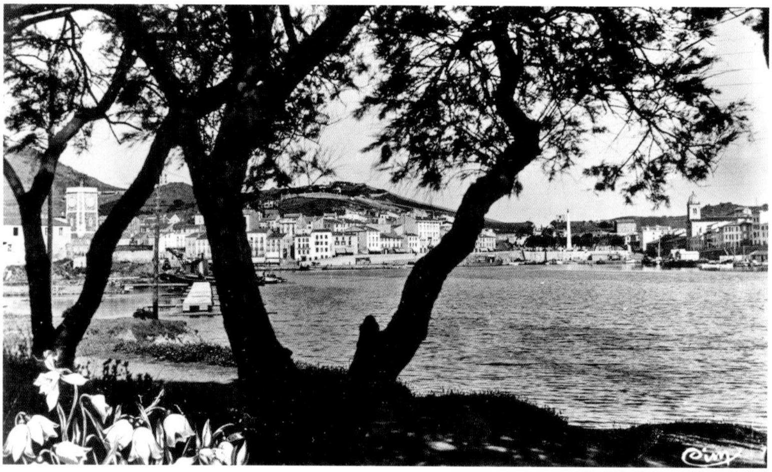

The tamarin trees then and now
Les tamarins d'antan et d'aujourd'hui

– then ants – well I don't gently brush them aside – they go flick and now of all pests is your favourite Dung Beetle who is flying about and will land on me or my drawing in large numbers – they are very quaint – if you touch them or frighten them they simply draw in their wings, tuck their legs and pretend to be an inanimate black pebble which you can roll about and they show no sign of being alive.'

But other visitors were more welcome. There was a grey spotted dog that sometimes sat with him and walked him home and there was a crow who was '*very faithful and comes to me each day wherever I am – he told me a lot this morning but*

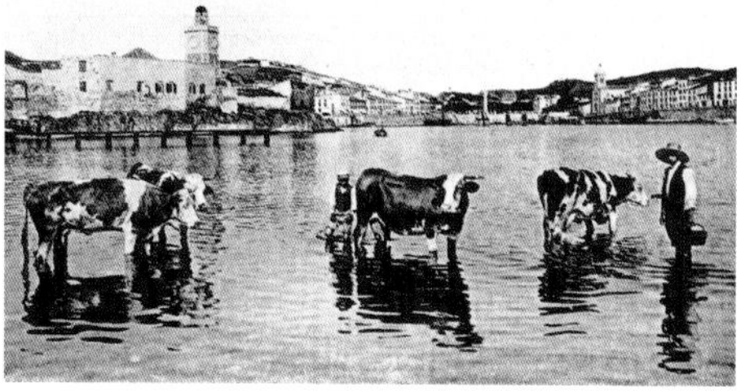

Cattle in the sea by the tamarin trees
Des vaches qui pataugent dans la mer à côté des tamarins

différentes formes, tailles et couleurs suivent le crayon, le pinceau ou la brosse au fur et à mesure que tu progresses sur la page... La plupart du temps ces petits êtres ne me dérangent guère, mais je n'apprécie particulièrement pas les fourmis, surtout lorsqu'elles deviennent aventureuses et se retrouvent emprisonnées sous mes vêtements – elles se mettent alors à mordre – l'autre jour, j'ai même été obligé de me déshabiller à mon retour. Je croyais qu'il y en avait une centaine mais je n'en ai trouvé que deux – il faut dire qu'elles sont passées maîtres dans l'art de donner l'impression de nombre. Il y en a régulièrement une ou deux qui se promènent sur moi et gagnent la table pendant que je mange, au grand amusement de Kim (le garçon).'

Et encore :

'*Ces trois derniers jours, mon dessin a été envahi par toutes sortes d'insectes que j'ai dû chasser – ceux que je ne blesse pas sont d'innombrables petites araignées rouges – elles recouvrent mon dessin et doivent être poussées délicatement, car j'espère toujours qu'elles sont un signe de chance, bien que je sache qu'elles ne peuvent pas vraiment porter bonheur – quant aux fourmis, eh bien, je ne les pousse pas délicatement – je leur donne une bonne chiquenaude qui les envoie valser ; et maintenant de tous les parasites, voici votre coléoptère préféré : le bousier. Il y en a un grand nombre qui volent et viennent se*

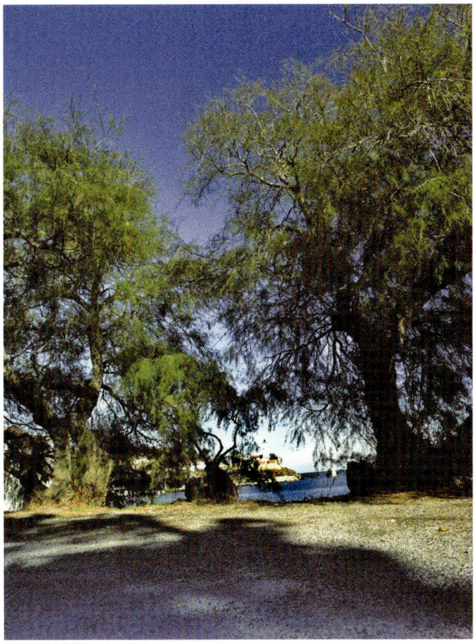

The last remaining Tamarin trees
Les derniers tamarins restants

being ignorant I did not know a word he said – it may only be that he thinks I am an overfed beast not to bring him some nourishment for his wife and his young...'

And on another occasion:

'I must have a special smell or something because when I was sitting under the Tamaris trees this morning, my old crow came along and told another long tale. The Milkmaid was there once when he came and was quite mystified – wondering what he wanted – he seems to find me out wherever I go – it is certainly very queer – but I like to hear his Caw, Caw, Caw.'

What is left of the Tamarin trees grow at the extreme end of the commercial terminal but in 1926 they stretched into what is now part of the port area and it was here that

poser sur moi ou sur mon dessin –ils sont très communs ici– ; si je les touche ou les effraie, ils replient leurs ailes, coincent leurs pattes sous eux et font semblant d'être de simples petits cailloux noirs inanimés, que l'on peut faire rouler de-ci de-là, sans qu'ils ne manifestent le moindre signe de vie'.

D'autres visiteurs étaient cependant bienvenus, comme ce chien gris tacheté qui parfois s'asseyait près de lui et le raccompagnait jusqu'à sa maison. Il y avait également une corneille qui '[est] *très fidèle et vient me voir chaque jour où que je sois – elle m'a longuement parlé ce matin, mais ignorant comme je suis, je n'ai pas compris un traître mot – peut-être pense-t-elle que je suis une bête bien gloutonne pour ne pas même lui apporter quelque nourriture pour sa femelle et son petit...'*

Et en une autre occasion :

'Je dois dégager une odeur particulière ou quelque chose dans ce genre, car tandis que j'étais assis sous les tamarins ce matin, ma bonne vieille corneille est arrivée et m'a à nouveau raconté une longue histoire. Une fois, la marchande de lait assista à l'une de ses visites, et elle en fut tout à fait perplexe – se demandant ce que la bête pouvait bien vouloir. Elle semble être capable de me retrouver où que j'aille – certes, c'est très étrange – mais j'aime bien entendre ses Crôa, Crôa, Crôa.'

Les quelques tamarins survivants poussent à la pointe du terminal commercial, quelques tamarins subsistent encore à côté de la route de

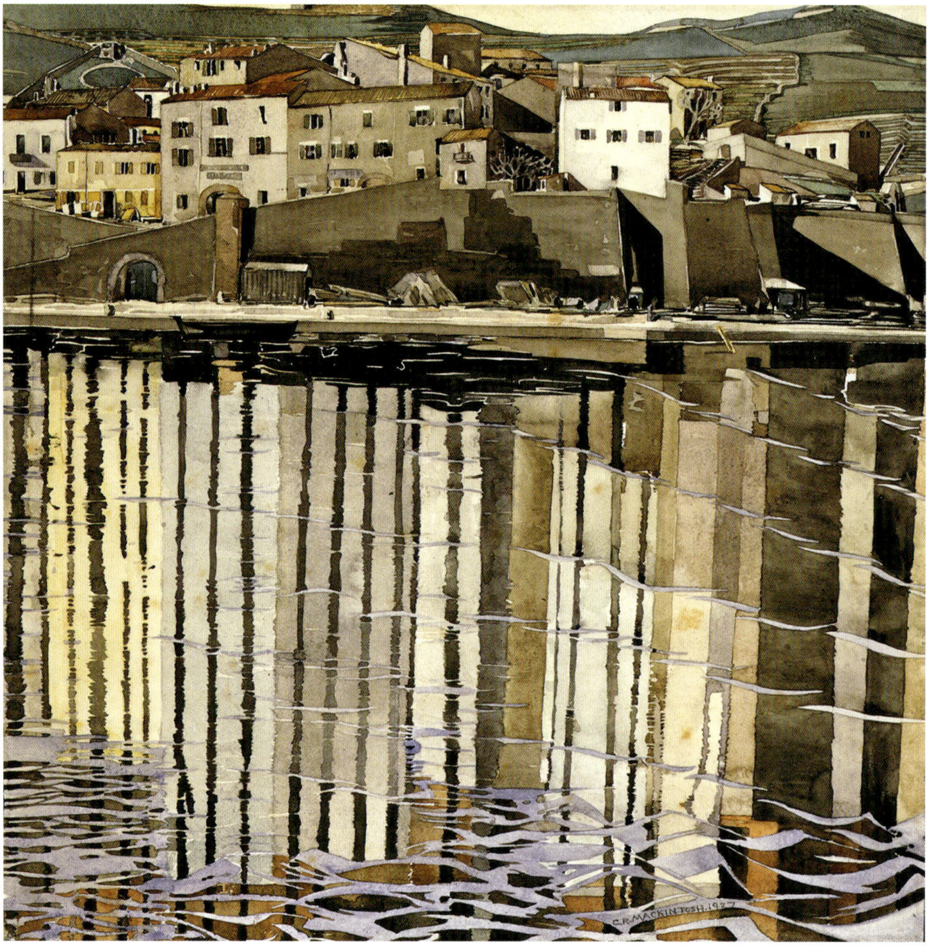

La Rue du Soleil 1926
watercolour
Aquarelle

Mackintosh painted ***La Rue du Soleil** (7)*. At other times he went there just to read. When, in 1927, Margaret was in London, he wrote: '*It has been a perfectly glorious morning – no wind, the sea the same as I painted for Fort Mauresque, absolutely flat and bright blue – I only got as far as the Tamaris Trees where I sat on my three-legged stool and tried to do three things – to read – to look about me – and – to think. I know I did not read – I may have looked about me*

la Jetée mais en 1926 ils s'étendaient sur une plage qui, aujourd'hui est le port de commerce et c'est de cette plage que Mackintosh a peint ***La Rue du Soleil*** (7). D'autres fois il y venait simplement pour lire. En 1927, il écrivit à Margaret alors qu'elle était à Londres : '*J'ai passé une matinée splendide en tout point – pas de vent, la mer telle que je l'ai représentée dans 'le Fort Mauresque', totalement plane et d'un bleu intense – je ne suis allé que jusqu'aux tamarins, et me*

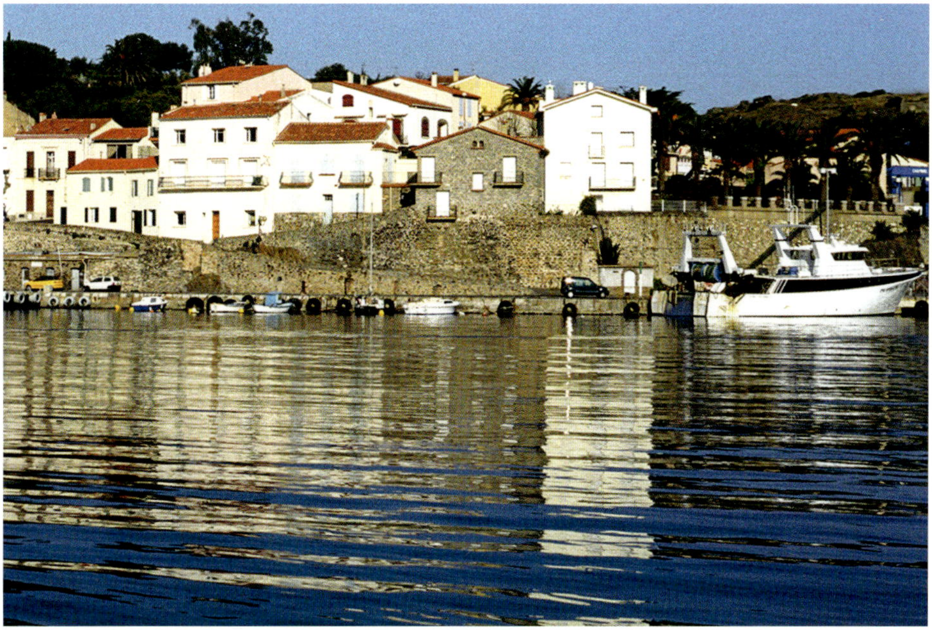

Mackintosh's view of La Rue du Soleil today

La Rue du Soleil vue par Mackintosh, telle qu'elle est aujourd'hui

and I know I thought and particularly about you – wishing you were there also – even allowing for the fact that after ten minutes you would declare that your delicate bum was not made to sit on and insist on moving on.'

He missed her terribly while she was away and wrote her every day. '*It seems queer to have your room opposite empty – very queer and very lonely...*'

Her replies to him have not survived but we have a hint of them. '*In your last letter I hear a little cry as if you were tired of being alone – Well Margaret I have hated being alone all the time – nothing is the same when you are not here – everything has a flatness – I feel as if I am waiting for something all the time, and that is true because I am waiting for you...*

suis assis sur mon tabouret à trois pieds, essayant de faire trois choses à la fois : lire, regarder autour de moi, et penser. Je sais que je n'ai pas lu – j'ai peut-être regardé autour de moi – mais je sais que j'ai pensé, et surtout à toi – souhaitant que tu sois près de moi – même sachant qu'au bout de dix minutes, tu déclarerais que ton délicat postérieur n'est pas fait pour rester assis et que tu insisterais pour continuer la promenade.'

Elle lui manqua terriblement durant son absence et il lui écrivit chaque jour :

'qu'il est étrange de savoir vide ta chambre voisine – Comme c'est étrange, et comme je me sens seul !...'

Nous n'avons plus trace des réponses de Margaret, mais il existe des indices de leur teneur : '*Dans ta*

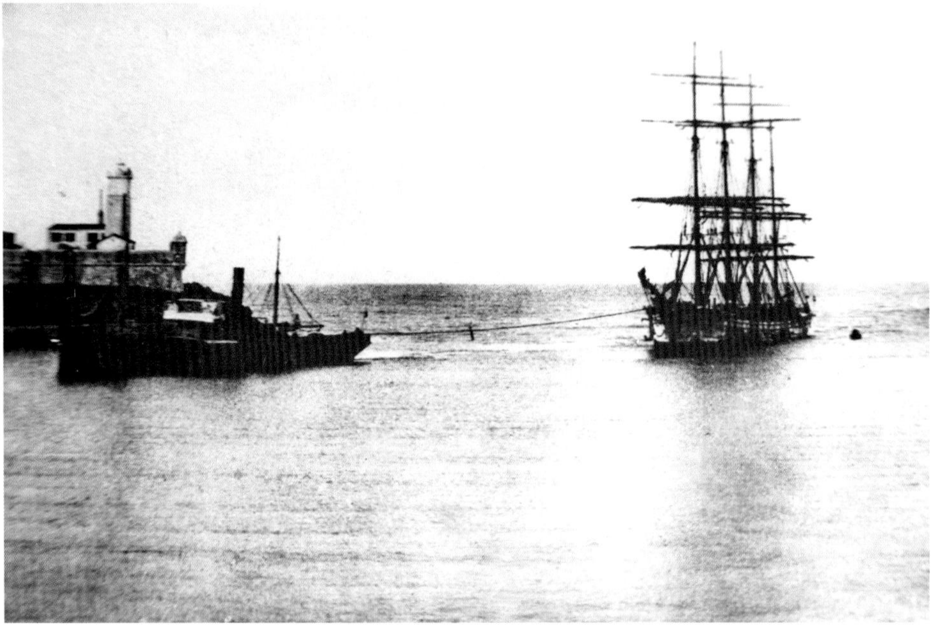

Schooner being towed into port

Halage d'un quatre-mâts dans le port

'Tomorrow being Sunday, I must go alone for a solitary walk – again no Margaret – everything works out no Margaret – no Margaret... I miss you and I want you and I look forward to the time when I don't need to write – because you will be here.'

dernière lettre, j'ai senti une petite larme, comme si tu étais fatiguée d'être seule – Eh bien, Margaret, j'ai détesté être seul tout le temps qu'a duré ton absence – rien n'est pareil quand tu n'es pas là – tout est plat – il me semble que j'attends sans cesse quelque chose, et c'est vrai, puisque je t'attends...

'Demain étant un dimanche, je vais donc devoir sans toi aller faire une marche solitaire – à nouveau : pas de Margaret – tout me crie : pas de Margaret, pas de Margaret... Tu me manques et je te veux et j'attends avec impatience le moment où je n'aurai plus besoin de t'écrire – parce que tu seras là'.

Final Journey 1927

The letters which were written from 12 May to 25 June, Mackintosh called 'The Chronycle.' A week before he and Margaret were reunited he wrote: '*I must say that I shall be glad when you are back and the necessity of chronycle writing is over. I prefer a more intimate form of intercourse:* 'Liebst du, mein Alles du!'.'

The letters survive in the Hunterian archive in Glasgow University and, as the most important surviving written record, provide a rare insight into the couple's private life.

The years in Port-Vendres were perhaps the happiest of their lives. Maybe Margaret found it a little monotonous after a while. He was busy. She was not. She had retired from painting and everything else it seems. A sort of lethargy appears to have overtaken her. She certainly was

Le Dernier Voyage 1927

Mackintosh a baptisé l'ensemble des lettres écrites entre le 12 Mai et le 25 Juin 'La Chronique'. Une semaine avant de retrouver Margaret, il écrivit : '*Je dois avouer que je serai heureux quand tu seras de retour et que la chronique ne sera plus nécessaire. Je préfère une forme de relation plus intime : 'Liebst du, mein Alles du' ! [toi mon aimée, toi mon tout].*'

Les lettres sont encore conservées dans la 'Hunterian Archive' de l'Université de Glasgow, et sont le témoignage écrit le plus important à avoir été archivé, offrant ainsi une vision rare de la vie privée du couple.

Leurs années port-vendraises furent sans doute les plus heureuses de leur vie. Peut-être Margaret y trouva-t-elle la vie quelque peu monotone au bout d'un moment. Mackintosh avait une occupation – elle non. A cette époque,

Port-Vendres

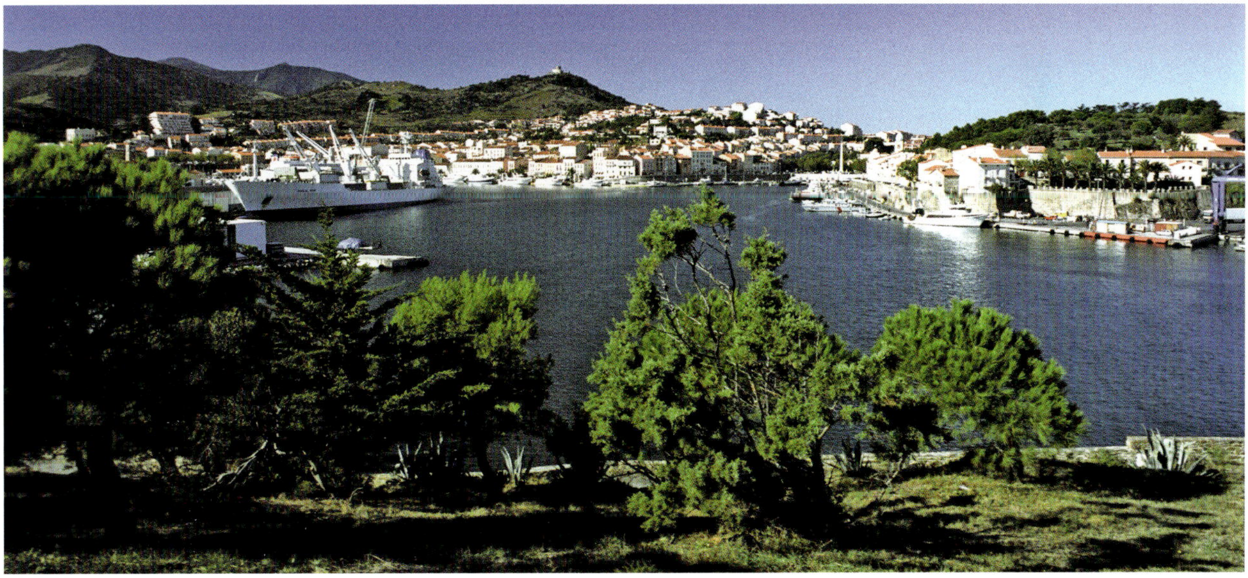

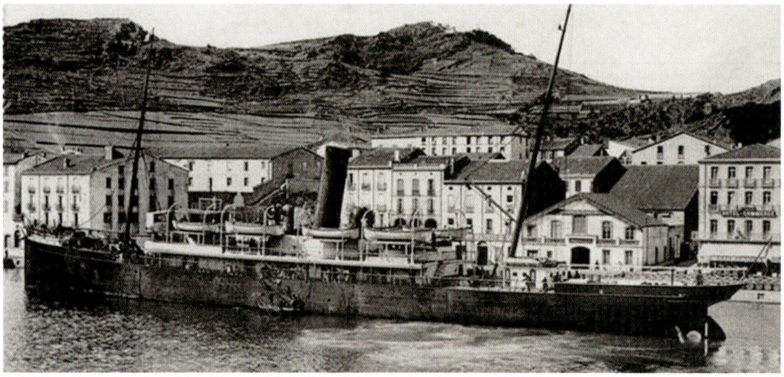

Port-Vendres:
the ferry from Algeria passing
l'Hôtel du Commerce on the right
le Mara arrive d'Algerie passant
devant l'Hôtel du Commerce
à droite

not getting any better and the main reason for the London visit was to get electric treatment for her heart condition. In France she filled her days with reading books and going for long walks. Sometimes they went together. They were relaxed and encapsulated in each other's company. They were in love – a maturer love than when they were first married, but an intensely deep love: '*the merits of two people being chums is the one or the other reinforces his or her*

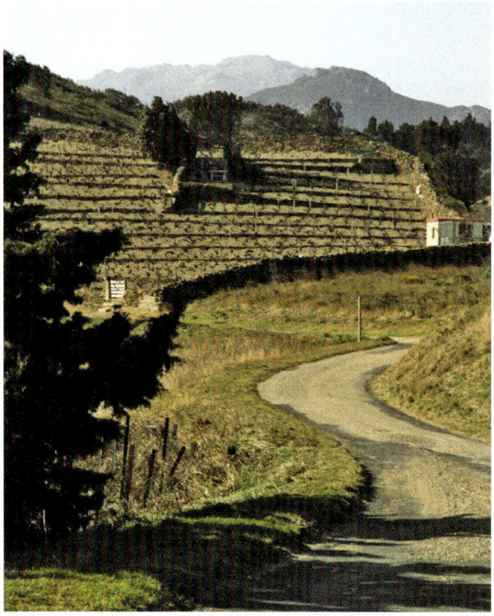

The road through the vines
La route des vignes

il semble qu'elle ait cessé toute activité, artistique ou autre. Elle paraissait souffrir d'une forme de léthargie. Son état n'allait certainement pas en s'améliorant, et la raison de ses visites à Londres avait pour but l'administration d'électrochocs afin de soigner ses troubles cardiaques. Elle meublait ses journées à l'aide de lectures et de longues promenades. Mackintosh l'accompagnait de temps en temps. Ils étaient détendus et totalement absorbés dans la compagnie l'un de l'autre. Ils s'aimaient – d'un amour plus mature que lorsqu'ils étaient jeunes mariés, mais d'un amour néanmoins d'une intense profondeur...

'*L'avantage lorsque deux personnes sont si proches, c'est qu'elles se renforcent l'une l'autre, qu'elles s'apportent mutuellement courage et un soutien moral*'.

Quelquefois, quand la Tramontane ne soufflait pas trop fort, ils montaient jusqu'au Fort St-Elme d'où la vue sur Collioure est superbe. L'antique donjon construit par les rois d'Aragon, fut par la suite, au milieu du 16ème siècle, entouré de fortifications en forme d'étoile. Lors des années 1920, Mackintosh ne trouva qu'une ruine abandonnée. Depuis, l'ensemble a été restauré et c'est aujourd'hui une résidence privée. Brigitte Bardot a voulu l'acheter quand elle était une jeune star mais la ville ayant refusé, elle s'installa à St Tropez. Un chemin d'accès facile permet d'y accéder en 'Petit Train' qui grimpe en été toutes les heures en suivant la route à

chum and gives him or her moral support and courage.'

Sometimes when the Tramontane was not blowing too strongly, they would walk up to the Fort St-Elme from where there is a stunning view looking down on Collioure. The central tower was built by the Kings of Aragon and extended with the star shaped bastions in the mid-16th century, but by the 1920s the fort lay empty and abandoned. It has since been restored and is now a private residence. Brigitte Bardot offered to buy it in her early days of stardom but the town turned her down and she went to St Tropez instead. An easy way to get up here is by the Petit Train, which runs hourly in the summer and follows the road through the vines. A little further up the hill you can see a gun battery – the batterie Dugommier.

During the French Revolution, the Spanish attempted to repossess Roussillon. They occupied Collioure and Port-Vendres. The key to their

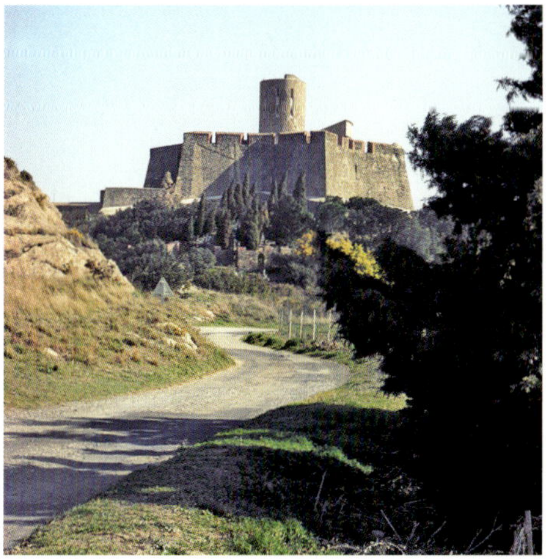

travers les vignes. Un peu plus haut sur la colline, vous pouvez voir une batterie militaire dite 'Dugommier'. Pendant La Révolution, les Espagnols ont eu l'idée de reprendre le Roussillon. Ils ont occupé Collioure et Port-Vendres. La clef de leur défense était le Fort St-Elme. Le général Dugommier est arrivé de l'arrière par des chemins de montagne avec l'artillerie de siège. La maçonnerie du fort a survécu à 14 jours de bombardements. Pour cela, les Français ont dû utiliser onze mille projectiles et soixante mille livres de poudre. A la fin, ils n'avaient plus que deux canons en service alors que les Espagnols n'en avaient plus un seul. Les parapets avaient été complètement rasés et les Espagnols durent capituler.

En tant qu'architecte, Mackintosh a vécu des moments de gloire et de détresse, mais il trouva dans sa peinture à Port-Vendres à la fois accomplissement et bonheur. John Cairney le disait avec justesse : '*S'il s'est construit en Écosse et perdu en Angleterre, c'est en France qu'il s'est vraiment trouvé.*' Il tenait avant tout à sa vie privée. Il citait Browning : Nous devons avoir deux faces '*l'une pour affronter le monde, l'autre à montrer à la femme que l'on aime*'. A Port-Vendres, Margaret et lui connurent à ce niveau une pleine satisfaction dans leur vie publique comme dans leur intimité.

Mais l'argent ne suivait pas et c'était habituellement Margaret qui tenait les comptes. Pendant qu'elle

Fort St-Elme

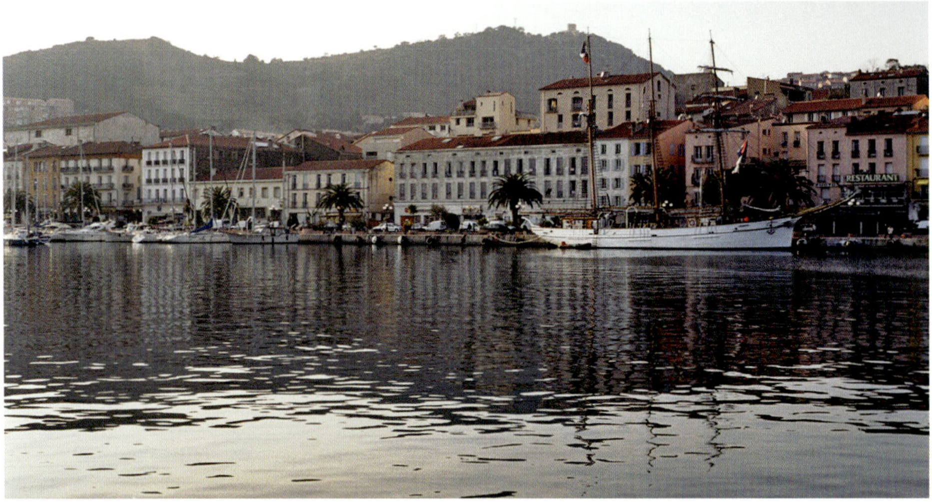

defence was the Fort St-Elme but approaching from the rear, the French General Dugommier managed to haul up 15 heavy guns with which he then pounded the Fort for a fortnight. It took 11,000 cannonballs and 60,000 pounds of powder to reduce the fortifications to rubble. In the end the French only had two guns left in action but the Spanish had none. So the Spanish finally capitulated and the territory was retaken.

As an architect, Mackintosh had hit the heights and floundered in the depths, but in Port-Vendres, as a painter, he found both fulfilment and happiness. As John Cairney so aptly put it: '*If he had made himself in Scotland, and lost himself in England, then he found himself again in France.*' He was essentially a very private person. He quoted Browning: We must have two faces, '*one to face the world with, one to show the woman when we love her.*' Here he and Margaret enjoyed a contentment in

était à Londres, Mackintosh reçut un chèque de 1355 francs venant de la banque Harrod, et il lui écrivit : '*Il y a longtemps que je n'ai eu autant d'argent entre les mains, et c'est comme si j'avais reçu un cadeau d'anniversaire. Ces francs seront gérés avec la prudence méticuleuse que tu as su me montrer si adroitement.*' Il mit ce nouveau sens de l'économie en pratique jusque dans ses lettres, en se limitant à écrire cinq pages d'une écriture serrée – '*cinq feuilles semblent être tout juste dans la limite de poids d'un timbre de 1,50 F*'.

Durant son séjour à Londres, Margaret emmena avec elle quelques-uns de ses tableaux dans le but de les présenter à une galerie et si possible de les vendre. La galerie Leicester lui proposa 30£ (3714 francs) pour son tableau de ***Fetges***, ce qui mit Mackintosh hors de lui. Il trouvait cela tout-à-fait ridicule. '*Cela n'équivaut même pas au salaire d'un ouvrier... Ce prix me semble*

the town and a contentment with each other.

But money was tight and usually it was Margaret who watched the pennies. When she was away in London, he received a cheque from Harrod's bank for 1355 francs (£11) and wrote to her '*I haven't handled so much money for a long time and it feels rather like a birthday present. These francs will be handled with that meticulous carefulness that you have so ably shown me how to practice.*' This sense of economy was applied to his letter writing, which he restricted to five closely written pages: '*five sheets seem to be just the weight for 1.50 Frs.*'

On her visit to London, Margaret took with her some of his paintings, with a view to interesting a gallery and making a sale. The Leicester Gallery offered her £30 (3714 francs) for his painting of *Fetges*. Mackintosh was incensed. He thought it quite ridiculous: '*it is not equal to a labourer's wage . . . it seems a perfectly absurd price – I shall probably never do its like again.* Port-Vendres *yes £30 or £25 – and* The Lighthouse *which is a purely 'fake' picture I would sell at £7 or £10. Isn't it funny how much unknowing people like* The Lighthouse? *I assure you it is all fake and fairly bad art.*'

The Mackintoshes' favourite walk was up what they called 'The Enchanted Valley.' There is only one valley in Port-Vendres – the Val de Pintes. Nowadays the main coast road runs up one side of the valley

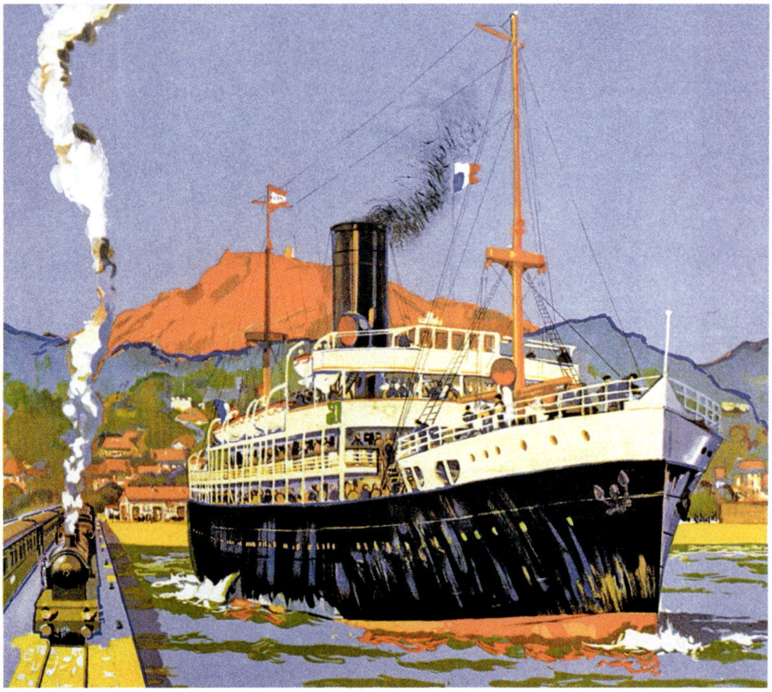

totalement absurde – Je ne referai sans doute jamais un tableau tel que Fetges. *Je pourrais céder* Port-Vendres *pour 30£ ou 25£ – et* The Lighthouse *qui n'a vraiment rien d'authentique, je pourrais le vendre pour 7 ou 10£...*

La promenade préférée des Mackintosh traversait un lieu qu'ils avaient surnommé '*La Vallée enchantée*'. Il n'y a qu'une seule vallée à Port-Vendres, le Val de Pintes. De nos jours, la principale route côtière longe l'un des versants de la vallée, puis disparaît dans le Tunnel d'en Raxat ; du temps des Mackintosh, la route n'existait pas encore, et le seul tunnel était celui de la voie de chemin de fer. Mackintosh parle d'un vieux pommier sous lequel il avait l'habitude de s'asseoir, ainsi

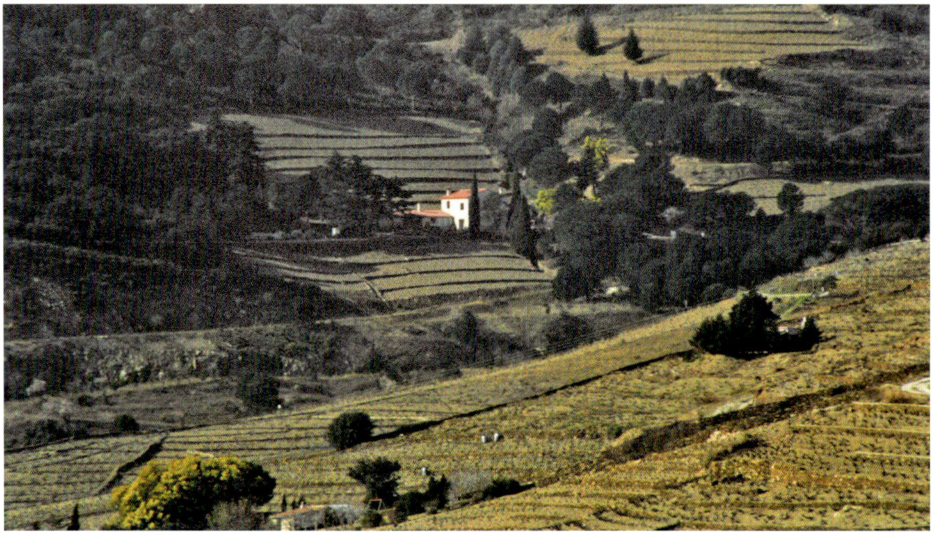

Port Vendres:
the Enchanted Valley
Val de Pintes avec le Mas Ferrand

before disappearing into the Tunnel d'en Raxat, but in Mackintosh's day there was no road and the only tunnel was the railway. Mackintosh writes of an old apple tree where he used to sit, and a clump of cistus (rock roses). Roses were traditionally grown alongside the vines because they attracted the same aphids and if there was blight the roses caught it three weeks before the vines so it could be spotted and the vines treated before they succumbed. Wherever the vines did not grow, the valley was a floral paradise. First the almond blossom, then the sweet smelling genesta (broom), and throughout the year an ever changing panoply of wild flowers. In his final year, Mackintosh noted with some professional interest the construction of a small cottage which was probably the beginning of what is now the Mas Ferrand.

'The little cottage in the pinewood

que d'un buisson de ciste ? Des rosiers étaient traditionnellement plantés près des vignes, car ils attirent le même type de pucerons, et développent la rouille trois semaines avant les vignes, permettant de repérer la maladie et de traiter le pied avant que la récolte ne soit perdue. Partout où la vigne n'était pas cultivée, la vallée était un véritable paradis floral. Les premiers à fleurir sont les amandiers, puis les genêts au parfum délicat, et tout au long de l'année, c'est un incessant défilé de fleurs sauvages. Dans sa dernière année, Mackintosh nota avec un léger intérêt professionnel la construction d'une petite maison, qui semble être les débuts de l'actuel Mas Ferrand.

'La petite maison qui se trouve dans le bois de pins a été terminée hier – la façade entièrement enduite et peinte, avec quelques marches face à l'entrée principale et une petite bande de gravier tout autour. Les ouvriers

was finished yesterday – all plastered and painted outside – steps up to the front door and a little patch of gravel all round. The workmen went off with their plant – ladders, boards, buckets etc. Not bad for two weeks. The outside is painted white, black and yellow with a grey door and shutters. I must find out how much it cost to build.'

They were never very well known in Port-Vendres. They had chosen to keep themselves to themselves, encapsulated in the place and in each other. Mackintosh sought out the lonely places, away from people. All the sites at which he chose to do his paintings were places out of the wind where he was unlikely to be disturbed. As far as Port-Vendres was concerned they had simply passed through, and with their passing they were quickly forgotten. Prior to the exhibition in Port-Vendres in 2004, if you mentioned Mackintosh's name people more likely than not thought you were talking about a computer!

There were a few exceptions. The successors to the Dejeans at the Hotel du Commerce could show you and indeed rent you the Mackintosh room. Local architects of course knew of him, as did the son of Dr Bes, Mackintosh's doctor. It was his father who was called to attend the woman giving birth in the hotel, and he who diagnosed the early symptoms in Mackintosh of what was to be a fatal cancer of the tongue, recommending he return to London for treatment.

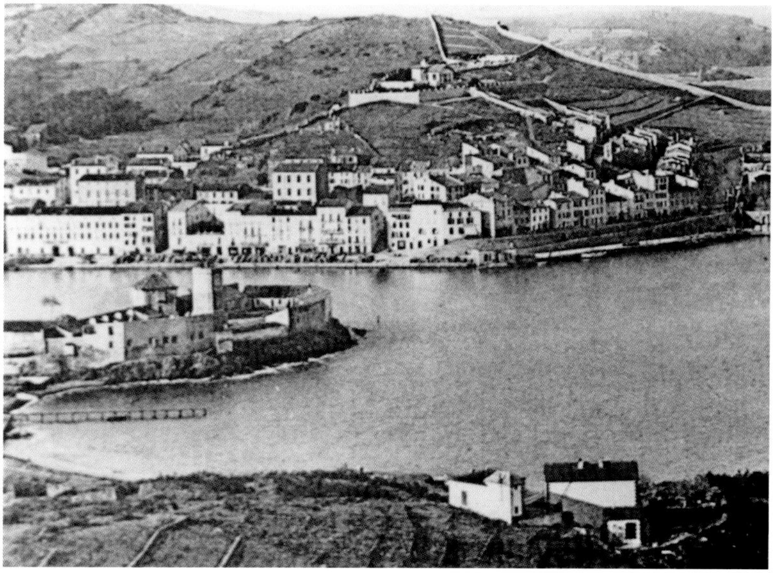

sont repartis avec leur matériel – échelles, planches, seaux, etc. Pas mal en deux semaines. On a peint l'extérieur en blanc, noir et jaune avec porte et volets en gris. Il faut que je me renseigne sur les coûts de construction'.

Le couple ne fut jamais très connu à Port-Vendres. Ils avaient une vie à l'écart, absorbés qu'ils étaient par la découverte du pays et n'ayant d'yeux que l'un pour l'autre. Mackintosh recherchait des lieux isolés, loin des gens. Tous les sites qu'il choisissait pour ses peintures étaient éloignés de l'agitation humaine, là où il était sûr de ne pas être dérangé. Pour autant que les Port-Vendrais sachent, ils n'étaient que de passage, et furent vite oubliés. Avant l'exposition de Port-Vendres en 2004, en entendant le nom de Mackintosh, les gens pensaient plus à une marque d'ordinateurs qu'à autre chose!

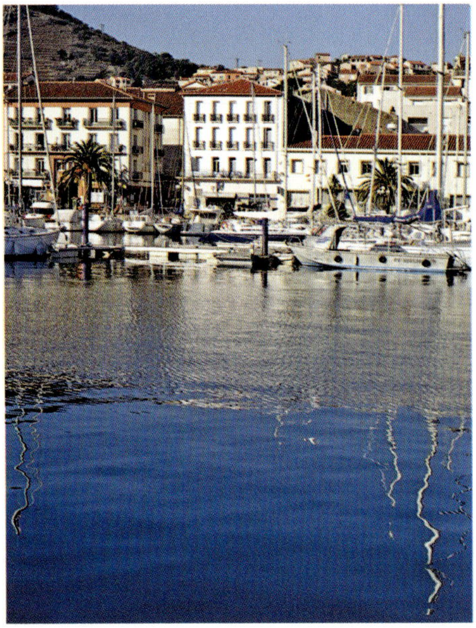

'My tongue is swollen and blistered with this infernal tobacco... I have always enjoyed the French tobacco and never found it warm and burning before.'

Accompanied by Ihlee, Mackintosh left France in the autumn of 1927, accompanied by Ilhee while Margaret stayed to pack up their things, Ilhee told his wife '*Mackintosh was very overcome and it was a difficult journey*'.

In London he underwent radium treatment, with the surgeons at the Westminster Hospital removing the lump from his tongue, leaving him unable to speak.

In 1928 the Leicester Gallery finally agreed to show some of his paintings in a forthcoming exhibition. Several were still unsigned. He was sitting up in bed signing one of them when he died with the pencil in his hand. Shortly afterwards an

Il y eut cependant quelques exceptions. Les héritiers de la famille Dejean à l'hôtel du Commerce pouvaient encore vous montrer et même vous louer la chambre de Mackintosh. Les architectes locaux le connaissaient bien sûr encore, ainsi que le fils du docteur Bes. C'est son père que l'on appela afin d'assister la femme en train d'accoucher à l'hôtel, et ce fut lui également qui diagnostiqua chez Mackintosh les premiers symptômes de ce qui allait se révéler être un cancer fatal de la langue, et lui recommanda de retourner à Londres pour y suivre un traitement.

'Ma langue est enflée et boursouflée sous l'effet de ce tabac infernal… J'ai toujours apprécié le tabac français et jamais auparavant il ne m'avait cuit ni brûlé.'

Mackintosh quitta la France à l'automne 1927, accompagné de Ihlee tandis que Margaret restait pour rassembler leurs affaires. Ilhee dit à sa femme « *Mackintosh était accablé et ce fut un voyage difficile* ».

A Londres, il subit des rayonnements au radium et les chirurgiens de l'Hôpital de Westminster ôtèrent l'excroissance de sa langue, le laissant incapable de parler.

En 1928, la galerie Leicester accepta finalement de montrer quelques-uns de ses tableaux dans une future exposition. Plusieurs d'entre eux n'étaient toujours pas signés. Il était assis dans son lit en train de signer l'un d'eux lorsqu'il

invitation arrived from Vienna asking him to be Guest of Honour at a dinner to mark '*his influence upon the art and architecture of his time.*' It was all too late. He was cremated on 11 December.

At Westminster Hospital he had been a 'special patient' as he did not have the funds to pay for his treatment. On his death his estate, including 31 paintings and four of his chairs, was valued at £88 16s 2d. Today a single painting occasionally changes hands for a six figure sum and his works are held in major collections all over the world.

In May 1929, Margaret returned to Port-Vendres where their things had been kept in storage since the hurried departure, two years earlier. Staying in her old room, deciding what to throw and what to keep, the memories must have come flooding back with all the sadness of times remembered but all the gladness of

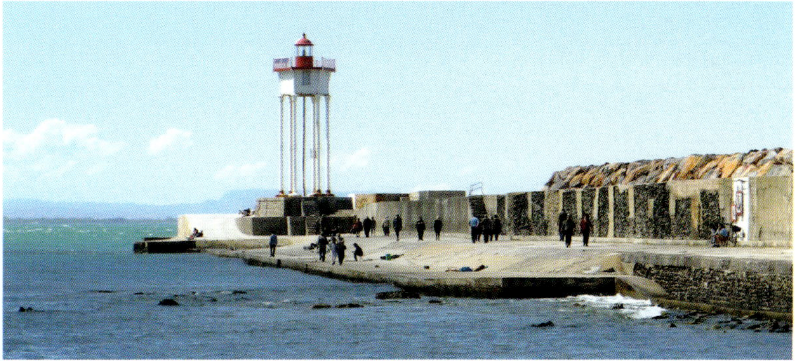

Breakwater, Port-Vendres
Le Mole, Port-Vendres

mourut, le crayon encore à la main. Peu après, une invitation arriva de Vienne pour le convier en tant qu'invité d'honneur à un dîner célébrant '*son influence sur l'art et l'architecture de son temps*'. Tout cela vint bien trop tard. Sa crémation eut lieu le 11 décembre 1928.

Mackintosh fut soigné à l'hôpital Westminster sous un statut spécial, car il n'avait pas assez d'argent pour couvrir les frais de son traitement. A sa mort, ses biens, comprenant 31 tableaux et quatre de ses chaises, furent estimés à 88 livres 16 shillings et 2 pence (environ 1500 euros). Aujourd'hui, un de ses tableaux peut occasionnellement changer de mains pour une somme en euros à six chiffres, et ses œuvres sont conservées dans des collections majeures à travers le monde.

En mai 1929, Margaret retourna à Port-Vendres où leurs affaires avaient été gardées après leur départ précipité, deux ans auparavant. Dans son ancienne chambre, décidant de ce qu'elle devait jeter ou garder, les souvenirs ont dû la submerger avec toute la tristesse des jours passés mais

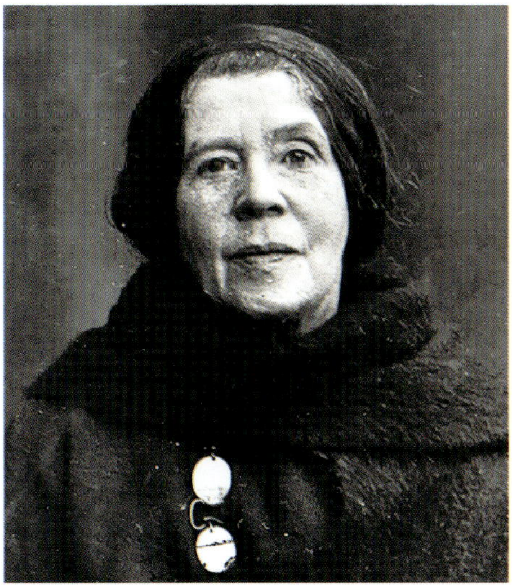

Margaret 1929

what had probably been the happiest days of their lives. And it is said she fulfilled his final wish. In the calm of the evening, one can imagine her walking through the tunnel at Fort Mailly and on through the Road Through The Rocks to the breakwater at the harbour entrance. Here, alone, with the vastness of the sea and the sky and the mountains behind, she lifted the lid of a jar and as she tipped it towards the water, with a sound like a final exhalation of breath, a whoosh of wind scooped the ashes up holding them briefly on the air as a dark translucent shadow, before they vanished to eternity.

Isabelle Ilhee remembered that '*After her husband's death, Madame Mackintosh came back each year for three months in the summer… I really came to know her… and I remember thinking all those years ago that she never talked about him.*'

aussi la joie de ce qui avait sans doute été les moments les plus heureux de leurs vies. Et l'on dit qu'elle a accompli sont dernier vœu. Dans la tranquillité du soir, on peut l'imaginer marchant le long du tunnel en direction du Fort Mailly puis poursuivant sa route à travers les rochers vers la jetée, à l'entrée du port. Là, seule, devant l'immensité de la mer et du ciel et les montagnes derrière, elle souleva le couvercle de l'urne et alors qu'elle l'inclinait vers l'eau, avec le son d'un dernier soupir, un souffle emporta les cendres dans l'air comme une ombre diaphane, avant qu'elles ne disparaissent pour l'éternité.

Isabelle Ilhee se rappelait que « *après la mort de son mari, Madame Mackintosh revint chaque année trois mois durant l'été…. J'en vins à bien la connaître…. et quand je repense à toutes ces années, je me rappelle qu'elle ne parlait jamais de lui* ».

Last light over the Pyrenees
Crépuscule sur les Pyrénées

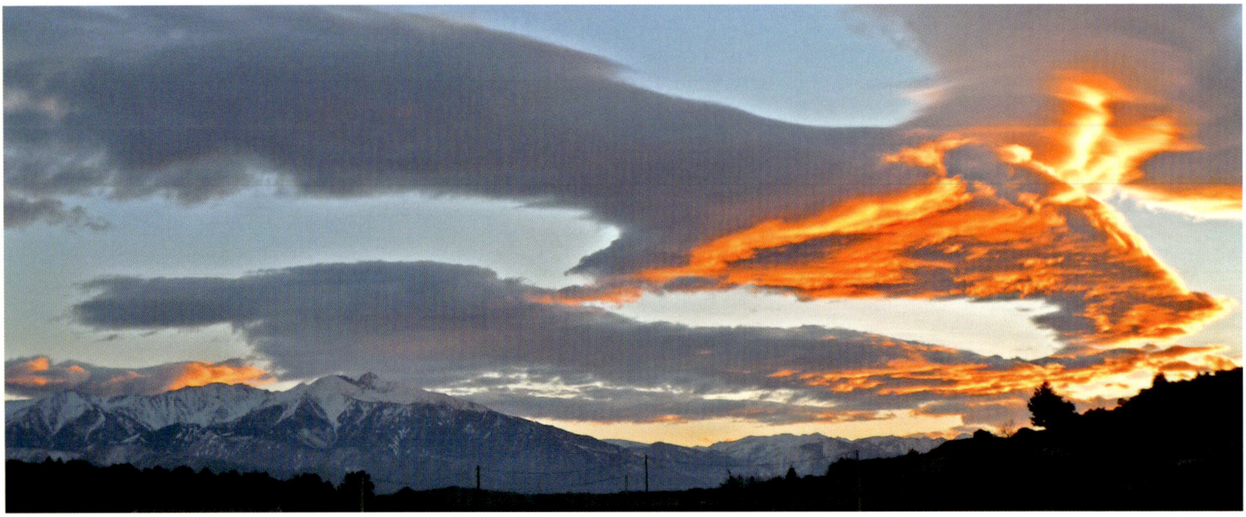

The Unidentified Paintings
Do you know where they are?

Les Tableaux non identifiés
Reconnaissez-vous le lieu?

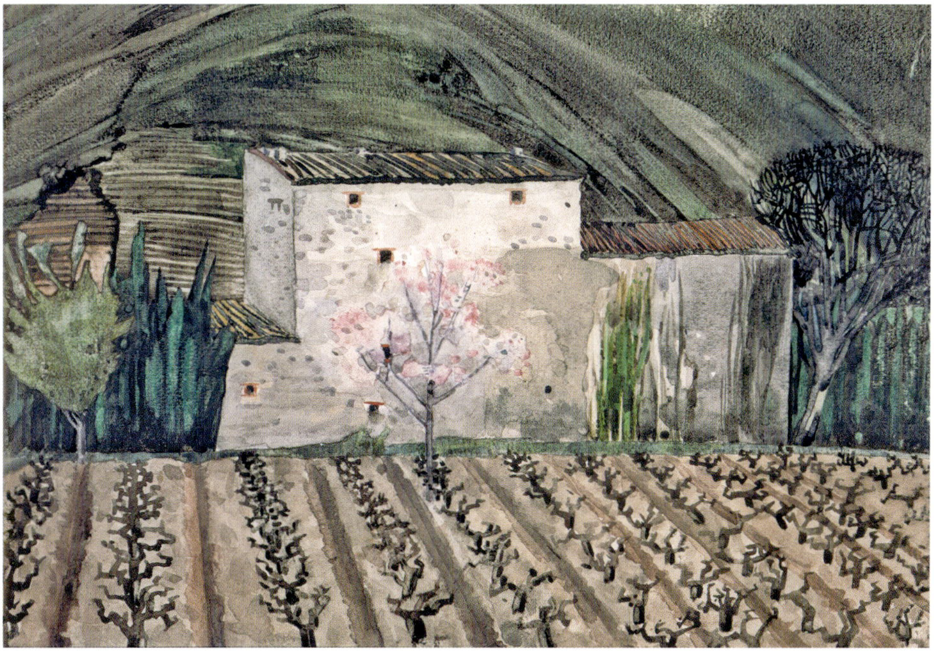

A Spanish Farm
watercolour

aquarelle

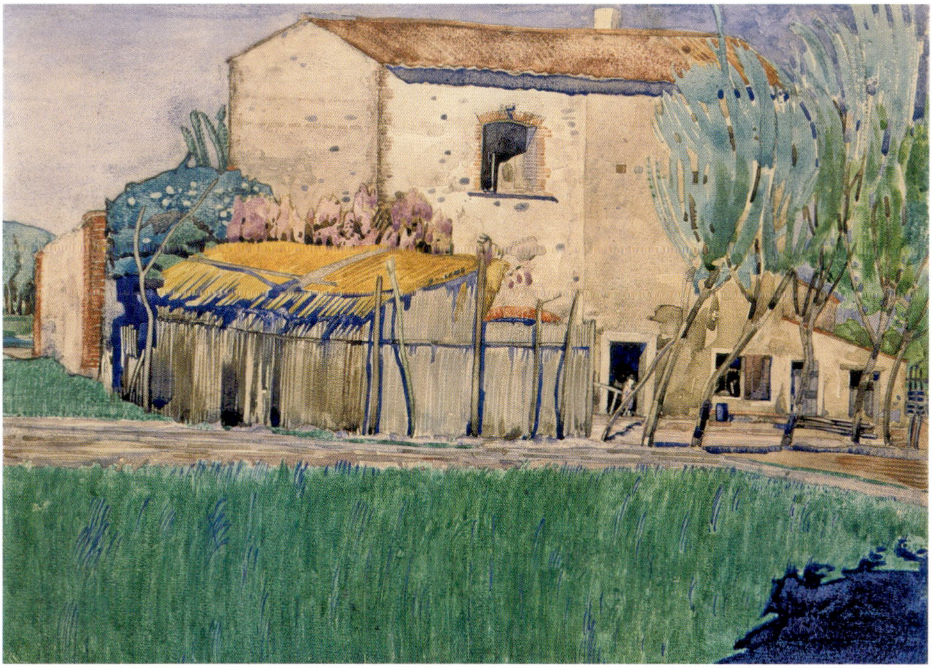

Summer in the South
watercolour

aquarelle

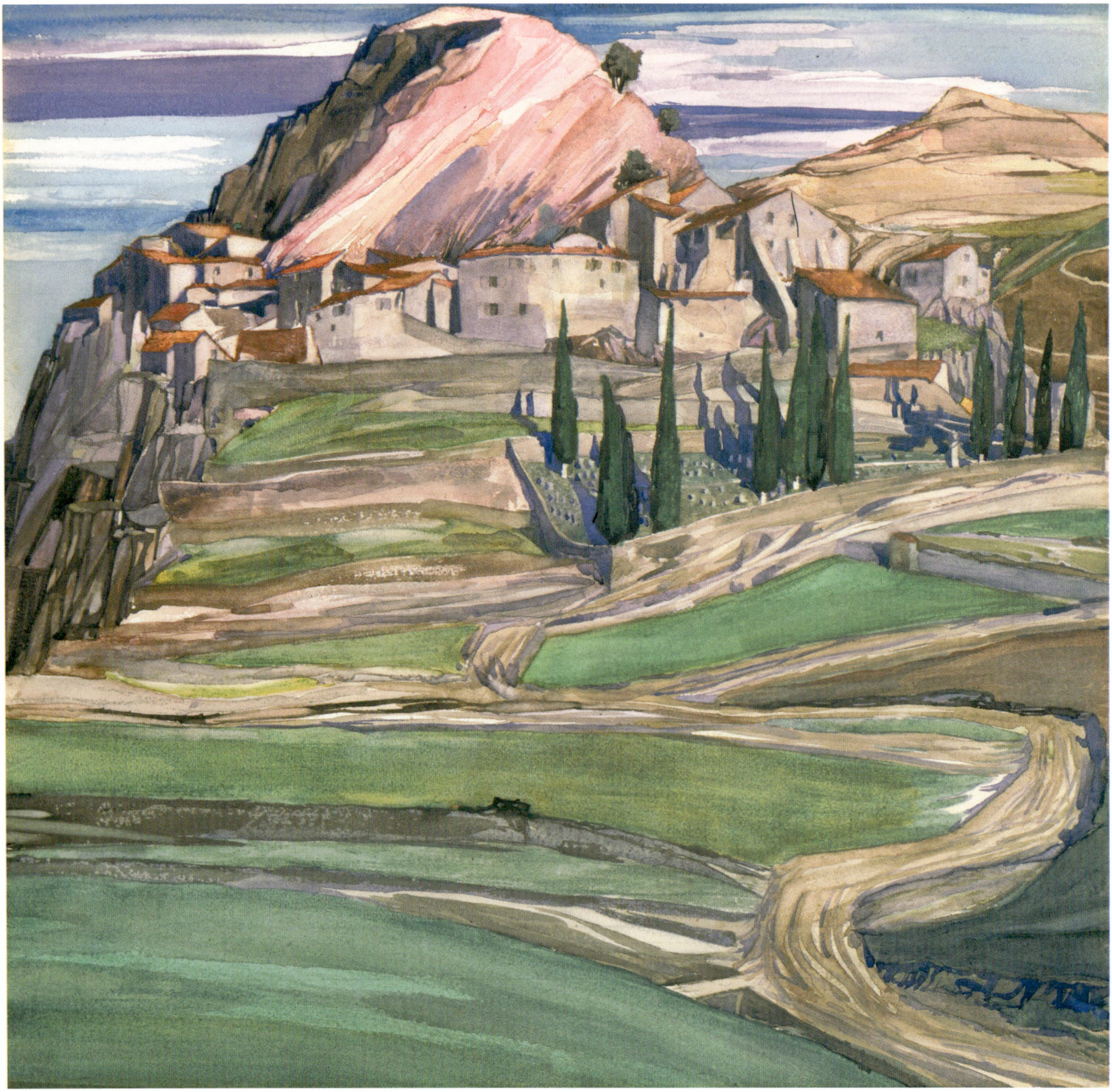

A Hill Town in Southern France
watercolour
aquarelle

Information

www.crm-roussillon.org
www.crmsociety.com
www.cg66.fr
www.cdt-66.com

Further Reading

The Chronycle, University of Glasgow 2001
Charles Rennie Mackintosh in France by Pamela Robertson and Philip Long, National Galleries of Scotland 2005

Chronology

1864 MM born 5 November
1868 CRM born 7 June
1883 CRM registers for evening classes at Glasgow School of Art and attends until 1894
1889 CRM joins Honeyman & Keppie, architects
1900 MM & CRM collaborate on Mrs Cranston's Tearooms & exhibit at the Vienna Secession
1901 Prizewinner in German House For An Art Lover competition
CRM made a partner in Honeyman & Keppie
1902 Prizewinner in Turin. Hill House, Helensburgh
1903 Willow Tea Rooms
1913 Partnership dissolved
1914 Move to Walberswick, Suffolk, England
1915 Move to London
1923 Move to Amélie-Les-Bains
1924 Amélie-Les-Bains, Collioure, Ille Sur Têt
1925 Ille Sur Têt, Mont Louis, Basque country, Port Vendres
1926 Port Vendres, Mont Louis
1927 Port Vendres. Return to London
1928 CRM dies (Dec)
1933 MM dies (Jan)

Renseignements

www.crm-roussillon.org
www.crmsociety.com
www.cg66.fr
www.cdt-66.com

Autres Titres

The Chronycle University of Glasgow 2001
Charles Rennie Mackintosh in France par Pamela Robertson et Philip Long, National Galleries of Scotland 2005

Chronologie

1864 Naissance de MM le 5 Novembre
1868 Naissance de CRM le 7 Juin
1883 inscription de CRM aux cours du soir de la Glasgow School of Art, qu'il suit jusqu'en 1894
1889 CRM collabore avec les architectes Honeyman & Keppie
1900 MM et CRM collaborent à la création des salons de thé de Mrs Cranston et exposent à la Sécession de Vienne
1901 Lauréat du concours 'Une Maison Allemande pour un Connaisseur d'Art', CRM s'associe avec Honeyman et Keppie
1902 Lauréat à Turin. Hill House, Helensburgh
1903 Salons de thé Willow
1913 Dissolution du partenariat
1914 Emménage à Walberswick, Suffolk, Angleterre.
1915 Emménage à Londres
1923 Emménage à Amélie-les-Bains
1924 Amélie-les-Bains, Collioure, Ille-sur-Têt
1925 Ille-sur-Têt, Mont Louis, Pays Basque, Port-Vendres
1926 Port-Vendres, Mont Louis
1927 Port-Vendres. Retour à Londres
1928 Décès de CRM (Décembre)
1933 Décès de MM (Janvier)

Itinerary
www.crmackintoshfrance.com

Itinéraire
www.crmackintoshfrance.com

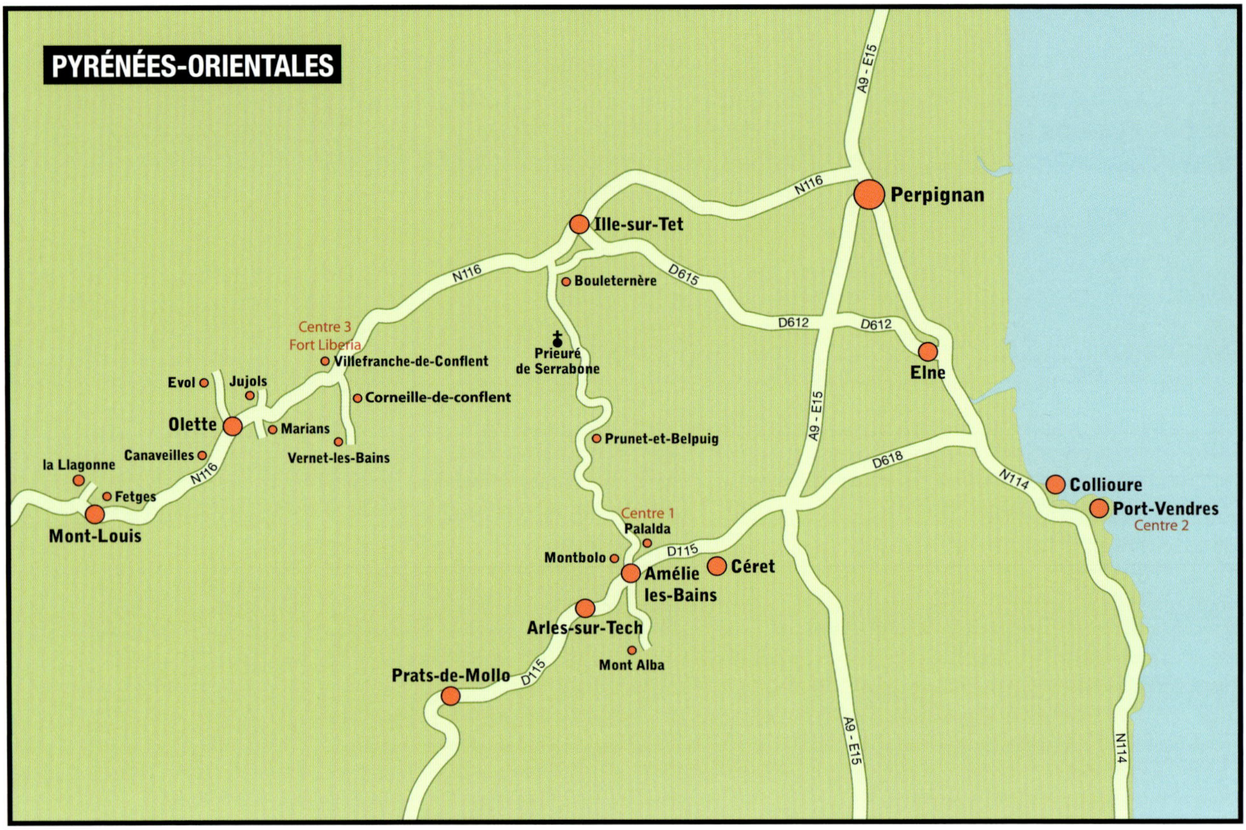

Start in **Perpignan**. D914 to **Port-Vendres** (pages 87–144)

The trail of 13 painting sites (see map) starts at the mole (the breakwater with the port light at the harbour entrance) where MM is believed to have scattered CRM's ashes. Along the coast towards Collioure, you can see the remains of Fort de la Mauresque in the cliffs. Returning towards the town, the remains of Fort Mailly are on your right, the location of several paintings.

1 *Port-Vendres* was painted from the hillside to the left of the road before you pass through the Road through the Rocks.

Partir de **Perpignan**. Prendre la D914 jusqu'à **Port-Vendres** (pages 87–144)

Le parcours de 13 tableaux commence au môle (sur la jetée où se trouve le phare à l'entrée du port), où MM aurait répandu les cendres de CRM. En regardant le long de la côte vers Collioure, vous pouvez voir les vestiges du Fort de la Mauresque sur les falaises. En revenant vers la ville, les ruines du Fort Mailly sont sur votre droite, emplacement de plusieurs tableaux.

1 *Port-Vendres* a été peint du flanc de la colline à gauche de la route juste avant qu'elle ne passe entre les rochers. Parcourez la Route entre les Rochers – tout au bout :

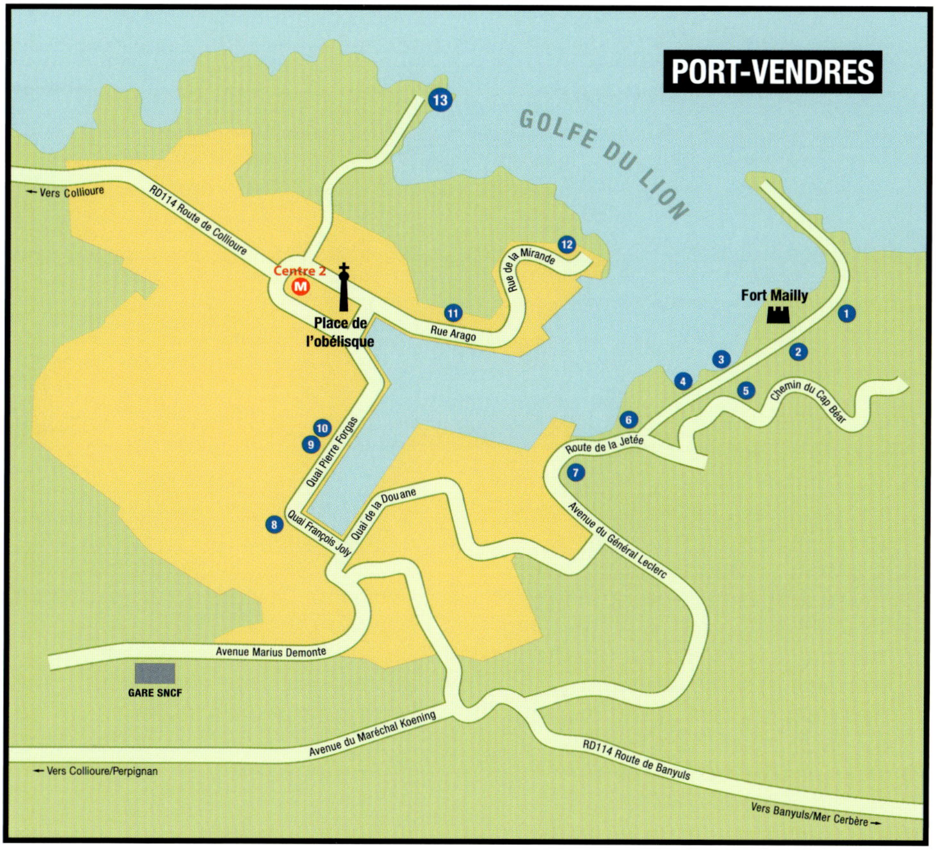

Pass through the Road through the Rocks – at the far end:

2 ***Fort Mailly*** appears to be a combination of two positions – low down near the telephone pole for the rocks and slightly higher up the hillside for the building. After the waterside restaurant (Le Poisson Rouge) follow the path which skirts the coast below the Redoute Béar. On your right is :

3 ***The Rock.*** Continue along the path and before you on the bend to the left below the Redoute is :

4 ***The Road Through The Rocks.*** Follow the path round to rejoin the road after the second tunnel. Below you on your right is a lower path. This appears in :

2 Le ***Fort Mailly*** semble être la combinaison de deux points de vue – tout en bas près de la cabine téléphonique pour les rochers, et un peu plus haut sur le flanc de la colline pour les bâtiments. Dépassez le restaurant au bord de l'eau (Le Poisson Rouge) et suivre le sentier qui contourne la côte au dessous de la Redoute Béar. Sur votre droite, vous trouverez :

3 ***The Rock*** continuer le long du sentier, et devant vous dans le virage à gauche, en-dessous de la Redoute se trouve:

4 ***The Road Through The Rocks*** suivre le sentier pour rejoindre la route après le second tunnel. En-dessous de vous, sur la droite, se trouve un sentier inférieur. Il apparaît dans :

6 *The Lighthouse*. Rejoin the road and take the first left – Chemin du Cap Béar. After a final row of cottages the road bends right to the reproduction of :

5 *The Fort*. Retrace your steps to the Chemin du Mole and turn left towards the town. Here you will discover the remains of the Tamarin trees.

7 *La Rue du Soleil* was painted from within what is now the Port de Commerce, which is closed to the public and so is marked outside the dock gates. The western quay (Quai Joly), in CRM's day, was the site of the passenger terminal. In the corner where it meets the Quai Forgas on the east side of the harbour is the Tourist Office. There is a reproduction of :

8 *A Southern Port* which was undoubtedly painted from a window of the Hôtel du Commerce, further along the quay (now the Banque Populaire). From here also were painted :

9 *Port-Vendres* (view of the Quai des Douanes) and the three paintings of :

10 *Steamer Moored at Quayside.* At the end of the quay is the rue du

6 *The Lighthouse* rejoindre la route et prendre la première à gauche – le chemin du Cap Béar. Après une dernière rangée de villas, la route tourne à droite vers la reproduction de :

5 *The Fort* revenir sur vos pas vers le chemin du môle et prendre à gauche vers la ville. C'est là que vous verrez les tamarins rescapés.

7 *La Rue du Soleil* a été peinte à l'intérieur de ce qui est maintenant le Port de Commerce, fermé au public; le site est indiqué aux portes du quai. Le quai ouest (Quai Joly) était le terminal des passagers. A l'angle du quai Forgas, à l'Est du port se trouve l'Office du Tourisme. Vous y verrez une reproduction de :

8 *A Southern Port* qui à l'évidence a été peint d'une fenêtre de l'Hôtel du Commerce (aujourd'hui une Banque Populaire), un peu plus loin le long du quai. Réalisé au même endroit :

9 *Port-Vendres* (vue du quai Ouest des Douanes) et les trois tableaux :

10 *Steamer Moored at Quayside* la rue du Commerce est au bout du quai (aujourd'hui rue Jules Pams) sur lequel

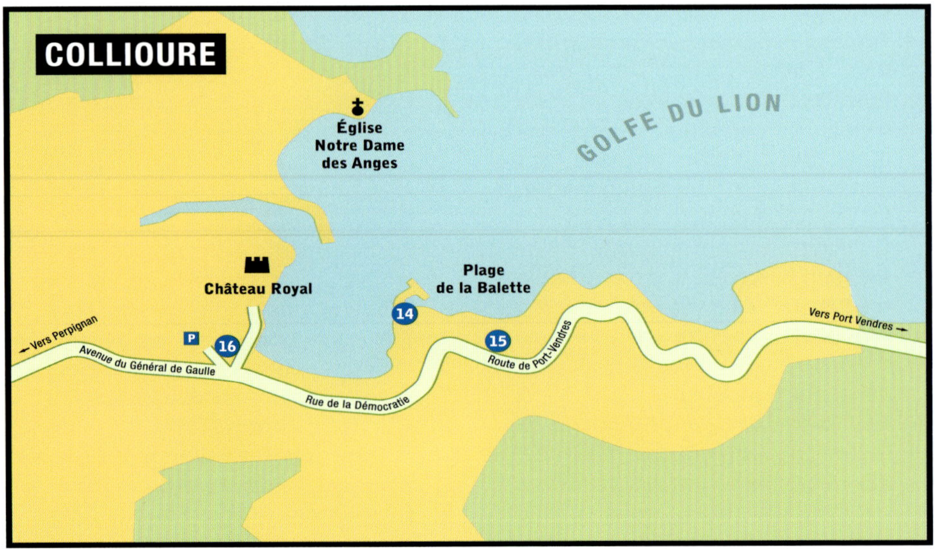

Commerce (now rue Jules Pams) with the Hôtel de Ville. The Place de l'Obélisque is on your right. The CRM Interpretation Centre No 2 is in the Dôme (entry through the garden). On the left-hand side of the Port du Pêche is the church and the rue du Soleil, with the reproduction of:

11 *La Ville.* This was painted from the hillside behind, which was open terraces in Mackintosh's day.
Follow the road round to

12 *The Little Bay* (now the shipyard and fishmarket) and the lighthouse.
If you now go back past the church, turn right up the Rampe de l'Observatoire, take the second left (rue de la Liberté), second right up Rampe de l'Avenir, first left rue Michel, and first right Chemin de Mauresque, which you follow to the clifftop, to reach the remains of:

13 *Fort de la Mauresque*

Follow the coast road to **Collioure** (pages 44–54)

After passing Les Roches Bleus on right, turn left on the old Route Impériale, passing behind the Centre Air-Mer-Soliel. As it descends to Collioure you can see CRM's view of:

14 *The Summer Palace of the Queens of Aragon.* Rejoin the coast road turning left into Collioure. Halfway down the hill at the entrance to the Relais des Trois Mas you will see the reproduction of the Summer Palace. On the left, beside the Cave des Dominicains, is the municipal art gallery. At the end of the shore, there is a car park entrance on the right from where CRM painted:

15 *A Southern Town.* To reach the site for :

16 *Collioure 1924* walk west on the jetty past the divers club with the reproduction and follow the path along the rocks to the Plage de la Balette (below the Relais des 3 Mas).

se situe l'Hôtel de Ville. La Place de l'Obélisque est sur votre droite. Le Centre d'interprétation CRM n°2 est dans le Dôme (entrée par le jardin). Sur le côté gauche du port de pêche se trouvent l'église et la rue du Soleil, avec la reproduction de :
Le Centre d'interprétation CRM est dans le Dome (entrée par le jardin)

11 *La Ville* elle a été peinte du flanc de la colline derrière, qui à l'époque de Mackintosh était occupée par des terrasses ouvertes. Suivre la route jusqu'à.

12 *The Little Bay* (aujourd'hui chantier naval et marché aux poissons) et le phare. Si vous revenez maintenant sur vos pas et que vous dépassez l'église, prenez à droite sur la Rampe de l'Observatoire, puis la seconde à gauche (rue de la Liberté), la seconde à droite sur la Rampe de l'Avenir, la première à gauche rue Michel, et la première à droite chemin de la Mauresque que vous suivez jusqu'aux falaises, vous pourrez voir les vestiges du :

13 *Fort de la Mauresque*

Suivre la route côtière en direction de **Collioure**. (pages 44–54)

Après avoir passé Les Roches Bleues sur la droite, prenez à gauche la vieille Route Impériale qui passe derrière le centre héliomarin Air-Mer-Soleil.
En descendant vers Collioure vous découvrirez les points de vue de Mackintosh pour :

14 *The Summer Palace of the Queens of Aragon* rejoindre la route côtière en tournant à gauche vers Collioure. A mi-chemin de la colline, à l'entrée du Relais des Trois Mas, vous verrez la reproduction de Summer Palace. Sur la gauche, derrière la cave des Dominicains', se trouve le Musée municipal. Au bout de la plage, il y a l'entrée d'un parking sur la droite où Mackintosh a peint

15 *A Southern Town* pour arriver au site

16 *Collioure 1924* marcher vers l'ouest sur

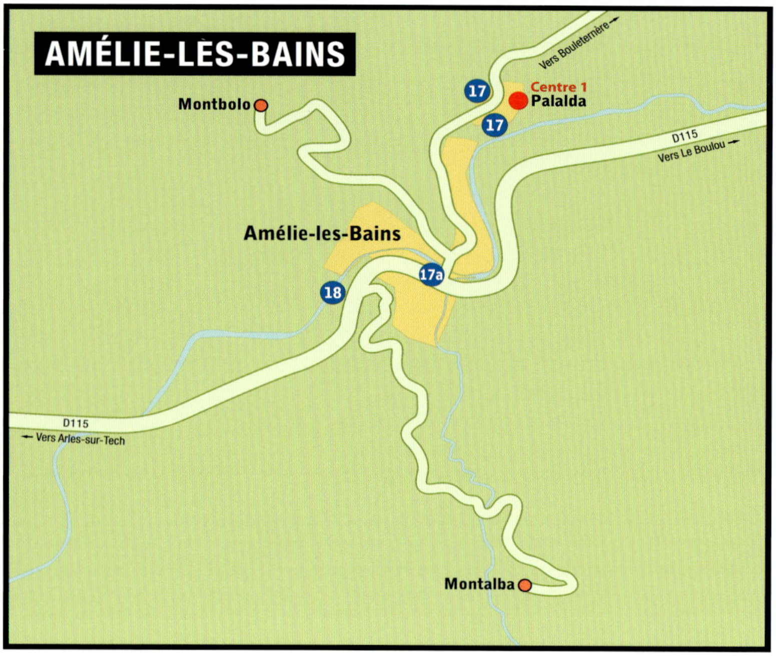

The old town, the Palais and the Church are all worth a visit and if you take the Petit Train which makes a circular trip to Collioure (not in winter) you will travel through the vines to the Fort St-Elme, from which you can look down on the Enchanted Valley.

From **Collioure** return by the D914 to Elne (page 22)

Cathedral and cloister

Follow the D618 to Le Boulou and continue on the D115 to **Céret** (pages 33–36)

Art Gallery, Café de France, old town

Continue on D115 to **Amélie-Les-Bains** (pages 23–32)

17 *Palalda* was painted from probably two positions. The position on the south side of the river is reached by turning right at the roundabout at the beginning of the town, which leads down to some blocks of flats. Turn left at the bottom and then follow the footpath along the

la jetée, passer le club de plongée avec la reproduction et suivre le sentier longeant les rochers de la plage de la Balette (en dessous du 'Relais des 3 Mas'). La vieille ville, le palais et l'église méritent une visite et si vous prenez le Petit Train qui fait un tour circulaire dans Collioure (sauf en hiver), vous traverserez les vignes jusqu'au Fort Saint-Elme d'où vous pourrez admirer le magnifique panorama.

De **Collioure**, revenir vers Elne par la D914 (page 22)

Cathédrale et cloître.

Suivre la D618 vers Le Boulou puis la D115 vers **Céret** (pages 33–37)

Galerie d'Art, Musée, Café de France, vieille ville

Continuer sur la D115 pour atteindre **Amélie-les-Bains** (pages 23–32)

17 *Palalda* a sans doute été peint à partir de 2 endroits différents. L'un, sur la rive sud de la rivière, est accessible en tournant à droite au rond-point à l'entrée de la ville qui conduit à des immeubles. Tourner à gauche vers le bas et suivre le sentier le long du canal d'irrigation qui passe au milieu de jardins ouvriers, d'où vous pourrez descendre jusqu'à la rivière. L'autre point de vue est situé sur la rive nord; après avoir traversé le pont au centre d'Amélie en direction de Palalda, tourner à droite en suivant le chemin qui longe la rivière.

Le Centre d'Interprétation CRM n°1 est au sommet de la colline, dans la cour à côte de la tour, près de la chapelle St Martin qui peut également être visitée sur demande.

17a *Mymosa,* premier tableau connu de Mackintosh en France qui se trouve sur le mur de l'Hôtel Central au croisement de l'avenue du Vallespir et de l'avenue du Docteur Bouix.

irrigation canal into some allotments, from where you can walk down towards the river. The position on the north side of the river is reached by crossing the bridge in the middle of Amélie signed to Palalda and then turning right and following the road along the riverside.

The CRM Interpretation Centre No 1 is at the top of the hill in the courtyard beside the signal tower next to the Chapelle St Martin which can also be viewed on request.

17a *Mymosa,* Mackintosh's first know painting in France, is on the wall of the Hotel Central at the junction of the Avenue due Vallespir and Avenue du Docteur Bouix.

Mont-Alba is reached by passing through the town and turning left on the D53 (single track)

18 *Mont Alba* the ruins of the farm in the painting are on the right just before you cross the river

Continue west on the D618 to **Arles-sur-Tech** (pages 37–41)

Cloisters and textile factory

Continue on the D115 to **Prats-de-Mollo** (pages 41–43)

Church. Old town. Fort Lagarde. Return to Amélie, cross the bridge over the Tech (which took you to Palalda) and turn left to

climb the D53 to **Montbolo** (church) (page 28)

Follow the signs to Taulis / St Marsal / Bouleternère to

join the D618 to **Prunet and Belpuig** (church) (page 28)

Continue on the D618 passing the Prieuré de Serrabonne on your left (well worth a visit)

At **Bouleternère** (page 63) turn right across the bridge on the D16 and first right again to find the sites of

19 Bouleternère combining two different

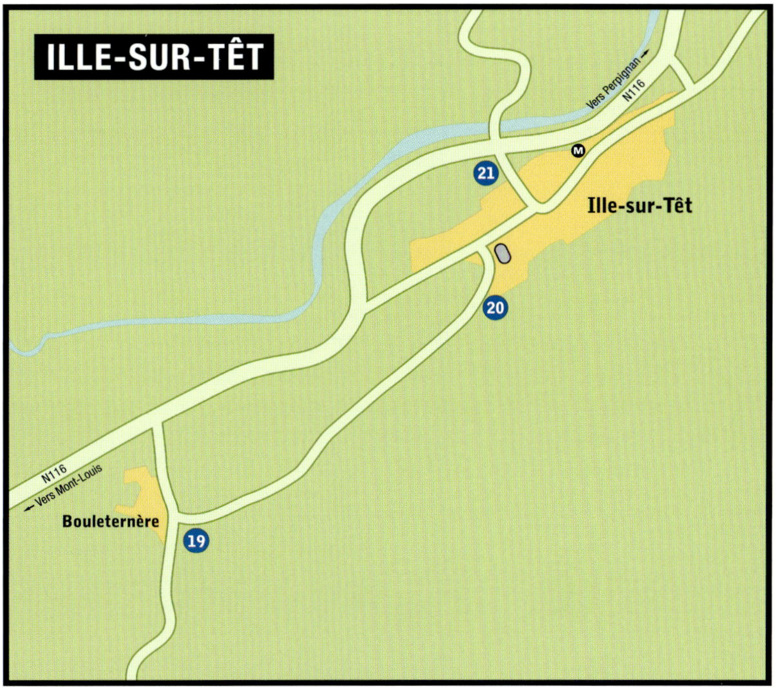

Pour atteindre **Mont-Alba** traverser la ville et tourner à gauche sur la D53 (route à une voie) :

18 *Mont Alba* Les ruines de la ferme du tableau sont sur la droite, juste avant de traverser la rivière

Continuer vers l'ouest sur la D618 vers **Arles-sur-Tech** (pages 37–41)

Cloître et usine textile

Suivre la D115 vers **Prats-de-Mollo** (pages 41–44)

L'église, la vieille ville, le Fort Lagarde

Revenir vers Amélie, traverser le pont sur le Tech (qui vous emmène à Palalda) et tourner à gauche pour monter par la D53 à **Montbolo** (église) (page 29)

Suivre les panneaux vers Taulis, St-Marsal, Bouleternère pour rejoindre la D618 vers **Prunet et Belpuig** (église) (page 30)

Continuer la D618. Le Prieuré de

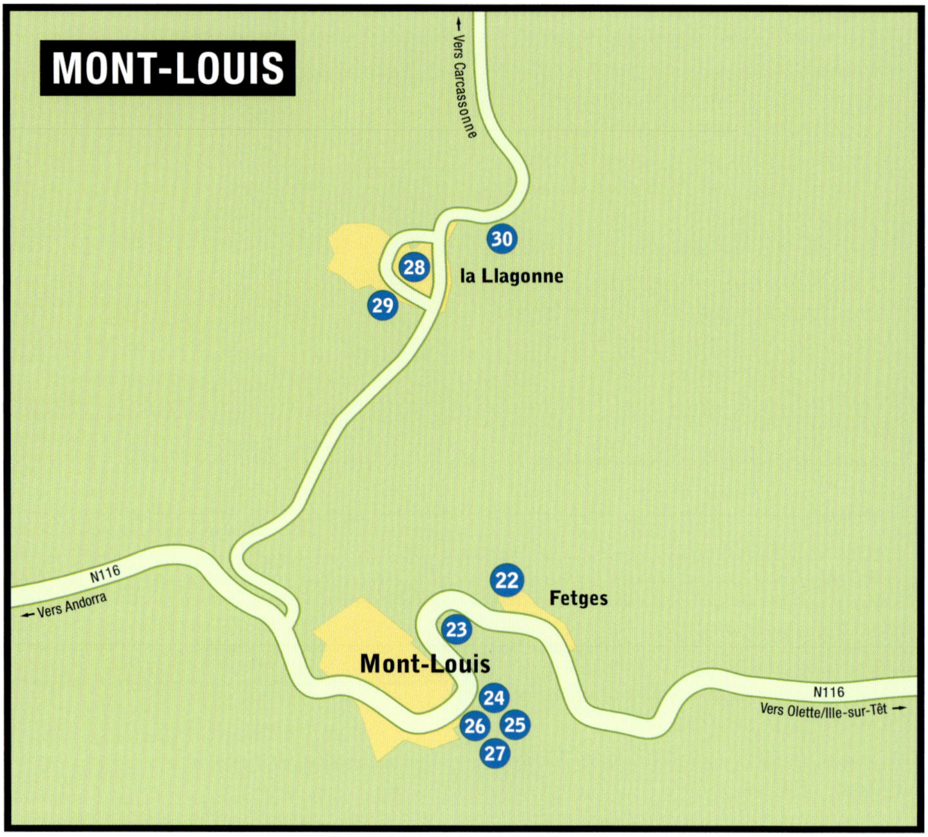

positions. The houses on the left of the village have been moved over to provide an extra layer in foreground.

Cross back over the bridge and turn right. Follow the D16 eastwards and take the first left D2 to **Ille-sur-Têt** (pages 55–63) (Ancien Chemin)

Where the road crosses the railway in front of you is the Mas Saunier which is featured in

31 *A Southern Farm (31)*

Just before you reach the outskirts of **Ille-sur-Têt**

20 *Mas Blanc Ontoine* is on your right on the corner of a small road leading to some houses

Serrabonne est sur votre gauche – mérite une visite.

A **Bouleternère** (page 63) prendre à droite pour traverser le pont sur la D16 et à nouveau prendre la première à droite pour trouver les sites de :

19 *Bouleternère* composition de deux points de vues. Quelques maisons sur la gauche du village ont été ajoutées pour ajouter du relief au premier plan.

Retraverser le pont et tournez à droite. Suivre la D16 vers l'Est et prendre à gauche pour rejoindre la D2 vers **Ille-sur-Têt** (pages 55–63)

Un peu plus loin, en face du passage à niveau, se trouve le Mas Saunier qui fut pris comme modèle pour le tableau intitulé

The D2 joins the D916; turn right and the *Hôtel du Midi* is on your left after a few hundred yards. Ille-Sur-Têt has interesting old streets within the walls and and an impressive church

Take the next left (signed Bélesta) D2. Just before the bridge you see

21 ***L'Héré de Mallet*** an impressive rock formation. It is also worth crossing the bridge and visiting Les Orgues

Follow the D916 north out of Ille-sur-Têt and join the N116 north (Direction Andorra) Pass Vinca with its reservoir, the picturesque hilltown of Eus on your right, and Prades (home of the Casals festival and with a worthwhile detour to Abbé St Michel de Cuxa)

Continue to *Villefranche de Conflent* (pages 63–67), fortifications rebuilt by Vauban. It is worth exploring the mediaeval town and visiting Fort Liberia above which houses **CRM Centre 3, the biggest of the three**.

In nearby Vernet Les Bains (visited by Rudyard Kipling and the Mountbattens (Battenburgs) with the only monument in France to the Entente Cordiale). There is also an interesting detour to Abbaye St Martin de Canigou

Continue to Olette (pages 67–70) The Hotel de la Fontaine and from here you can visit the mountain villages of Evol, Jujols, Cannaveilles and Marians.

Continue to Mont-Louis (pages 70–80)

A mile before Mont-Louis the road passes through Fetges. A small road off to the right just before the bridge on the corner leads up to the site of:

22 ***A Mountain Village.*** Across the bridge in the trees on the left is where he would have sat for:

23 ***The Boulders.*** The reproduction is at the top of the track just in front of the house featured in the picture from the main road down to the old mill. If you

31 *A Southern Farm (31)*

Juste avant d'atteindre la périphérie de la ville :

20 ***Mas Blanc Ontoine*** est sur votre droite à l'angle d'une petite route menant à quelques maisons

Quand la D2 rejoint la D916, tourner à droite et l' hôtel du Midi est sur votre gauche à une centaine de mètres. Ils servent un repas ouvrier, proche de celui servi au temps des Mackintosh. Ille-sur-Têt possède une vieille ville intéressante et une église impressionnante

Prendre la route suivante à gauche – direction Bélesta – par la D2. Juste avant le pont, vous verrez:

21 ***L'Héré de Mallet*** une immense formation rocheuse. La visite des Orgues de l'autre côté du pont est intéressante.

Sortir au nord d'Ille-sur-Têt par la D916 et rejoindre la N116 direction Andorre. Traverser Vinça et son barrage, le village perché pittoresque d'Eus sur votre droite et Prades (lieu du festival Pablo Casals, avec un détour indispensable vers l' Abbaye Saint-Michel de Cuxa).

Continuer jusqu'à *Villefranche-de-Conflent* (pages 63–66) avec ses fortifications reconstruites par Vauban. La ville médiévale et le Fort Libéria au-dessus où se situe le **Centre CRM 3 – le plus grand des trois**.

Près de là, à Vernet-les-Bains (visité par Rudyard Kipling et les Mountbatten (Battenburg) se trouve le seul monument de l'Entente cordiale en France. L'Abbaye de Saint-Martin du Canigou vaut également le détour.

Continuer vers Olette (pages 67–69) L'Hôtel de la Fontaine est un lieu de départ pour visiter les villages montagnards de **Evol, Jujols, Canaveilles et Marians**.

stop in the layby on the left at the top of the hill you can find the spot where he painted

24 *Fetges*
25 *Slate Roofs*
26 *Mountain Landscape*
27 *Mountain Landscape*
Within the walls, Hotel Jambon (now Hotel Taverne), where he stayed is still signed.

To the north of Mont-Louis turn off the N116 on to the D118 to **La Llagonne** (pages 80–81)
Turn left after the hotel to climb up the church from which he painted: Turn left to the Mairie where there is a reproduction of the picture of

29 *The Church of La Llagonne* painted from the hillside (with a cross) behind the cemetery.
28 *The Village of La Llagonne*. Is reproduced beside the church to find the view of :
30 *Poor Man's Village*
in a field to the right off the D118 travelling north

Returning to Mont-Louis you can take the **Little Yellow Train** either to its terminus at Latour de Carol close to the Andorran border or back down to Villefranche.

Suivre jusqu'à **Mont-Louis**. (pages 70–77) Deux kilomètres avant Mont-Louis, la route traverse **Fetges**.
Une petite route grimpe sur la droite juste avant le pont pour vous emmener sur le site de :

22 *A Mountain Village* traverser le pont et là où sont les arbres sur votre gauche, Mackintosh s'est assis pour réaliser :
23 *The Boulders* La reproduction est au sommet du sentier qui descend de la route nationale au vieux moulin, juste en face de la maison représentée dans le tableau :
24 *Fetges*
25 *Slate Roofs*
26 *Mountain Landscape*
27 *Mountain Landscape*
A Mont-Louis, l'Hôtel Jambon où ils séjournèrent (maintenant Hôtel La Taverne) est toujours signalé.

Au Nord de Mont-Louis prendre la D116 puis la D118 vers **La Llagonne** (pages 77–80)
Tourner à gauche après l'hôtel pour grimper vers l'église d'où il a peint:

28 *The Village of La Llagonne*
Contourner le village et tourner après le cimetière pour embrasser la vue de:
29 *The Church of La Llagonne*
30 *Poor Man's Village* est sur la gauche de la D118 sortie nord.

Revenir à Mont-Louis où vous pouvez prendre **le Petit Train Jaune**, soit jusqu'à son terminus à Latour de Carol tout près de la frontière andorrane ou pour retourner à Villefranche.

How to get there

By air to Perpignan. (Gerona, Barcelona, Beziers, Toulouse, Carcassonne, Montpellier and Nimes are also within reach).

By rail to Perpignan (TGV)

Comment s'y rendre

Par avion vers Perpignan ou Gérone. Barcelone, Beziers, Toulouse, Carcassonne, Montpellier et Nîmes sont aussi des accès possibles

En train par Perpignan (TGV)

The Mackintosh Trail in Roussillon

Le Chemin de CRM en Roussillon

Port-Vendres

1 *Port-Vendres*
Private Collection

2 *The Fort Mailly*
Glasgow School of Art

3 *The Rock*
Private Collection

4 *The Road Through the Rocks*
Private Collection

5 *The Fort*
Hunterian Art Gallery, University of Glasgow

6 *The Lighthouse*
Private Collection

7 *La Rue du Soleil*
Hunterian Art Gallery, University of Glasgow

8 *A Southern Port*
Glasgow Museums, Kelvingrove Art Gallery and Museum

9 *Port Vendres*
The British Museum, London

10 *Steamer Moored at Quayside*
Hunterian Art Gallery, University of Glasgow

11 *La Ville*
Glasgow Museums, Kelvingrove Art Gallery and Museum

12 *The Little Bay*
Hunterian Art Gallery, University of Glasgow

13 *Fort de la Mauresque*
Untraced

Collioure

14 *Summer Palace of Queens of Aragon*
National Trust for Scotland

15 *Collioure*
The Art Institute of Chicago

16 *A Southern Town*
Hunterian Art Gallery, University of Glasgow

Amélie-les-Bains

17 *Palalda*
Private Collection on loan to Scottish National Gallery of Modern Art

17a *Mymosa*
Hunterian Art Gallery, University of Glasgow

18 *Mont-Alba*
Scottish National Gallery of Modern Art

Bouleternère

19 *Bouleternère*
Private Collection, USA

Ille-sur-Têt

31 *A Southern Farm*
Hunterian Art Gallery, University of Glasgow

20 *Blanc Ontoine*
Hunterian Art Gallery, University of Glasgow

21 *L'Héré de Mallet*
Private Collection on loan to Scottish National Gallery of Modern Art

Fetges

22 *A Mountain Village*
Untraced

23 *The Boulders*
Hunterian Art Gallery, University of Glasgow

24 *Fetges*
Tate, London

25 *Slate Roofs*
Glasgow School of Art

Mont-Louis

26 *Mountain landscape*
Private Collection

27 *Mountain Landscape*
Private Collection

La Llagonne

28 *The Village of La Llagonne*
Glasgow Museums, Kelvingrove Art Gallery and Museum

29 *The Church of La Llagonne*
Private Collection

30 *Poor Man's Village*
Untraced

Unlocated Landscapes

32 *Summer in the South*
Private Collection on loan to Scottish National Gallery of Modern Art

33 *A Spanish Farm*
Private Collection

34 *A Hilltown in Southern France*
Private Collection

The Paintings / Les Tableaux

The Old Life / La vie d'antan

Buchanan St., Glasgow
Hunterian Art Gallery, University of Glasgow

Blackshore on the Blythe
Hunterian Art Gallery, University of Glasgow

Basket of Flowers – textile design
Hunterian Art Gallery, University of Glasgow

White Roses
Glasgow School of Art

Begonias
Private Collection

The Holiday / Les Vacances

Mymosa
Hunterian Art Gallery, University of Glasgow

Palalda
Private Collection, on loan to the Scottish National Gallery of Modern Art

Mont Alba
Scottish National Gallery of Modern Art

A Southern Town
Hunterian Art Gallery, University of Glasgow

Sketch of a fishing boat
National Trust for Scotland

Summer Palace of the Queens of Aragon
The National Trust for Scotland

Collioure
The Art Institute of Chicago

The New Life / Une Nouvelle Vie

Héré de Mallet
Private Collection, on loan to the Scottish National Gallery of Modern Art

Blanc Ontoine
Hunterian Art Gallery, University of Glasgow

A Southern Farm
Hunterian Art Gallery, University of Glasgow

Bouleternére
Private Collection, USA

Flower Study
Hunterian Art Gallery, University of Glasgow

Mixed Flowers
Hunterian Art Gallery, University of Glasgow

Dianthus
Hunterian Art Gallery, University of Glasgow

Pine Cones – Mont Louis
Hunterian Art Gallery, University of Glasgow

Mountain Landscape
Private Collection

Mountain Village
Private Collection

Slate Roofs
Glasgow School of Art

Fetges
Tate

The Boulders
Hunterian Art Gallery, University of Glasgow

The Church of La Llagonne
Private Collection

Poor Man's Village
Unknown

The Village of La Llagonne
Glasgow Museums: Kelvingrove Art Gallery and Museum

Port-Vendres

Steamer Moored at the Quayside
Hunterian Art Gallery, University of Glasgow

Port-Vendres – Quai des Douanes
The British Museum, London

A Southern Port
Glasgow Museums: Kelvingrove Art Gallery and Museum

Fort Mauresque
Unknown

The Lighthouse
Private Collection, courtesy of The Fine Art Society, London

The Fort
Hunterian Art Gallery, University of Glasgow

Fort Mailly
Glasgow School of Art

The Road Through the Rocks
Private Collection

Port-Vendres
Private Collection, courtesy of The Fine Art Society, London

The Rock
Private Collection

La Ville
Glasgow Museums: Kelvingrove Art Gallery and Museum

The Little Bay
Hunterian Art Gallery, University of Glasgow

La Rue du Soleil
Hunterian Art Gallery, University of Glasgow

The Unidentified Pictures / Les Tableaux non identifiés

A Spanish Farm
Private Collection

Summer in the South
Private Collection, on loan to the Scottish National Gallery of Modern Art

A Hill Town in Southern France
Private Collection

Acknowledgements

I am greatly indebted to:

Professor Pamela Robertson of Glasgow University who has supervised the text.

Peter Trowles of Glasgow School of Art who coordinated the reproductions and was responsible for designing a major exhibition in Roussillon for the Entente Cordial.

The Scottish Executive, the Orcome Trust and the Binks Foundation for their financial support.

The Lord Provost and the City of Glasgow.

Phillip Long and the Scottish National Gallery of Modern Art.

The officers and staff of the CRM Society.

The owners of the negatives of the reproduction photographs.

Donald Mitchell of Edinburgh Film Studios for designing the maps.

Stephanie Wolfe Murray for technical advice nad Senga Fairgrieve for the layout design.

The Mayors and councillors of Port-Vendres, Collioure, Ille-sur-Têt, Boulternère, Amélie-les-Bains, Mont-Louis, Olette, Vernet-les-Bains and the other smaller towns in Roussillon.

The President and Vice Presidents of the Conseil Géneral des Pyrénées Orientales, and the Comité Départemental du Tourisme.

Lord David Steel, Michael Moore mp, the Secretary of State for Scotland and Liz Cameron, the Lord Provost of Glasgow for their support.

All those who have helped with archive research and photographs – especially Hunterian Art Gallery, Annan, Glasgow School of Art, Messieurs Cabrol, Derambour, Julbé, Pecout and Didier, Mesdames Quintilla and Ponsaillé, the Thermes d'Amélie-les-Bains and Céret Museum.

The Scottish National Trust.

Marie Thérèse Panouse, Suzanne Razouls, Marie-Claire Content-Tessier and Tania Boudjakdji for the French translation.

John Cairney and Michel Guimard whose interest sparked the whole initiative.

And finally but by no means least, my colleagues in the Association de Charles Rennie Mackintosh en Roussillon – especially Madame Geneviève Gonzalvez, Annie Vila, Michèle Grau, Chris Jose and Robert Loeillet.

Remerciements

Je remercie tout particulièrement :

Le Professeur Pamela Robertson de l'Université de Glasgow qui a supervisé le texte.

Peter Trowles de l'Ecole des Beaux Arts de Glasgow qui a coordonné les reproductions et la mise en place d'une exposition majeure en Roussillon pour l'Entente Cordiale.

The Scottish Executive, the Orcome Trust et the Binks Foundation pour leur soutien financier.

Le Lord Provost (maire) et la ville de Glasgow.

Phillip Long de la Galerie Nationale Ecossaise d'art Moderne.

Les membres et le personnel de la CRM Society.

Les propriétaires des négatifs des oeuvres qui ont autorisé leur reproduction.

Donald Mitchell d'Edinburgh Film Studios pour le dessin des plans.

Stephanie Wolfe Murray pour ses conseils techniques et Senga Fairgrieve pour la mise en page

Les Maires et le personnel municipal de Port-Vendres, Collioure, Ille-sur-Têt, Bouleternère, Amélie-les-Bains, Mont-Louis, Olette, Vernet-les-Bains et les autres petites villes du Roussillon.

Le Président et les Vice-Présidents du Conseil Général des Pyrénées Orientales, le Comité Départemental du Tourisme.

Lord David Steel, Michael Moore mp, Secrétaire d'Etat pour l'Ecosse et Liz Cameron, Lord Provost of Glasgow, pour leur soutien.

Tous ceux qui m'ont aidé avec leurs documents et photos d'archives – particulièrement Hunterian Art Gallery, Annan, Glasgow School of Art, Messieurs Cabrol, Derambour, Julbé, Pecout et Didier, Mesdames Quintilla et Ponsaillé, les Thermes d'Amélie-les-Bains et le Musée de Céret.

The Scottish National Trust.

Marie Thérèse Panouse, Suzanne Razouls, Marie-Claire Content-Tessier et Tania Boudjakdji pour la traduction en français.

John Cairney et Michel Guimard qui ont inspiré le début du projet.

Et enfin tous mes collègues de l'Association Charles Rennie Mackintosh en Roussillon – et tout particulièrement Madame Geneviève Gonzalvez, Annie Vila, Michèle Grau, Chris Jose and Robert Loeillet.